超级社会

Ultrasociety

〔英〕彼得·图尔钦（Peter Turchin） 著

张守进 译

山西出版传媒集团　山西人民出版社

目　录

第一章 超级社会之谜

从哥贝克力石阵到国际空间站

　　在我康涅狄格州的住宅附近有一大片草地，一个夏日晚上，天空晴朗，我走向那里。快到草地中间的时候，我转向西北方向，等待着。十分钟后，准时无误，一个白色亮点在地平线上升起，开始在天空中漫游。借助高倍数的双筒望远镜，我刚好能够分辨出人类最了不起的成就之一——国际空间站的形状。这是一个看上去不像飞行器的飞行器，它就像外太空中的大教堂。如此笨重复杂的东西能够在天空中遨游，太令人惊讶了。两分钟后这种体验就结束了，但是我在观察这一引人注目的人类合作结晶时感受到的悸动，是值得在那个湿热的新英格兰夜晚被蚊子咬几口的。

　　国际空间站是人类最近才学会的事情的伟大成果。当然，这可能会让一个世纪以前最伟大的科学家们感到吃惊——这涉及成百上千种技术。但是国际空间站所显示的真正奇怪之处，实际上是人类现在可以大规模地一起合作共事。

从最广泛的意义来说，亿万人都对此做出了贡献，其中也包括你和我。毕竟，我们纳税的一小部分有助于确保国际空间站继续扩大并正常运行。但是到底有多少人真正参与到建造空间站的过程中呢？虽然没有人确切知道，但我们可以做一个大致的计算。考虑到空间站的总花费大约在 1500 亿美元，用这个数字除以美国工人的平均年薪 5 万美元，我们可以估算出需要超过 300 万人花一年时间来建造并运行国际空间站（实际上，这个数字被低估了，因为人力工资必须多方考虑，例如俄罗斯工人的平均年薪比美国要低得多）。为美国航空航天局（NASA）或者俄罗斯联邦航天局（Roscosmos）工作的一些人，奉献了生命中的多年时光来从事这一项目。而大多数人，例如组装联盟号（Soyuz）太空舱的俄罗斯焊接工们和为国际空间站提供电力而建造太阳能电池翼的美国工程师们，贡献了仅仅几周或几个月的工作。国际空间站建造者的数量肯定比 300 万这个数字大得多。

300 万这个数字就相当于亚美尼亚或乌拉圭的人口数量，但是国际空间站的建造者们和在此工作的宇航员们，并非来自一个国家。国际空间站是一个由 15 个国家支持的合作项目。它是由来自世界各地的人建造的——实际上是由不久前曾是冷战对手的两大国家主导的。

"自从五十年前人类太空旅行开始之后，宇航员们就已经在反思从太空中看去，地球显得多么宁静、美丽而又脆弱。"

国际空间站宇航员罗恩·加兰（Ron Garan）在他的博客"脆弱绿洲"（*Fragile Oasis*）中如此写道，"我们从太空往下看，意识到我们都乘着一艘被称之为地球的飞船在宇宙中穿梭，我们人类都是互相联系在一起的，而且我们都是一起投入到这项事业中的，我们都是一家人。"当然，这是一种乐观的观点，太空下陆地上的现实可严酷得多。世界上仍然有杀死成千上万人的战争，例如在叙利亚燃烧的熊熊战火。

实际上，正如加兰为了检测自己的相机而进行一些拍照测试所发现的那样，你可以从太空中看到一些边界。[1] 印度与巴基斯坦之间的边界呈现为一条曲折穿越整个自然地形的发亮的线，这条线之所以被点亮，是因为印度一方用泛光灯照射，来防止恐怖主义者和武器走私者们对该地区的渗透。这非常严肃地提醒着我们，针对克什米尔地区，两个拥有核武器的国家之间存在冲突，这场冲突已经引起四场大规模战争，而且每年仍继续夺去几十条生命。这场冲突还没有得到解决。

我们如何停止战争，消除痛苦和贫困呢？"答案很简单——去做点事情就行了。"加兰在他的博客里写道，"世界的挑战实际上是关于我们每个个体如何去应对这些挑战的问题。换句话说，就是我们人类在单一个体的基础上，会多大程度致力于做出正面贡献，不管这种贡献是大是小！"

加兰心地善良。不幸的是，他的提议不会管用。像建造和平、富有且公正的社会，这种艰巨的任务，是不可能由个体来完成的，不管这些个体的意图多么正当。我们消除暴力和贫困的唯一方法是一起协作。总而言之，答案就是合作。

这一切可能听上去就像使人愉悦的鼓舞士气的讲话。实际上，这让我们必须与某种引人注目的东西进行面对面的接触。我们通常希望人们能够更好协作，而实际上令人吃惊的是人类非常擅长合作。我们比这个星球上的任何物种都擅长合作。国际空间站向我们展示了我们已经取得的成就。而这里存在一个不解之谜，因为根据标准的进化科学，我们应该根本就不能进行什么合作。起初我们就不应该有这种能力，而且我们本不该如此迅速地就获取了这种能力。但是我们确实获取了这种能力，而且获取得相当迅速。

与其说我关注的是鼓吹高尚的意图，不如说我是想理解人类是如何进化出几百万（以及更多）人的群体——都能进行合作的群体，进而拥有合作这一奇怪能力的。一旦我们理解了人类本质中这极为重要的一面，也许我们就将找到一条合作得甚至更好的道路。但是为了踏上这一道路，我们就需要那种无法从太空获得的宏大谋略。

这本书就是关于超级社会属性的介绍，也就是介绍人类以极大规模陌生人群体的方式进行合作的能力，群体范围从城镇到城市甚至到整个国家，而且还可以更广泛。国际空间站是最灿烂的，而且是人类视野中最鲜明的大范围国际合作的典范。但是也有其他例子，这些例子包括 CERN，即欧洲核子研究组织（the European Organization for Nuclear Research）。这个组织在靠近日内瓦的地方运行着大型强子对撞机。合作的典范还有联合国，联合国最伟大的成就包括应对饥饿问题、增强食品安全、救济难民、保护儿童、促进妇女权利，以及与艾滋病这样的流行性疾病进行斗争。[2] 联合国的维和任务有时会失败，例如1995年发生在波斯尼亚斯雷布雷尼察（Srebrenica, Bosnia）的屠杀。但是终结一场内战是一项艰巨的工作，而且我们不要忘记联合国在诸如萨尔瓦多与危地马拉（等地维和后）获得的成功。

消除战争需要在很大范围内进行合作，这种合作涵盖全人类。毕竟，和平不仅仅是没有战争，和平需要积极进行管理。国家之间不可避免的冲突必须以不付出生命代价的方式得到解决。那些选择通过暴力来追求自己目标的"流氓式的国际事务参与者"需要被遏制，必要时需使用武力，但实际上消灭战争的唯一方法，是不同国家、不同信仰和不同政治派别的人民之间的合作。

然而，令人惊讶的是，合作实际上难以实现，而且一旦实现，也非常难以维持。我们往往不知道合作是多么脆弱之事。再讲一下国际空间站这个例子。这个空间站居然能离开地面进入太空，简直就是个奇迹。1993年，一个终止国际空间站项目的法案差点在美国国会通过——仅仅差一票。如果恰好有一个代表改变了立场的话，那么国际空间站就无从谈起了。

20世纪末，俄罗斯经历了其自身大规模合作的失败。1991年，苏联分裂成15个新的独立国家，其中一个就是俄罗斯联邦。社会层面的解体并没有就此停下。俄罗斯的经济缩减了 50%。在高加索地区燃起了民族分裂的血腥战争。在莫斯科街头，总统支持者和议会支持者持续冲突，而坦克炮弹轰炸了莫斯科白宫，也就是议会所在地。如果这种分离倾向持续下去，俄罗斯将变成一个失败的国家。这也将意味着国际空间站项目的终止，因为会失去俄罗斯在建造国际空间站前身和平号空间站（Mir space station）时提供的重要技术。这就是人们对一些重大事件进行合作要面临的问题——总是有分崩离析的危险。

在人类进化的历史进程中，最早形成的是狩猎采集者的小型社会。在农业出现之前，人们与一起寻找食物的其他十几个成员互动最密切。这些群体又内嵌于"部落"——也就是那些共有同一种语言和文化并且由共同的身份团结在一起的人群。这样的部落通常包括几百人，最多几千人。在小型社会里，每个人都认识其他任何人——如果不是因为直接打交道的结果，那么就是通过一个人的名声。

今天我们居住在有几百万人口的巨型社会里，大多数人对我们来说完全是陌生人。我们并不害怕陌生人（当然，除非我们发现自己在天黑之后处于一个高犯罪率的区域）。不仅如此，我们实际上还需要他们。我们通常会忘记我们是多么依赖陌生人的好心。我们指望能够在本地超市购买食物，但是只有在我们永远不会认识的一大群人密切协作，以生产、运输食物并将食物卖给我们的前提下，我们才会获得食物。[3] 一个典型的美国人所穿的衣服可以来自像越南和孟加拉国这样遥远的地方。而且如果你在一个不熟悉的城市旅行时生病了，你可以依赖当地医院急诊中心的陌生人竭尽全力来拯救你的生命。正是陌生人保证了我们的生命免受饥饿和恐惧的威胁，以便我们能享受有成就感的事业，并追求我们的兴趣所在。

这种在大型群体内进行合作的惊人能力是近期才有的。真正全球性范围内的合作只能追溯到 1945 年，是年联合国被创立以阻止另一场世界大战。如果我们有一个时间机器，能够穿越到过去，我们就能看到人类合作的规模逐渐缩小，直到我们发现狩猎采集者的小型群体。

自然科学家有一句名言：如果你想理解某个东西，首先要学会如何衡量它。我们没有时间机器，但是我和同事们一起正在建造一种历史宏观镜，它允许我们能窥视过去，即使这样的做法不尽完美。[4] 我们将其称为"塞丝哈特全球历史数据库"（*Seshat Global History Databank*），我会在本书的最后一章详细介绍。现在就让我们借助它的原型版本，用数字和日期追溯人类合作的历史。

就像《星球大战》（*Star Wars*）中的原力，合作有其阴暗的一面，我们后面有足够的机会来谈论这一点。现在，我想关注合作的创造性力量。让我们通过查看合作已经馈赠给我们的一些里程碑，来追溯超级社会的出现。这种方法的一个实际优势就是，大型建筑物即使被遗弃摧毁也总会留下明显的痕迹，也就为考古学家衡量过去社会的复杂性提供了一条途径。

当我第一次迈入沙特尔圣母院大教堂（the Notre-Dame de Chartres Cathedral）的时候，我才 21 岁。正是这一年我从苏联移民到美国。我永远不会忘记这个教堂。琳琅满目的石柱与拱门让你禁不住抬头凝望。斑斓的光束通过巨大的彩色玻璃窗透进来。圣徒和天使的雕像似乎远离了石头基座而漂浮在空中。突然，管风琴开始弹奏（管风琴手正在排演晚上的朗诵会）。庄严肃穆的音乐将丰盈你的灵魂，直到你觉得将要离开地面，与那些圣徒和天使一起飞升。我不是一个有宗教信仰的人，但是我在法国的那座大教堂里接近了"重生"的宗教体验。

回到美国之后，当我在纽约大学读本科时，我选了一门哥特建筑和艺术的课程。重要的是，我想理解是什么鼓舞了这些中世纪大教堂的建造者们。他们是如何，以及为什么一起合作来将他们的信仰刻入石头呢？数年之后，在研究生学院经历了艰辛的最后一年，我感到应该给自己放一个假，就去游览了法国北部所有其他著名的中世纪教堂。这就是我所学到的东西。

纯粹从规模角度来说，最令人印象深刻的哥特式大教堂就是亚眠圣母院大教堂（Notre-Dame d'Amiens），这座教堂矗立在巴黎北部皮卡第省（Picardy）的首府。亚眠大教堂在重量上大约与帝国大厦（Empire State Building）一样，它是最高的、完整的哥特式教堂，只有博韦地区（Beauvais）那座不完整的大教堂才能与之媲美——那座教堂如此之高，以至于在建造过程中不断倒塌，从未完工。

人们为什么要建造这座教堂呢？不是因为国王命令匠人这么做。教堂的出现是亚眠和皮卡第人民的集体努力的结果。真正的建造是由一些专业人士群体完成的：工程师、石匠、雕塑家和玻璃工匠。宗教权威们监督着工人，但是建造的规模如此之大，神职人员无法单独完成这一任务。城市的创始者——商人和制造商的寡头统治者提供了额外的资金。第三个支援是这个地区的贵族，他们捐赠现金，并且将大教堂的建造之事写进了他们的遗嘱。最后，普通人或者小人物（*les menus gens*）也在神职人员组织的不定期筹款活动中做出了贡献。圣徒的画像被抬着在亚眠的市区和乡间游行，以鼓励所有人尽可能多地施舍。正如研究中世纪艺术史的学者斯蒂芬·默里（Stephen Murray）在《亚眠圣母院大教堂》（*Notre-Dame, Cathedral of Amiens*）里所写的那样，来自市井乡间的支持肯定是数额可观的，因为很多彩色玻璃窗都是由他们捐赠的，虽然被保存下来的并没有很多。

在那些保留了大多数原先的窗户的大教堂里，例如沙特尔大教堂，我们就可以对中世纪法国社会进行一次从最高到最低阶层的名副其实的了解之旅。一扇窗户是由圣路易捐赠的，他是当时的法国国王（路易九世）。有几扇窗户是骑士赠予的：库特奈的皮埃尔（Pierre de Courtenay）、库特奈的拉乌尔（Raoul de Courtenay）、卡斯蒂龙的朱利安（Julian de Castillion）和蒙福尔的阿莫里（Amaury de Monfort）。而且还有大量的窗户费用是由行会支付的，行会涵盖了那些迎合贵族阶层的皮货商以及最卑微的阶层——杂货商、编筐工、制桶工、鞋匠和搬运工。这些窗户都是献给行会的庇护圣徒们的，而且通常会表现捐赠者工作状态下的形象：皮货商在展示一件皮毛袍子，货币兑换商在检查他们的硬币，屠夫在宰牛。即使是那些最普通的劳动者，也尽力设法集中他们微薄的资源，去捐献一扇窗户，并将其奉献给亚当，"亚当是第一个辛苦劳作、汗水滑落眉间的人"[5]。

建造一座哥特式大教堂是一项了不起的工程。开始这些伟大项目的几代人并没有活着看到教堂的完工。在有些情况下，建造过程可持续两个或三个世纪之久。甚至那些建造进展相对较快的大教堂，例如亚眠大教堂和沙特尔大教堂，从动工到完工也需要 50 年几乎不间断的劳作（而且后世还不断为之修饰）。哥特式大教堂的出现，不仅仅是中世纪法国不同的有产者——神职人员、贵族和平民之间合作的结果，而且也是祖孙几代人合作的成果。

如果你想理解某个东西，首先要学会如何衡量它。我们能用数字体现建造哥特式大教堂所需要的合作规模吗？建筑史学家约翰·詹姆斯（John James）估计，在任何时刻进行建造的施工人员大约都有 300 人。这个数字乘以 50（年）就是 15000（人）。这是一个粗略的估算，真正的数字极有可能是它的一半或两倍，但是我们并不需要多么精确。将其与参与国际空间站的 300 万人相比较，后者是它的 200 倍！当我们讨论几百倍的差异时，仅仅两倍的差异就显得微不足道了。

考察合作的社会规模的另一种方式是，考虑有多少人对大教堂的建设资金做出了贡献。根据默里的说法，亚眠这个城市有两万居民。皮卡第是中世纪法国人口最为稠密的省份之一，有超过两百万人在这里居住（比今天的居民人数还多）。另一方面，皮卡第人［是的，《星际迷航：下一代》（*Star Trek: The Next Generation*）这部电影里的企业号舰长的某位祖先，肯定来自法国北部］非常喜欢建造大教堂。皮卡第这个地区矗立着一些世界上最为壮观的哥特式教堂：桑利斯（Senlis）大教堂、拉昂（Laon）大教堂（以其钟塔上的可爱奶牛雕塑而闻名）和博韦主教堂（仍在不断坍塌的那一座）。为了让每座教堂矗立起来而需要的合作圈肯定包括成百上千的人。相比之下，美国、俄罗斯、欧盟、日本和加拿大这些国家及组织的税收支持着国际空间站的建设，其人口总数超过十亿。这个数字至少比建设一座哥特式大教堂所需要的人工基数要大三个数量级（一千倍）。这可是不小的变化，不是吗？

　　让我们回到宏观视角并审视过去。古罗马帝国时期最为雄伟的建筑之一是圆形竞技场，建设这座竞技场花费了三千万塞斯特斯。这笔巨额钱财（相当于罗马军团 25000 个士兵的年薪之和）由罗马皇帝韦斯帕西安（Vespasian）的军队在公元前 70 年镇压犹太人起义、攻陷耶路撒冷的时候掠夺而来。12000 名奴隶辛苦劳作了 8 年，我们可以据此估算出，若竞技场花一年时间建成，需要大约 10 万人。

　　继续往回追溯，我们就看到埃及金字塔若隐若现的存在。

考古学家马克·莱纳（Mark Lehner）估算，建造于公元前 26 世纪的吉萨大金字塔（the Great Pyramid of Giza），花一年时间建成的人力成本为 40 万人。古埃及人轻易地使得古罗马人相形见绌！

最后，我们追溯至里程碑式建筑艺术的最古老的例子。哥贝克力石阵是土耳其东南部的一座山，离叙利亚边境不远。11000 年前住在这里的人们开采出巨大的 T 形支柱，重量大约在 20 吨到 50 吨之间（类似于更加著名的英国巨石阵中那些矗立的单个石柱）。这些石柱上都有图画的修饰，而且雕刻上动物浮雕，被放置在环形的石材围墙内，形成了世界上最古老的神庙。这个复杂的仪式建筑包括大约 20 个这样的结构，令人吃惊的是，它竟是由那些只懂得打猎和采集食物的人们建造的。

建造哥贝克力神庙需要的合作规模是多大呢？在回答这个问题之前，让我们问一个更加根本的问题：建造哥贝克力神庙的目的是什么？

巨石环绕的场地看上去非常神秘。在挪威喜剧二人组伊尔维斯兄弟（Ylvis）最近的一首单曲中，维加德·伊尔维萨克（Vegard Ylvisaker）唱道：

> 巨石阵的意义是什么？
> 我要疯了，居然没有人知道，
> 为什么五千年前要建这个东西。

......

为了了解巨石阵，我愿意付出任何代价。

是的，我会给予我需要给予的一切。

（合唱）你会把你的车给他们吗？

你在开玩笑吗？我当然会给。

（合唱）你开的是什么车？

思域，思域，本田思域！

（合唱）一辆可以信赖的车！

不要去管这辆车了，让我们讨论巨石阵。

......

　　实际上，我们要从总体上来讨论史前巨石结构。就像巨石阵的创造者们一样，那些建造哥贝克力神庙的人们也没有对他们的动机留下任何书面解释。但是，正如牛津大学人类学家哈维·怀特豪斯（Harvey Whitehouse）在《万古杂志》（*Aeon Magazine*）上所写的那样："考古学界正在形成一种共识，就是这座神庙是一个非常重要的仪式中心——不是一个永久的家，但确实是一个人们在特殊时候聚集在一起的神圣之地。""哥贝克力人"并没有住在山上或山的附近，相反，他们从很广阔的一片区域内的许多半永久性居住点赶来，有些人甚至是从 100 到 200 公里（大约 100 英里）之外而来。我们知道这些，是因为考古学家们在大范围分散的场地上发现了同样类型的象征性物体，包括具有哥贝克力神庙典型特征的 T 形石柱，以及一些看上去很奇特的节杖。[6]

　　哥贝克力人从山的一边雕刻出 T 形石柱（有一些未完成的还在那里），然后将它们运输到一个环形空间内，放置到小心挖出的矩形坑里。一个典型的神庙有 12 根 T 形石柱，两根最大的放在中间，其他石柱围绕着它们，几乎就像一群人围绕两个领导者站着。实际上，石柱显然代表着人（或者是神灵）。T字部位看上去就像头部。很多石柱在两侧都刻上了胳膊，前面刻上了缠腰带。

　　一旦建造工作结束，有趣的事情就开始了。哥贝克力人尽情享用烤羚羊、烤欧洲野牛，喝着大量的啤酒。在这个遗址的发掘过程中，考古学家奥利弗·迪特里希（Oliver Dietrich）、延斯·诺特洛夫（Jens Notroff）以及同事们发现了大量被烧过的骨头。他们还发现许多很大的像啤酒桶或食槽一样的容器，是用石灰岩雕刻出来的，两侧有着灰黑色的残留物装饰。化学成分分析显示其中有草酸盐的存在，这是捣碎的燕麦在发酵过程中激发出来的物质成分（记住，这还不是当时人们学会种植的谷物）。有些容器能盛放 160 升（40 加仑）的啤酒，或几乎是三小桶的容量。这可是一场规模不小的聚会！考古学家们在附近的纳瓦里—科里（Nevali Çori）遗址发现了一个雕刻的石杯，雕刻描述的是两个人举着双臂跳舞的情形。在他们之间跳跃着一个古怪的像海龟一样的动物。迪特里希和同事们认为这件雕刻"可能暗示舞者们陷入了迷幻的意识状态"。

　　考古学家们并不确定每座神庙使用了多长时间。然而，在某个阶段，哥贝克力人通过将石柱埋在废墟里摧毁了神庙。显然，他们的目的并不是建造一个能够永久矗立的纪念碑，一切都是为仪式服务。

也许所有有巨石阵建筑的文化都有同样的想法。一个名叫戈登·派普斯（Gordon Pipes）的退休木匠、建筑工人，最近召集了一队志愿者，帮助他展示一小组人可能能够移动巨石阵的石柱。[7] 派普斯估计，用巨石阵时代的技术，40 吨重的石头可以用少于 25 个人的合作竖立起来，在上面放横梁可能只需要十几个人。但是这样的计算和实验似乎没有触及要点。至少就哥贝克力的神庙而言，主旨并不是以最有效率的方式、动用尽可能少的人力竖立起纪念碑——这是 21 世纪工程师的理性主义思维。这种建筑的目的是为了将人们聚集到一起。

这是延斯·诺特洛夫和同事们在一篇题为"建造纪念碑，创造社区"（Building Monuments, Creating Communities）的文章中提出的论点。[8] 这些考古学家们参照的是最近的一些关于纪念碑建造的民族志，例如在印度尼西亚尼亚斯岛（Nias）上建造的巨石陵墓。在那里，500 人到 600 人一起劳作，用旧石器时代的技术（木橇、滚轴和藤本植物做的绳子）拖动巨石——这些巨石比哥贝克力石柱小一些。将这些石头拖动三公里运送到目的地，需要三天时间。实际参与的人数比所需的还要多，但是这并非关于效率的问题。这是关于找乐子的问题，而且当巨石被装置好后，每个人都会带着大量的食物和（必不可少的）啤酒来一场聚会。实际可见的结果——也就是纪念碑——并不重要。那种无形但却持久的群体认同感以及通力协作，才是这件事情的主旨所在。

建造一个耗费人工的大型建筑有两种方式：一小组人长时间劳作，或者一大组人快速完工。虽然最近有民族学的例子表明，巨石阵是以第二种方式建造的，但我们是否能够真正确信这就是远古时代人们的工作方式呢？实际上，是的，我们至少在一个事例里可以确信：在路易斯安那州东北部的波弗蒂角（Poverty Point）遗址是以第二种方式完工的。

那些于公元前 1800 年到公元前 1350 年间在波弗蒂角建造巨大土岭的人们，肯定是狩猎采集者们。最雄伟的是土岭 A，人们需要把 24 万立方米的土壤从附近各种不同的地点运送过来，而且要堆积起来建造一个底部为 5 万平方米、高度为 22 米的结构（相当于一座七层楼的建筑物）。从人力角度来说，24 万立方米相当于八百万篮沙土，每篮重量为 25 公斤（55 磅）。在《每日科学》（Science Daily）的一篇文章里，特里斯特拉姆·基德尔（Tristram Kidder）——研究波弗蒂角土岭地理形势的代表人物之一，估算这个土岭需要约 27 万人花一天时间来建造。考虑到每个人都要休息，花一年时间建造大约需要一千人。

当考古学家们最初意识到，像在波弗蒂角（还有密西西比河地区的一系列其他遗址）发现的那些土岭建筑是由食物采集者们建造的，他们自然地设想这是由一小组人在很长的时间段内持续不断地稳定工作而建成的——也许是十年，也许甚至几个世纪。对于一个普通的食物采集者组成的队伍来说，这种工作量显然太大了，所以让我们假设土岭A是由一个"部落"建造的，也就是一个有共同民族特征和语言的500人到2000人的群体。让我们进一步假设300个成年人每年抽出10天时间做这种建造工作，那么就需要90年的时间——几乎一个世纪——才能堆放足够的沙土来建造土岭A。

但是这并非波弗蒂角的土岭的建造方式。当基德尔、安东尼·奥特曼（Anthony Ortmann）和其他考古学家一起发掘土岭A的时候，他们有一个非常惊人的发现。对土岭进行切割的时候，建造者们发现层层的红色土壤与层层的灰色土壤交替累堆。显然，他们把两个不同地方的沙土用篮子运送过来，然后仔细地将它们轮流洒到顶部。土岭的切面就像老虎皮上的花纹纹路。

这一观察带来引人注目的启示。如果在建造过程中的任何时候下起雨，那么雨水就会浸透顶层将土壤混杂，也就破坏了在纵切面发现的那些精美图案。实际上，土岭顶部的几米部分因为这种雨水侵蚀的过程而缺乏花纹纹路。我们必须得出惊人的结论：土岭A不是花了很多年时间建造的，而是在两场大雨之间一蹴而就的。

基德尔估计，如果土岭是以超过90天时间建成的，将会需要3000人，意味着社会的总体规模（加上妇女和儿童）至少1万人。

那么，作为一个在路易斯安那居住了七年的人，我必须说我无法想象在这个地区能出现三个月的干燥气候（而且也没有证据证明在这个土岭建造的时候出现过重大的旱灾）。尽管30天没有雨水也很难想象，但还是让我们用这个比90天更加现实的数字来估算。这样的话，土岭建造将需要9000人和一个人口规模达到几万的社会。不管你怎么计算，波弗蒂角土岭这种建造工程都需要很多讲不同语言的部落的合作。

哥贝克力神庙并没有这么耗时费力。最近德国考古学家克劳迪娅·伯格（Claudia Beurger）的许多实验显示，雕刻单独的一根石柱需要20人花一年时间来完成，[9] 把它乘以12（巨石阵石柱的通常数量），就得出240人。但是我们也需要计算出那些在环形空间周围抬动、搬运并安装石柱的人工。就让我们假设一共需要300人花一年时间来完成整个工作，但是也很可能是少至100人、多至500人来完成的。

再次，当我们看总体趋势的时候，估算中的不确定性就几乎可以忽略不计了。在哥贝克力神庙与国际空间站相隔的11000年时间里，当人们去估算最了不起的建造工程所需要的劳动成本时，合作的规模提升了四个数量级——从300人到300万人。这是巨大的——实际上是天文数字式的提升，而且，当然，这种提升也同样与人类社会规模的提升相一致。

人们通常认为解剖学意义上的现代人类是在20万年前出现的。很长时间里——人类演变历史的前95%的时间段——我们都是在小型社会中作为狩猎采集者而生活着；只是在这一过程中的最近 12000 年到 10000 年，情况才开始出现转变。哥贝克力神庙的仪式建筑是由狩猎采集者们建造的，但是这些人已经开始在半永久的村落里居住了，中东地区肥沃的新月地带有丰富的野生谷物（二粒小麦、单粒小麦、燕麦），让定居成为可能。

当我们越过哥贝克力神庙，通过宏观镜头再向前观察的时候，我们就绝对看不到任何里程碑式建筑艺术（或就此来说，任何一座建筑）的迹象了。我们看到更新世晚期的狩猎采集者们的非永久性宿营地，这一地质时代恰恰是在哥贝克力神庙出现之前的几个世纪里结束的。这些人不缺乏创造能力，其中有些是有成就的雕塑家和画家。以我之见，阿尔塔米拉（Altamira）岩窟和拉斯科（Lascaux）岩窟的壮观壁画比纽约现代艺术博物馆里悬挂的多数艺术展品都更出色，但是这些艺术品是由个体创造的。在我们追溯超级社会之根的旅程中，似乎哥贝克力神庙就是旅行的终点。

这对人类物种来说是旅行的终点，但对其他有机体来说则不是。因为在一亿年前，在人属的首批成员出现在非洲热带大草原之前，大规模合作的常胜冠军们是群居昆虫——大黄蜂、蜜蜂、蚂蚁和白蚁。

在《地球的社会征服》（*The Social Conquest of Earth*）一书里，著名进化生物学家、蚁类专家爱德华·O. 威尔逊（Edward O. Wilson）指出，人类和群居昆虫在征服地球方面采取了不同的途径。人类以基因上并不相关的个体进行团体合作，鲜有例外，而且并没有失去再繁殖的能力。群居昆虫则是以近亲社会形式进行生活的。例如，所有蜂窝里的工蜂们，都是姐妹关系，而且它们都是不能生育的；蜂窝里只有一个个体，也就是蜂后，能够产卵。因为两条道路如此不同，大多数生物学家用真社会性（eusociality，真正的社会性）形容群居昆虫，而用超社会性（ultrasociality，极端的社会性）来形容人类。[10]

在白蚁和蚂蚁的这种社会生活方式下，有些物种以数以百万计的个体群居在一个巢穴里，这在其复杂性方面真让人印象深刻。爱德华·威尔逊是这样描述社会性竞争中人类面临的最接近的对手的：

> 从路易斯安那到阿根廷，都有着巨大的切叶蚁窝，它们是人类之外最复杂的群居动物，它们在建设"城市"，实践"农业"。工蚁从叶子、花和嫩枝上切下碎片，将它们带到窝里，然后将这些材料咀嚼成覆盖物，并用自己的粪便来催肥。基于这种丰富的材料，它们"种植"自己的主要食物，也就是一种菌类，这种菌属于一种自然界其他地方没有的物种。切叶蚁的园艺以生产线的形式来组织，材料从一个专门的层次传递到另一个层次——从对鲜活植被的切割到菌类的收获和分配。[11]

几百万年来群居昆虫作为群居性进化的领导者，一直统治着地球。在更新世时期，人类的合作规模比群居昆虫要小得多，实际上与其他群居的灵长类相比，例如大猩猩和狒狒，并没多大区别。

让我们从更新世时代穿越到现在，来看一下人类什么时候变成了动物世界里的首要合作者。然而，我不会集中于里程碑，而是集中于我们的宏观镜头，去查看合作型社会的总体规模大小。下面就是变化轨迹的模样。

社会规模（人）	组织类型	时间（千年）
10s	狩猎采集者	200
100s	种植业村落	10
1000s	简单的部落	7.5
10000s	复杂的部落	7
100000s	古老的国家形式	5
1000000s	大国形式	4.5
10000000s	超级帝国	2.5
100000000s	大的民族国家	0.2

人类社会规模的增长，是以一个政体（一个政治上独立的单位）内的人口数量来衡量的。人口数字是估算的，但指出了规模层级（例如，100s 指在 100 和 1000 之间）。时间是政体形式第一次出现后以千年来计算的。一个复杂的酋长国与一个简单的酋长国不同，前者有三层行政等级秩序。复杂的酋长国是由一个有着至高无上权威的首领统治，在他之下有几个从属的首领，每个从属的首领统治着几个村落。

第一批中央集权制社会于 7500 年前出现在美索不达米亚。这些社会通常包含几千人，住在很多以种植业为主的村落里。他们是由世袭的首领们统治着，这就是为什么人类学家把这类社会叫作"酋长国"。复杂的酋长国由一个处于最上层的至高无上的首领统治，而从属于他的首领们处于下一层等级秩序，通常人口有成千上万。这与蜜蜂蜂窝里 2 万左右的工蜂的社会规模类似。

第一批城市和国家出现于 5000 年前。这些古老国家中的埃及古王国（公元前 2650—前 2150），即建造了吉萨大金字塔的这个王国，人口在 100 万到 200 万之间，这个数字开始接近最复杂的群居昆虫——蚂蚁和白蚁的社会规模了。

历史性社会的规模继续增大，在公元前的最后一千年里，我们看到了首批巨大帝国的出现：波斯帝国、古罗马帝国，还有处在汉王朝统治下的中国。超级帝国统治的人口数以千万计。例如，古罗马帝国的人口和中国汉王朝统治下的人口在巅峰时期都增长到 5 千万至 6 千万。这就是我们人类社会超过群居昆虫的节点。在过去两千年里，没有任何地方的动物能够在规模大小和复杂性方面与人类社会竞争。

从进化角度来说，一万年只不过是转瞬之间。然而，人类社会已经在这期间完全改变：从小规模的、均等主义的、由面对面交流而集合到一起的群体，变为巨大的、消解个体特质的民族国家，它由中央政府进行决策，对劳动进行广泛划分，而且不太积极的一面是，在财富和权力的分化方面更加剧烈。这种引人注目的发展迫切需要解释——而这种解释在历史研究中是比较独特的，甚至是不受欢迎的。我们需要诉诸于总体原则——社会发展的科学规律。而且尽管在政治层面（我们知道，一周都可以被当作很长时间）进展非常缓慢，但这些人类社会令人吃惊的过渡仍然过于迅速，而无法完全归因于人类基因的进化。我们需要将它们当作文化成就来理解，并将整个故事当作文化演进的过程。

这就对我们的分析赋予了某种纪律性，这种纪律性在人文历史的研究中是比较不寻常的。我以生物学家的身份开始我的职业生涯，而且我非常清楚，没有数学的帮助是不可能弄清楚进化的意义的。达尔文的伟大思想有着很具欺骗性的朴实，而且重点在"欺骗性"这个词上：你很容易就会觉得自己懂得了这个进化过程，但是在你可以建立一个可行的模型之前，你可能只是在自欺欺人，而且一旦你得出一个似乎可行的数学模型，你就得用数据来检测这个模型。

这恰恰是我和我的同事们所做的事情。在大多数社会科学家和大众的眼皮底下悄悄进行的一场革命，正在改造着社会科学和历史科学。这种革命的其中很大部分一直是文化演进学科的兴起。文化演进的理论与传统解释的不同在于三个重要且互相支撑的方式——它们是概括性的，是基于数学模型的，而且从实证角度是可以检验的。

很多历史性解释的出现是某个专家研究一个特定的社会，

注意到其鲜明的方面，而且在观察体会之后提出一个理论性的结果。例如，地球化学家杰罗米·里亚古（Jerome Nriagu）注意到古代罗马人用铅管为他们的城市供水，而且用铅铸的锅烹饪。他从这个观察中得出结论，古代罗马帝国由于其精英阶层（这一阶层最有可能使用铅铸的器皿）实际上导致自己铅中毒，从而造成了帝国的衰落。[12]

这个假设本身正确与否并不重要（大多数学者倾向于对此置之不理）。重要的是，这个假设明显不可能是帝国为什么解体的一个概括性解释。

自从吉本（Gibbon）的《罗马帝国衰亡史》（*Decline and Fall of the Roman Empire*）问世以来，解释古罗马帝国的衰亡已经成为名副其实的"家庭手工业"。三十年前，一个德国历史学家编纂了一份这种解释的清单，发现总共有 210 种解释。[13]自此以后，据我了解，至少又有十几种其他理论被提出。这种智力游戏本身并没有什么错误，但它们并不是科学。科学是关于寻找概括性解释的学问，不是解释某个具体的帝国为什么消亡，而是要解释为什么总体来说帝国会衰亡。更重要的是，帝国的兴起是如何成为可能的呢？是哪些社会性力量将大型人类社会凝聚在一起，而且为什么它们有时会停滞，导致社会解体和崩溃？我们不需要一个关于罗马兴亡的理论。我们需要一个关于帝国兴亡的理论。

科学还是关于形成精确解释的学问，精确就不至于犯逻辑错误或在论据中缺失一步。当我们想解释像人类社会这种复杂系统的时候，我们几乎总是会诉诸于数学。构建关于历史的数学理论（然后用数据进行检验）已经是历史动力学（Cliodynamics）这门新科学的研究领域。[14] 历史动力学（Cliodynamics 中的 Clio 来自于历史女神克力欧，而动力学 dynamics 则是对变化的研究）结合了历史宏观社会学、经济史和文化演进这些多样性的研究领域，来形成并检验历史动力的模型。

最后，而且最重要的是，科学不仅仅是谨慎形成构建理论来解释总体现象的学问。它也是，而且首先是，关于将合理解释与不合理解释区分开来的学问。这是传统历史所缺乏的东西。历史学家们已经创造而且会继续创造新的解释，但是他们所从事的并不是用数据来检验解释的工作。

你可能会问，我们可以将历史当作一门科学吗？结论是：是的，可以将其当作一门科学。我会以自己的研究给你举例。

考古学家、社会学家和政治学家已经提出大量的理论来解释大型复杂社会的演变，但是大多数人类学家和考古学家都认为主要的驱动力量是农业的出现。例如，在《枪炮、病菌与钢铁》（*Guns, Germs and Steel*）一书中，贾雷德·戴蒙德（Jared Diamond）提出了一个强有力的论点，认为地理形势决定了地球的土地会被用来种植作物，而这又塑造了接下来的人类历史。农业创造了高人口密度，也创造了生产盈余，这些盈余由处于统治地位的精英阶层进行拨用。基于这个前提，农业开始发展，而且人类文明的整个历史就由此而来。

而一个根植于文化演进这门新学科的不同观点，则不同意这种说法。是的，农业是复杂社会演变的必要条件，但是这并不足够。问题是重要的社会机构，例如官僚制度和有组织的宗教，还有那些迫使统治精英来服务大多数人利益的约束，都是代价高昂的。那么尽管有如此的成本代价，这些机构是如何出现的呢？文化多层选择理论说，这种演变只有当不同社会进行竞争的时候才会成为可能，这样那些缺乏合适机构的社会就会遭遇失败。复杂社会中代价高昂的机构设法传播（文化）并扩展，因为拥有这些机构的社会会摧毁那些没有类似机构的社会。

这可能听上去很抽象，但比较可行的是，可以采取这种概括性理论形成一个具体翔实的模式，来预测大型社会会于何时何地出现，以及它们在人类历史的古代和中世纪时代是如何成长的。在《国家社会科学院论文集》（*Proceedings of the National Academy of Science*）这份期刊 2013 年的一篇文章里，描述了我和我的同事们是如何做到这一点的。

我们的方法就是要聚焦于那些加剧社会间竞争的元素——它们直到最近还意味着军事冲突：战争。在公元前 1500 年到公元 1500 年间，旧世界军事竞争的强度与基于战马的军事技术的传播相适应。所以我们围绕这个因素建立了一个模型，而且这个模型能够很好地预测，庞大帝国会于何时何地在欧亚非大陆上出现。

我们的模型在三千年的时间范围内模拟了欧亚非大陆的现实情况。这种模型考虑了农业何时何地在这个巨大的区域内出现。在这个历史时期，与马匹有关的军事革新——例如战车和骑兵——主导了旧世界里的战争。地理形势也很重要，因为那些居住在欧亚大陆干草原的游牧民族影响了附近的农耕社会，进而越过干草原地带传播了进攻型战争的强力形式。另一方面，崎岖的地形则抑制了进攻型的战争。

我们的模型预测，第一批国家和帝国应该在美索不达米亚、埃及和中国北部出现。从那里开始，大型国家逐渐扩散到地中海和欧洲其他地方；在印度，从北部开始延伸到南部；在中国，从北部到南部，进而越过边境进入东南亚。尽管这个模型没有涉及旧世界范围中实际的、从历史角度观察的国家兴起和传播的琐碎细节，但是对于捕捉历史的总体结构方面有着非常令人惊讶的精确性。

要搞清楚的是，这个模型对历史国家的真正演变轨迹并不"知晓"多少。它输出的是一个基于首要原则的真实预测——来自欧亚大陆干草原的军事技术的传播，叠加于陆地、山脉、河海的地形因素，以及是耕地还是沙漠的农业因素之上。当我们实验性地在这个模型里"关闭"战争的时候，它就不能再得出与历史记录有任何相似性的预测了。当然，地理和农业是重要的，但是如果你想预测何时何地农耕地区会变成大型国家，你要关注的就是战争的结构模式。

当国际空间站在夜晚飞越美国东海岸的时候，它的照相机会拍到华盛顿、纽约和波士顿这些主要的人口中心，那里有着巨大的光簇，这些光簇被明亮的公路大动脉连接起来。甚至在康涅狄格州我自己居住的角落，也是这个光网的一部分，它把我所处的小城与波士顿、华盛顿以及更多的地方——芝加哥、亚特兰大以及美国的其余地方联系起来。从太空中，实际上可以看到这个三亿人口的大型社会——一个超级社会——一个统一集成的社会，即使不完美，它也是通过我们的大规模合作的能力得以实现的。

本书是关于史前的狩猎采集者和早期农民如何演变成如今的大型社会的精彩故事；是关于过去一万年的时间里人类合作的规模如何从几百人迅速过渡到几亿人，将我们的最佳对手蚂蚁和白蚁远远抛在身后的故事。

然而，从祖先的村落和部落到现代民族国家的演变并非一条坦途。在早期的演变进程中，我们伟大的类人猿祖先摆脱了雄性首领的统治（而这种统治仍然存在于黑猩猩和大猩猩群体中）。我们演变成非常具有合作性和平等主义的社会，我们社会的领导人不能随意命令他们的追随者，而是要通过说服和树立榜样来领导他们。成千上万年以来，我们都生活在一个除了年龄、性别和名声，人在其中没有什么分别的社会里。

然后就发生了下面的事情。大约从一万年前开始，平等主义的趋势出现逆转。雄性首领打着君权神授的旗号又回来了。他们压迫我们，奴役我们，而且在嗜血的神灵祭坛上把我们当作祭祀品。他们在宫殿里堆满了珠宝，后宫里充斥着这片土地上最美丽的女子。他们声称自己是活着的神，强迫我们崇拜他们。

幸运的是，这种君权神授的形式没有持续很长时间。另一个伟大的转折随之而来，另一个趋势的逆转出现。渐渐地，人类社会开始将他们自身从最悲惨的压迫中解放出来。活人祭献和被神化的统治者已经过时。奴隶制是不合法的，贵族们被剥夺了特权。人类社会重新夺回了失去的阵地。我们仍然不像狩猎采集者们那样实践平等主义——社会上有穷人，也有亿万富翁，但是我们现在所处的社会比神化国王时代的境况好很多。

人类社会的演变沿着一个非常引人注目，甚至奇异的轨迹进行，这个过程中不断出现一个又一个的剧烈转折。为什么？哲学家和社会科学家已经提供了很多解释，但是仍然没有公认的答案。然而，现在，多亏文化演进这门新科学，我们开始看到了解释的纲要。

答案让人颇为吃惊。正是人类群体间的竞争和冲突让狩猎采集者的小型群体转变为大型民族国家，并非要刻意给予战争美名，但正是战争首先创造了专制的远古国家，然后又将其摧毁，代之以更好的、更平等的社会。战争既破坏社会，又创造社会。借用经济学家约瑟夫·熊彼特（Joseph Schumpeter）的一个说法，战争是一种具有创造性的破坏力量。实际上，这个说法放错了重点。战争是一种具有破坏性的创造力量，这个糟糕的手段将达至一个非凡的结果。而且，我们有充分的理由相信，最终战争会摧毁其自身，从而创造一个没有战争的世界。

但是，不要急于求成。在我们能够消除战争之前，我们需要理解战争。

第二章　破坏性的创造

文化演进如何创造大型的、和平富有的超级社会

当提门·布文斯（Tymen Bouwensz）在他生命的最后一天早上醒来的时候，他并不知晓那天晚上自己的肉会被篝火烧烤，被怀有敌意的印第安人吃掉。

17 世纪早期，成千上万普普通通的荷兰人到新大陆来寻找财富（但是，在大多数情况下，人们只是找到了前人的坟墓）。布文斯就是其中之一。1624 年 1 月，他从阿姆斯特丹起航，乘坐鲭鱼号船与另外一个更加出名的人物，也就是受人尊重的丹尼尔·冯·克里肯比克（Daniel van Krieckenbeeck）一同出发，后者在船上担任货物押运管理员。冯·克里肯比克（同事们都叫他"比克"）和布文斯在那年晚春到达曼哈顿岛上的新阿姆斯特丹。

新阿姆斯特丹是新荷兰的首府，是由荷兰西印度公司建立和经营的殖民地。它处于哈德逊河口的位置，得以控制这个最

好的运输走廊之一，能够通达北美大陆深处。这个公司的主要兴趣是与印第安人从事皮毛交易，印第安人提供了河狸皮毛让制造商来做时髦的防水帽子。

1624 年，荷兰人在哈德逊河的上游建了一个贸易驿站，地址就是现在的奥尔巴尼（Albany）。他们将这个殖民地命名为奥兰治要塞，以此向奥兰治-纳绍（Orange-Nassau）家族致敬，这个家族自从 16 世纪从西班牙人那里反叛成功后就统治了（实际上一直统治着）荷兰这个国家。比克在 1624 年到 1625 年间被任命为长官，而布文斯在荷兰皮毛贸易网络中追随着他，到了这个最远端的驿站。

那时奥兰治要塞是被莫希干人（Mahican，也写作 Mohicans，不要跟在康涅狄格经营莫黑根太阳赌场的莫黑根人相混淆）的领地包围着的。正是这些莫希干人成为了美国作家詹姆斯·费尼莫尔·库柏（James Fenimore Cooper）的小说《最后的莫希干人》（*The Last of the Mohicans*）的主角，而且 1992 年还有一部同名的流行电影。在莫希干人领地的背面就是凶猛的莫霍克人（Mohawks）的领土，也就是强大而且领土不断扩展的易洛魁联盟（Iroquois Confederacy）的最东端部落。莫霍克人也想与荷兰人进行贸易（他们尤其想要买枪炮，因为法国人不像荷兰人，拒绝卖给他们）。在奥兰治要塞建立两年后，两个土著印第安人部落的紧张冲突升级为战争。大多数荷兰人远离双方这种敌意，但是他们却给莫希干人提供物资供应，鼓励他们继续战斗。[15]

1626 年，比克、布文斯和其他五个贸易商启程，去与一个莫希干战斗队伍碰头。在离开要塞一英里远的地方，队伍被伏击。比克、布文斯和其他两人被莫霍克人的弓箭射杀，而其他人逃跑了（其中一个幸存者"在游回来的路上被弓箭射伤背部"）。就像一个报道所说的，莫霍克人"吞食"了提门·布文斯，确切地说，"是把他煮熟之后吃掉了。剩下的人都被他们烧掉了。印第安人带了一条腿和胳膊回去跟家人分享"。[16]

在这个惨剧之后，荷兰人放弃了任何援助莫希干人的企图，因为莫希干人在战争中失势，被莫霍克人逐出了哈德逊谷地。胜利的莫霍克人在与荷兰人的皮毛交易中获利颇丰，且获得了对贸易的完全控制。莫希干人在马萨诸塞西部生存了一段时间，但是最终他们灭绝了，对于一个土著印第安人部落来说，这并不是什么不同寻常的命运。[17]

美国北部边疆的生活危险而且残酷。我们的历史溯源首先关注的是涉及欧洲人的屠杀和残暴行为，有时欧洲人是受害者，但更多的时候是肇事者。但是战争的残酷无情在土著印第安人的冲突中也是司空见惯。男人们在去打猎的过程中就会遭到伏击而被杀死。妇女们到森林里去采集浆果和坚果的时候，就陷入了危险中。偶尔，也会出现大规模的战斗队伍攻陷了整个村落的情况，甚至那些有防御堆垒设施的村落也被攻陷（很多村落是这种情况）。胜利者们抢掠食物店铺，破坏庄稼，烧毁房子，遣散伤者，掠走幸存者。虽然妇女和小孩通常会被寄养到胜利者的部落里，但是被击败的勇士们通常会被折磨致死。

在《野蛮岁月》(*The Barbarous Years*)一书里，历史学家伯纳德·贝林（Bernard Bailyn）写道："被俘者通常身体会受到伤残——手指被切掉或咬掉，以使他们失去战斗能力，背部和肩部被划伤——然后又被有组织地折磨，由女性来割伤他们的身体，撕裂他们的肉，孩子用红色的木炭来烧灼他们已经失去活动能力的最敏感部位。"最终，"在肠子被挖出来之后，他们多数情况下是被烧死，他们身体的有些部分已经被吃掉，而且他们的血已经被俘获者们为了庆祝胜利喝掉了。"

作为 1564 年到 1565 年间让·里博（Jean Ribault）远征佛罗里达北部和南卡罗来纳队伍的成员，法国艺术家和地图测绘家雅克·莱莫恩·德·莫格斯（Jacques Le Moyne de Morgues）的水彩画描述了一幅有防御工事的村落场景。那些防御工事可不仅仅是为了装饰门面。在其中一幅油画中，一群敌对方的印第安人从一座山上向另一个村落射带有火焰的弓箭，有几间茅草屋已经着火了。

也许莱莫恩最恐怖的水彩画是那幅《印第安人怎样处理敌人的尸体》(*How the Indians Treated the Corpses of their Enemy*)。在前景里，我们看到一个已经被剥了头皮的年轻裸露尸体被三个敌人切割着。实际上，连画家都不是很清楚受害者是否已经死亡——其中一个印第安武士把一支箭插入受害者的身体使其死去。画作的右面，另一群人已经聚集在一堆篝火旁边，一个人在烘干新鲜头皮，另一个人在准备好煮一条人腿。几条残肢和被大切四块的身体散落在周围。在背景里，另一群人带着胳膊和腿离开了——可能是回去跟家人分享这些人肉。

欧洲人当然被在新世界遭遇到的这些事情所震惊，但是他们本不该如此震惊。颠沛流离和战争，不断受到突然死亡（或者更糟糕的，非常残忍、痛苦且没有尊严的死亡）的威胁，这是人类社会进入"文明"之前的典型状况——在形成具有政府和官僚体系、警察力量、法官和法庭、复杂的经济以及精细分工的大规模国家之前，就是如此。

有些人类学家反对使用北美印第安人作为国家和帝国兴起之前所有小规模的、部落社会的生活反映。[18] 例如罗格斯大学社会学家布莱恩·弗格森（Brian Ferguson）称，到达美洲的欧洲人所携带的病菌、金属工具、武器和对货物交易的欲壑难填，让土著社会产生不稳定，而且让部落间的斗争强度和致命程度都有所提高。这个论点是值得说道的。正如我们所见，奥兰治要塞的建立引起了莫霍克人和莫希干人之间的大战。更普遍而言，战争强度在不同地区或同一地区内，随着时间推移的变化非常之大。我将在后面的章节再次讨论这一重要问题。然而，小规模部落社会的生活比大多数人意识到的要更不安全而且更暴力——不仅在美国边疆，而且在欧洲殖民者们还没到来之前就是如此。

我们知道这一点，是因为现代考古学告诉我们很多从未遭遇过欧洲人的那些社会的情况。例如，考虑一下欧尼奥塔

（Oneota）印第安人的一个村落，他们在哥伦布到达北美大陆前 200 多年就沿着伊利诺伊河边居住。考古学家们发掘了这个村落的公墓（这个考古遗址被称为"诺里斯农场 36 号遗址"），而且研究了埋在那里的 264 人。他们当中至少有 43 人，也就是 16% 的人死于暴力。

他们当中很多人都是被重武器，例如石斧，砍了身体的前面、两侧和背部；或被弓箭射死。有些人明显是正面面对攻击者的，而其他人则不是。可能后者是在逃跑时受伤的。受害者们偶尔会被不必要地击打多次而死去；也许是几个武士轮流击打导致了这些人的死亡。尸体通常是通过剥头皮、砍头或去除肢体而残缺不全。那些四处寻找食物的动物们就以这些尸体为食，这些尸体倒下的时候就裸露在那里，直到尸体剩下的部分被发现，才被葬在村落的公墓里。[19]

死亡的方式说明了战争不断的状态，男人和女人们在外出打猎、采集食物或打理田地的时候被单个伏击，或小群体被伏击。换句话说，这个欧尼奥塔村落与后来欧洲人所描述的印第安人村落非常相似。

估算的死于暴力的人口比例达 16%，是非常大的。这就像用六发左轮手枪玩俄罗斯轮盘赌游戏一样。然而，这种死亡率又不像其他一些小规模社会那么高。实际上，在对史前人口的这类估算中，该比例是处于中间位置的。有些情况更好些，有些则更糟糕。

史前人类的生活并不是都这么黯淡。那些生活在小规模社会的人们的确享有和平和繁荣的时期。但是在其他时候，战争甚至比欧尼奥塔村落的村民们所忍受的更加致命。另一个村落位于离欧尼奥塔居住区西北几百英里的地方，也就是现在的南达科他州克罗河（Crow Creek）边——曾是讲卡多印第安语的部落的家园。克罗河是著名的史前屠杀遗址之一。这是一个由一条防御壕沟保护的大村落，但还是被敌人攻陷并完全摧毁。有 500 具尸骨被埋到一座普通的坟墓里，显示出暴力死亡和大范围毁尸的证据。几乎所有的尸体都被剥掉头皮，而且很多被斩首或分尸。在一些情况下，舌头也被割掉。[20]

你可能会说，哥伦布和他的船员们不是到达美洲的第一批欧洲人。也许和平的印第安人社会被贪财、掠夺成性的维京人带坏了，这些维京人在大约公元 1000 年到达"文兰"（Vinland）。这似乎有些牵强，因为挪威人在美国东海岸的殖民地是短命的，而且可能对土著印第安人社会没有什么影响力。另一方面，现在有很多证据表明，在维京人到来前的几个世纪里就有这种"败坏"的影响力延伸到北美大陆上。引人注目的是，这种影响力来自相反的方向，也就是白令海峡对面。

在大约公元 700 年，被考古学家们叫作亚洲战争属性（Asian War Complex）的一套技术在阿拉斯加出现了。这套技术迅速在北美大陆传播开来，东到格陵兰岛，南到加利福尼亚和美国西南部。这套技术的主要革新在于有弯曲弧度的弓，而且有筋腱支撑。这种弓箭是比美洲土著印第安人早已经熟知的木制弓箭更加强大的武器，而且伴随这种武器的还有用木板或骨头制作的盔甲。显然，这种武器装备不仅仅是一副打猎用具，也是用来作战的。实际上，在一个地区类似亚洲战争属性的表象通常伴有剧烈战争的迹象，譬如考古学家在骸骨的脊椎上发现了大量内嵌的带倒刺的骨头箭镞。[21] 所以是的，带着更先进军事技术的人群的入侵，会导致更多激烈的战争。

但是现在你可以明白为什么人类学会对战争的起源进行争论，而且这种争论被证明很难得出什么定论。18 世纪出生于瑞士的启蒙哲学家让－雅克·卢梭（Jean-Jacques Rousseau）所提倡的"和平的野蛮人"神话的拥趸很难界定。这些"卢梭主义者"们总是可以指向某个战争纷起的地点和时期，然后说这表明战争进入了一个先前没有战争的社会。所以，是不是欧洲人把战争带到了美洲呢？答案是否定的。这些遗址里的很多墓地，例如欧尼奥塔公墓和克罗河，以及那些嵌满箭镞的骸骨，则呈现了与之相反的证据。

那么是否是公元 700 年传入北美的复杂弓箭导致了战争呢？恐怕不是。人类学家詹姆斯·查特斯（James Chatters）最近查看了所有完整的骸骨，这些骸骨被鉴定为属于早在 9000年前就居住在北美的人们。他发现在 12 具男性骸骨里有 7 具（约 60%）、16 具女性骸骨里有 3 具（20%）或头骨开裂，或有重伤，或两者皆有。[22] 著名的肯纳威克人（Kennewick Man），早在 9000 年前就居住在华盛顿的哥伦比亚河附近，在他的骨盆里有一个叶子形状的投射点（可能是一个梭镖投射器）。一个被发现于内华达州格莱姆斯考古遗址（Grimes Point）的年轻男性，被黑曜石匕首在胸部捅了两次后死去。

是不是家庭种植让和平的狩猎采集者变成了好战的农耕者呢？答案还是否定的。查特斯所检阅的那些北美证据来自于食物采集者群体。更多的证据来自于尼罗河以及人类学家所知的最古老的坟墓之一，也就是杰贝尔·撒哈巴公墓（Jebel Sahaba Cemetery）——位于埃及与苏丹边境交界处的南部。埋葬在这里的人们生活于 13000 年前，即农业社会形成之前。其中大约 40% 的人口，包括成年男性、女性和儿童，死于弓箭射杀。就像欧尼奥塔那个例子一样，杰贝尔·撒哈巴的人们并不是死于一场大规模的屠杀，而是持续多年的战争。[23]

随着法医人类学的研究方法的提高，史前战争的证据变得越来越有说服力，迫使那些卢梭主义者退到更遥远的过去。《没有战争的社会与战争的起源》（*Warless Societies and the Origin of War*）一书的作者雷蒙德·凯利（Raymond Kelly）认为，在 4000 年到 13000 年之前，战争就在世界上几个不同的地方各自独立出现了。更新世时代的人类社会没有战争，因为"人口密度低，人们懂得积极的邻里关系的好处，对他们的防御能力抱有正常的敬意"[24]。但是如果这是正确的，第一批到达广阔的北美大陆的狩猎采集者似乎已经拥有了更新世时代的"天真品质"所必须的条件。然而正如我们前文所看到的，他们有着最高的因战争引起的伤亡率。

菲利普·沃克（Philip Walker）是生物考古学领域的杰出学者，在对现有的数据进行评价的时候，他写道："考虑到早期人类的遗体比较少见，那些遗骨上因他人伤害导致的刻痕惊人地常见。"他的结论是："在我们这个物种的整个历史进程中，人与人之间的暴力行为，尤其在男性之间，是非常流行的。食人行为似乎也已经大范围地发生，而且大规模屠杀、凶杀和攻击性的伤害在旧世界和新世界中也都有着翔实的记录。"[25]

对于高尚的野蛮人，我们只能言尽于此吗？并非如此。卢梭主义者的最后一道防御是，对普遍存在的暴力是否就是战争的证据这一点提出质疑——这是群体之间的暴力冲突，而不是人与人之间的凶杀行为。阿扎尔·加特（Azar Gat）是《人类文明中的战争》（*War in Human Civilization*）一书的作者，这本书是战争题材方面最好的学术著作之一。他在一篇2015年发表的文章中指出，这种立场代表着从经典的卢梭所谓狩猎采集者是"地球和平之子"的观点往后退了一大步。[26] 20世纪60年代，那些研究狩猎采集者社会的人类学家经常写一些题如《无害的人们》[*The Harmless People*，写的是卡拉哈里沙漠的布须曼人（Kalahari Bushmen）] 和《从来不发怒》[*Never in Anger*，关于加拿大的因纽特人（Inuit）] 的书。[27] 发生了什么呢？后续的研究表明，布须曼人之间的凶杀率比美国的情况高四倍之多，对因纽特人来说则高十倍之多。[28]

大量证据表明，日常生活处于暴力逼近的阴影之下，这在部落社会里是规律，而不是例外。当然，部落社会的人们不得不与引起内部摩擦的那些事打交道——因资源、嫉妒和不忠导致的冲突，而争斗时以一具尸体倒在地上而结束。但是最主要、最恐怖的威胁来自于他们的社会之外。它来自于陌生人。

因此小型社会的生活与我们现在的体验是非常不同的，并不仅仅是因为我们的祖先有更少的技术和更少的物质。我可以到奥尔巴尼面对一屋子的陌生人做一个报告，而做报告的地点离提门·布文斯 400 年前死于暴力的地方不远。然而总体来说，我并不担心这些陌生人会用弓箭（或者现代自动武器）朝我射击，在火上烘烤我的肉体，并且把我的肉吃掉。一个访问伦斯勒理工学院的研讨会演讲者可能需要做出一个非常无聊的演讲，才会发生有人扛着他被烤熟的胳膊回家这种情况。

这就是最基本、最显眼的事实。现代美国人的他杀比例，不管是在海外战争中还是刑事案件中，都远远低于还未与外界接触时的土著印第安人。而且更大的对照是与丹麦这个国家的比较，最近我作为客座教授在那里度过了一个学期，一个丹麦人遭遇暴力而死的可能性低于千分之一。在凶杀可能性方面，一个典型的小型社会和丹麦之间的区别是巨大的：这种比率是200∶1。

那么坏人都到哪里去了呢？

似乎很明显，地球上这种令人吃惊的和平状态肯定与社会复杂性的总体上升有关联。在第一章里我提出的问题是，人类是如何从居住在有亲戚朋友环绕的村落里，过渡到充满了陌生人的大型社会的，而且这个社会还有成千上万种职业，有着复杂的管理机制。如果你向人类学家提出这个问题（我在很多场合这么做过），你会发现很难得到一个清晰的答案。通常他们会以下面这种言辞来推脱："啊，这有很多因素，有些因素对解释美索不达米亚复杂社会的兴起更重要，而有些则在中美洲扮演着重要角色。"这是在逃避话题。若继续向他们施压，最终，大多数人类学家会将农业作为关键性的因素——这个观点广受推崇，可以追溯到一些杰出的学者，例如戈登·蔡尔德（Gordon Childe）[29]、莱斯利·怀特（Leslie White）[30] 和埃尔曼·瑟维斯（Elman Service）[31]。今天对这一理论最雄辩的提倡者是《枪炮、病菌与钢铁》一书的作者贾雷德·戴蒙德。

然而，在这个基本的一致意见之外，学术观点概而言之可以分为两个基本阵营。一个阵营倾向于强调大型社会的积极方面。这种观点表明，这样的群体社会满足了清晰的需求，能够协调生产和分配，管理商品和信息的流通，而且总体来说，生产了有益于所有人的公共产品（例如高速公路）。关于这种思潮有一个例子，1957 年历史学家卡尔·奥古斯特·魏特夫（Karl August Wittfogel）试图从控制水源以利于灌溉或防洪的角度出发，解释国家和帝国的兴起。[32] 可以称之为"水利文明论"。

其他评论家则采取了更加险恶的观点。这种观点认为，当你切入问题核心，你会发现，复杂社会是建立在武力和自我利益基础之上的。被卡尔·马克思（Karl Marx）影响的人类学家们称，农业创造了一种可以由精英阶层来进行支配的经济盈余。从另一种更加极端的观点来看，国家的兴起仅仅是精英阶层用来压迫其他阶层的工具而已。另一种比较阴郁的理论来自于德国社会学家弗朗茨·奥本海默（Franz Oppenheimer），他指出社会演变的动力就来自于征服。[33]当一个群体征服了另一个群体，并将其自身树立为统治阶级，对臣服者发号施令，复杂型社会就产生了。

尽管在这些众多理论中都有些真实元素，但是把任何一个具体的理论用来解释大型社会是如何从小型部落社会演变而来的时候，就一筹莫展了。在我们对真正的历史社会如何取得国家地位了解更多后，水利理论和征服理论就被抛弃了。这就是为什么现在没有一种单一理论可以被大多数人类学家和考古学家所接受。社会科学被分为人类学家、社会学家、政治学家和经济学家的不同"部落"，让这种形势变得更加糟糕。每一门学科都倾向于强调其自身的一套理论而排斥其他理论（甚至在其自己阵营里的追随者中也是如此）。社会科学家们是那些摸到了大象的不同身体部位而得出不同结论的盲人。

很显然，一个人类社会是一个复杂而统一的系统。社会结构和动态影响经济，进而影响政治，而后两者又会对社会结构做出反馈。而且，今天的社会是长期且通常曲折的历史演进的结果。换句话说，如果我们想要回答一个类似于复杂社会是如何演变而来的大问题，我们就需要所有的社会科学——社会学、人类学、经济学——还有历史科学一起协作。我们需要从狭隘的学科筒仓里爬出来，做出一些突破。但是我们需要以一种有干劲而且有组织的方式来做。我们如何达到这种目的？答案来自于一个令人吃惊的方向。

大多数人认为演变仅仅是生物学家需要研究的东西。但是进化科学是更加综合的学问。它不仅仅是关于有机体如何适应和基因频率如何变化的问题；它同时还告诉我们，社会是如何演变的，以及文化特征的发生频率是如何变化的。

结果就是，查尔斯·达尔文（Charles Darwin）本人是第一个试图将他的理论运用到人类上的学者。因此，他在《物种起源》（*On the Origin of Species*）出版十二年后，又于1871年出版了《人的起源》（*The Descent of Man*）。在《人的起源》一书里，他清晰地阐述了一个观点，现在我们习惯称之为群体选择："虽然高道德标准只为男性个体及其子女赋予了相对于部落其他男子的略微优势，或没有赋予优势……但道德水准的提升必然会让一个部落比另一个部落拥有更巨大的优势。"

然而，由于诸多原因，达尔文关于人类演变的思想在学术界没有任何回响。[34] 其中一个障碍，来自于19世纪晚期兴起的被称为社会达尔文主义的伪科学意识形态。尽管有达尔文的名字，但是社会达尔文主义实际上更多是基于英国社会学家赫伯特·斯宾塞（Herbert Spencer）的思想，而不是达尔文自身的思想。在其带来的众多恶果里，它被用来为种族主义、法西斯主义、优生学和自由资本主义最原始的形式提供合理解释。在美国，其影响在"镀金时代"（Gilded Age, 1870—1900）非常流行，而在"进步时代"（Progressive Era, 20 世纪的头十年）逐渐消退。像人类学家弗朗茨·博厄斯（Franz Boas）这样的社会科学家们，就是它的首要批判者。但是木已成舟，这个理论造成的影响业已形成，而且社会达尔文主义的幽灵继续在20 世纪的大部分时间里阻碍着社会和文化的演进。

达尔文的文化工程能够持续如此之久的第二个原因，可能令现代读者听起来更加吃惊。奇怪的是，自 20 世纪开始，随着社会科学逐渐成长，达尔文的进化理论在生物学家圈子里也已经失去了吸引力。[35] 问题就在于基因学这一新兴科学似乎与达尔文主义的基本理论层面有矛盾之处（达尔文认为基因变异是连续的，而基因学家们则证明这是由不相关联的基因行为造成的）。

但是在 20 世纪 30 年代所有这一切都发生了变化，这一时期在生物进化领域发生了巨大的知识动荡。这十年产生了现代演化综论（Modern Evolutionary Synthesis），这是达尔文进化论与孟德尔基因学（Mendelian genetics）的终极综合。接下来的 30 年见证了我们对进化理解的显著飞跃，它将数学模式的洞察力、实验室和实地考察的进化实验、不同地质时间轴的古生物化学数据分析都整合了起来。

在 20 世纪 70 年代，有些进化论学者开始自问，这项成功案例是否可以通过研究社会而不是有机体来进行理论复制？

这些先驱者大部分都进行着独立研究。他们当中最著名的是 E. O. 威尔逊，我们在第一章提到过他。威尔逊所写的《社会生物学：新的综合》（*Sociobiology: The New Synthesis*）一书于 1975 年出版，引起了 20 世纪最大的科学争议之一，甚至在 1978 年美国科学进步协会会议现场，威尔逊被抗议者们从头顶淋了一罐子水而成了落汤鸡。有着生物学和社会科学背景的批评家们对威尔逊最存争议的，是人类行为最终被认为是由基因来调节的这一观点。《社会生物学》关注的是动物社会，而在紧接着于 1979 年出版的《论人性》（*On Human Nature*）中，威尔逊则将其理论运用到人类身上。他接着又于 1981 年与查尔斯·拉姆斯登（Charles Lumsden）合作出版了《基因、心灵与文化：协同进化的过程》（*Genes, Mind and Culture: The Coevolutionary Process*），这本书注定成为文化演进这个新兴学科的三大奠基著作之一。

第二部奠基之作，是由基因学家卢卡·卡瓦利-斯福尔扎（Luca Cavalli-Sforza）与理论生物学家马库斯·费尔德曼（Marcus Feldman）合著的《文化传播与演进：一种定量研究方式》（*Cultural Transmission and Evolution: A Quantitative Approach*），这本书也出版于 1981 年。在这本书里，卡瓦利-斯福尔扎与费尔德曼从生物学进化理论中提取了一些关键概念，例如突变、随机漂变、选择等概念，并将它们作为砌块用于文化演进理论。

最后，第三部奠基之作，也是最有影响力的一部，由人类学家罗伯特·博伊德（Robert Boyd）和生态学家彼得·里彻森（Peter Richerson）共同完成。这本书出版于 1985 年，名为《文化与演进过程》（*Culture and the Evolutionary Process*）。[36]

里彻森和博伊德在 20 世纪 70 年代开始了他们的长期协作，当时两人都在加利福尼亚大学戴维斯分校。他们的首批论文提出了一个叫作"双重遗传"的数学理论，即基因和文化之间的共同演变过程。[37] 这一作品为后来的研究打下了数学基础。

在接下来的 20 年里，文化演进理论发展缓慢，没有被大多数进化学家与社会学家注意到。部分原因是，作为奠基之作的书和论文都带有浓重的数学性质。然而，回顾过去，将这一发展性的理论置于坚实的数学基础之上是正确的决定。模式会产生清晰的、定量的预测，而且渐渐地，文化演进学者们开始通过设计实验与分析历史数据来积累实证语料库（empirical corpus）。

同时，博伊德在加利福尼亚大学洛杉矶校区谋得了一份教职。在 21 世纪初，他和里彻森已经培训了一批杰出的研究生，这些研究生开始在一些有名望的大学和研究机构里谋得学术岗位。文化演进理论开始吸引社会科学和人文科学界的学者，甚至还吸引了文学评论家 [例如乔纳森·戈特沙尔（Jonathan Gottschall）所著《讲故事的动物》（*The Storytelling Animal*）一书]。

标志该领域成熟的一个转折点，是 2012 年由斯特朗曼论坛基金会（Strüngmann Forum Foundation）组织，在法兰克福召开的一次会议，这次会议召集了45位关键人物。[38] 经过五天紧张激烈的讨论，他们形成了强烈的学界归属感。2015年夏天，我们做出了一个集体决定，成立文化演进研究学会。在发出招募令的三个星期内，就有1000多人报名参加。显然，对人类社会的演进研究的时代终于到来了。

在社会科学里，人类存在被划分为人为的小领域，每个领域都按自己的学科角度进行研究。生物学起初也是如此，但在20世纪，生物学说追求的研究被进化论统一了。正如俄罗斯裔美国基因学家狄奥多西·杜布赞斯基（Theodosius Dobzhansky）曾经说过的名言："除非从进化论的角度理解，否则生物学的一切都讲不通。"我非常期望不久之后我们就能够说："除非从文化演进的角度理解，否则社会生活的一切都讲不通。"

文化演进给我们提供了工具，使我们可以将社会作为一个连贯的整体加以分析，而不是由经济、政治和社会这些子系统组成的集合。它还提供了一种新的方式来回答我先前提出的问题，也就是我们是如何从小型的熟人社会生活（被一些怀有敌意的外来者部落所威胁）过渡到大型的但总体和平的陌生人社会。有趣的是，这个答案综合了上面提到的两种人类学观点，反映了人类社会演进的乐观视角和悲观视角。

基于我的文化演进分析，在从小型社会到大型社会的过渡中，合作和战争都是非常关键的。这与"一切都是重要的"这种说法不同。这两者必须得以一种非常特殊的方式进行结合。它们是社会演变的阴阳两极——两个看似矛盾却相互独立的元素。请你坐稳了，快速看一下原理——这只是答案的梗概。梳理逻辑关系，整理经验性证据，才是本书接下来的主要内容。

是什么将一个真正的社会与纯粹的个体的集合区别开来？答案是合作——人们一起工作来生产对社会全部成员都有益处的产品。合作的一个重要特征是，尽管好处通常由所有社会成员共享，但这样的公共成果往往成本很高。例如，维护内部治安，这是任何一个体面的社会必须做的事情，这本身就需要很多工作。总是有一些人想用恐吓和暴力来解决问题，这样的"反社会元素"必须要得到抑制，而且如果他们不收手，就要受到惩罚。正如任何一个执法警官会告诉你的那样，维护治安是一项危险的工作：每一年都有很多警官在执行公务时牺牲生命。在其他需要合作的事业中，成本之高通常没有这么极端。人们可以贡献金钱、劳动，甚至时间，为他人做些事情而不是漠不关心。但是合作的一个基本特点是，它需要某种形式的牺牲。

典型的部落社会是具有高度合作性质的。人们分享食物并且帮助那些暂时陷入困境的人。他们维护内部和平，组织集体性的打猎活动，为新婚的人们建造社区建筑或房屋。例如，共同建造谷仓的方式在 19 世纪的美国乡村是普遍现象。在今天，阿米什（Amish）社区仍然这么做。最重要的是，部落居民为了防止其他部落入侵，会组织集体性防御，有时候还会对临近的虚弱部落进行集体性掠夺。

在小型社会里，组织集体性的活动是比较容易的。当每个人都认识其他人，就不难决定谁要做什么，谁是值得信任的，谁可能会偷懒而且甚至需要额外督促。每个人都很熟悉所在社区特定的合作方式，从而极大地简化了对目的和努力的协调。正如阿历克西·德·托克维尔（Alexis de Tocqueville）在《论美国的民主》（*Democracy in America*）中所说的那样，"村落或小镇是唯一如此自然的组织，无论在什么地方，只要有一群人聚集，似乎就自然而然形成了村落或小镇。"[39]

在由成千上万的村庄和城市组成，跨越很大地理范围，而且数百万人几乎互不相识的社会里，要启动共同性的项目难度更大。在这样的社会里合作是极其脆弱的，而且很容易解体。让我们以阿富汗为例。

在20世纪60年代，阿富汗是世界上旅行最安全的国家之一。人类学家托马斯·巴菲尔德（Thomas Barfield）曾经在阿富汗北部的游牧部落花了几年的时间做民族学研究，他写道："这是一个和平安全的时代，外国人可以独自在这个国家四处游览，只需要具备很少的常识来保证自身的安全。"[40]因为当时的阿富汗政府是由国王查希尔·沙阿（Zahir Shah）领导的，这个政府的职能非常初级，国家内部的治安多是由阿富汗人民自己协作而得以维持。但接踵而来的是政变、革命、世界超级大国之一的入侵、反侵略，最终又受到另外一个（也是当时唯一的）超级大国的入侵。互信和合作的脆弱且隐形的网就被完全撕破了。今天，阿富汗对外国人和本国人来说，都是世界上最危险的国家之一。[41]

然而，虽然大型社会是脆弱的，但是人类社会的演进设法克服了使数以百万计的陌生人达成合作的困难。自从 5000 年前出现第一批中央集权国家后，文化演进就在其中扮演着努力让这些国家变得更加稳定的角色。随着时间的推移，国家变得规模更大而且更有组织性。它们的数量也在不断增加。现在地球上所有可居住的地方已完全被这些国家所"割据"。以国家形式来组织的大型社会已经完全取代，或在有些情况下囊括了人类在大部分演变进程都生活于其中的小型社会。由于某些原因，大型脆弱的国家结构挤走了小而持久，且更容易维护的社会结构。因而，直觉上，似乎一定有一种强大的外部力量在让竞争环境偏向天平的一方。

"上帝站在大军团的一边"，法国军事名言如此说道。你带到战场上的勇士越多，获得战争胜利的机遇就越大。使人类小型社会过渡为大型社会的主要引擎是战争吗？这是一个矛盾的想法，因为战争并不是一件好事。人们或死亡或残疾，村落和田野被烧毁，城市遭到掠夺，但是战争在其发动之时不只带来了破坏和灾难，战争也是有创造性的。

当人们首次开始种植庄稼，居住在固定的村庄里，部落之间的战争变得更加剧烈了。此时，战争中的失败很容易导致一方失去农田，而这意味着饥荒。在极端情况下，像克罗河的那个例子，一次灾难性的失败可能会摧毁整个社区。因为失败的后果如此严重，社会就面临很大的演进压力来更好地应对战争而得以生存。这意味着要发明更好的武器和装备，构建更强的社会凝聚力，采取更好的战场战术。但是你能做的最好的事情就是发展成一个更大的群体，以便能将更大的军团带到战场上来。

这种无法阻挡的演进逻辑逼迫村庄结合成更大型的社会。这些结合可能会表现为松散的同盟、紧密的联邦或更具集权性质且有等级秩序的酋长国。当欧洲人在 16 世纪到达北美东部时，酋长国是这个区域最常见的社会组织形式。相比单独的村落，酋长国享有压倒性的优势，这不仅仅是由于它们拥有更多的武士。另外，一个具有集中权力的组织——一个清晰的指挥系统——会产生更加有效的战场战术和针对同盟与联邦的总体策略。渐渐地，单独的村庄和不那么团结的组合或者被一个逐渐强大的酋长国征服兼并，或者被从地图上抹去。同样的演进逻辑导致酋长国以更大型的社会形式进行联合——复杂的"酋帮模式"（chiefdoms of chiefdoms）。它们又慢慢形成早期的国家和帝国，最终成为现代民族国家。在这个演进过程中的每一步，更大的规模在与其他社会的军事竞争中都是一个优势。

然而，扩大的规模却带来了一系列协调和合作的困境，演进就不得不找到一种文化机制，来允许大型社会在不至于出现裂缝的情况下正常运转。一个大型社会的存在是不易的。一个社会不能仅仅用暴力来进行约束、黏合。将社会黏合在一起的必要元素是合作（虽然暴力或暴力威胁是让合作持续下去的重要因素，我们后面会讨论这一点）。社会规模越大，就与一个自然形成的合作性村落或乡镇距离越远，在解决冲突和取得集体性目标方面，人们就越难以合作。甚至今天仍然有很多国家失去了在整个社会层面进行合作的能力——那些失败的国家，例如阿富汗和海地。第一批中央集权性质的大规模社会甚至更加脆弱，因为它们还没有积累起一套有助于延续合作、形成团结局面的文化机制。

过去的历史遍布失败国家和帝国的枯骨。历史学家和史书读者都对为什么这个或那个帝国会解体而着迷至极。但是更难回答的一个问题是：首先，庞大的帝国是如何形成的呢？

答案是，人们必须创造一些机制来使他们与陌生人进行合作。他们合作得越好，继续在这种合作游戏中生存下去的可能性就越大。实际上，当小型社会由于与大型社会的竞争而被淘汰时，那些合作性不强的大型社会也在臣服于合作性更强的大型社会。在这个过程中有很多探索和错误，而且有很多死胡同，但这就是演进的典型特征。

而且这个过程还没结束。我们生活于其中的大型社会还是比较脆弱的。我们通常会将更加成功的大型社会的正常运转视为理所当然的，但是即便在北美或西欧，合作也可能戛然而止。想想 20 世纪 70 年代的北爱尔兰。这就是我们为什么需要更好地理解社会演进——既为了学习如何拯救失败的国家，也为了学习如何培养合作，从源头上阻止出现国家失败的局面。

最好不要高估我们社会的坚韧度，但也无须否认我们在一万年里已经走过的很长历程。我们（或者至少是世界人口的绝大多数）并没有像我们的祖先那样活在长期的暴力威胁之中。我们的社会是人类有史以来最富有的社会。当今世界人口的平均寿命是人类有史以来最长的。诚然，这个星球上仍然有很多地方，那里的大多数人穷困潦倒，内战持续肆虐，但是即便像丹麦这种温和的乌托邦国度都不能说是完全反常。

　　这就是我关于这些和平稳定的社会是如何出现的个人认识。正如战争创造了大国、帝国和民族国家，社会也会演进出一些措施来压制内部冲突和暴力。内部暴力减少的反面是内部合作的增加。看上去可能很让人吃惊，更大程度的和平趋势早在古代和中世纪时期就已经很明显了，这远在 18 世纪启蒙运动之前。当然，帝国之间的战争让部落间的冲突在规模上显得微不足道。庞大军队的作战越来越血腥，伤亡人数也在攀升。但重要的是，这些战争从帝国统治中心转移到边境。越来越多的人——那些居住区域远离战火纷飞的边疆地区的人——从来没体验过冲突，能够享受相对的繁荣。

　　一方面，更大型的军队和战争中更多的伤亡名单这两者并不矛盾，而另一方面，更多的人口享受了和平。从生活质量的角度来考虑，重要的不是总共有多少人被杀，而是我（或是你，或是你在乎的某个人）将要被杀的几率。换句话说，重要的数据是每个人面对暴力死亡的风险。为了阐明这一点，我们可以来看丹麦在 2012 年有 49 起杀人案（总人口 560 万），所以丹麦人那一年被害的几率低于十万分之一。但是在一个典型的小型社会里，让我们假设有 1000 人口，49 起杀人案意味着每 20 个人里就有 1 个人会被杀。

从具体历史事例来说，让我们想一下在古罗马帝国时期一个普通罗马人在战争中被杀的几率。在共和时期，所有 18 岁以上的男性公民必须服兵役。罗马几乎不断征战，有很大比例的公民，大约 5% 到 10%，战死他乡。在第二次迦太基战争（Second Punic War）这一特别糟糕的冲突中，一系列溃败几乎夺去了三分之一罗马士兵的生命。

而相比之下，三百年后，罗马帝国将其疆域从意大利扩展到很远。在"五贤帝"统治时期，没有什么内战，野蛮人被隔离在疆域之外。只有百分之一的人口在军团里服役，而且这些人都驻扎在边境线上。很少有军团成员来自意大利。实际上，直到现代，意大利人也并不拥有罗马帝国时期的和平，而远离暴力的威胁。罗马和平（Pax Romana），即由罗马强力打造的内部和平与秩序，确实很奏效，尤其是当这种体制得以延续的时候。

社会可能以很多方式进行竞争，但是直到最近，主要的且最主导的方式一直是战争。正如经济竞争淘汰了那些相对低效的企业一样，历史上的军事竞争淘汰了合作性较低的社会。

这个过程是残酷的。当一家公司破产的时候，成千上万的人会失去工作。这时一位 CEO 可能会一时冲动而从公司总部的 30 层楼上跳下。经济界的破坏性创造有着不小的代价，但是战争带来的人类惨剧是不可同日而语的。一旦尸体埋葬完毕，伤者得到治理，失败的社会就必须面对后果——从支付战争赔款或贡金到失去政治独立和文化身份。在最坏的情况下，可能会招致全面的种族清洗。

然而，这种无情而残忍的暴力也可以是有创造性的。通过淘汰那些协作性差、不合作而且不能正常运行的国家，创造出更加有效合作、和平和富有的国家。实际上，正如我下面将要阐述的，战争甚至创造了更加公正的社会。

我们来看战争如何有助于淘汰那些"变坏"的社会。当因生存冲突的需要而强加的纪律松懈下来的时候，社会就失去了合作的能力。20 世纪 70 年代，一个非常反动的流行口头语是"这代人需要的是一场战争"。这是一种糟糕的情绪，但是以文化演进的角度来看，也许其中确实包含着一丝无情的逻辑。无论如何，纵观历史，我们看到一个不断出现的模式，当一个成功的帝国开疆扩土成为最强大的力量时，当生存不再是问题时，自私的精英阶层和其他特殊利益群体就会抓住政治议程。"同舟共济"的精神消失了，代之以"胜者通吃"的心态。当精英阶层富得流油的时候，其他的人口却越来越贫穷。猖獗一时的财富不均进一步破坏了社会合作。超越了一定程度后，一个一度伟大的帝国变得如此不能正常运行，以至于那些小而团结的邻国开始撕咬它，让它分崩离析。最终合作的能力降低到一个如此低的水平，以至于野蛮人都可以轻而易举地对帝国的中心发起攻击。但兵临城下的野蛮人并不是帝国崩溃的真正原因。野蛮人的到来只不过是未能维持社会合作的一个后果。正如英国史学家阿诺德·汤因比（Arnold Toynbee）所说的，伟大的文明并非死于谋杀，而是自杀。

将道德沦丧作为帝国崩溃的主要原因，是比较老式的观点。这一观点在古希腊历史学家波利比乌斯（Polybius，卒于公元前 118 年）、伟大的阿拉伯哲学家伊本·卡尔敦（Ibn Khaldun，14 世纪）以及近代的爱德华·吉本（Edward Gibbon）和奥斯瓦尔德·斯宾格勒（Oswald Spengler）的著作中是占主导性的观点。大多数这类解释的问题在于，它们并不能真正解释为什么会出现"道德沦丧"，也不能解释它是如何被逆转的。为什么中国的朝代数次崩溃之后都重新振兴了呢？与生物有机体不同，社会不会成长，也不会衰老。对一个帝国来说，没有什么自然的生命周期。

在我所写的《战争，和平，战争》（*War and Peace and War*）一书中，我对"帝国主义病态"做了详细的社会学解释，这个解释没有涉及神秘力量或有误导性的生物学类比。[42]我的观点里最重要的一条是：整个社会层次的合作，尤其是大型社会的合作，生来就是脆弱的。这种合作很容易瓦解，除非这种趋势被具有破坏性创造的力量所抵消。

把战争作为一种破坏性创造的力量，这种观点也并不新鲜。其最精炼的形式，是以湿婆神话为中心线索出现于印度教中。在有些传统中，这一印度教神灵纯粹是破坏之神和战争之神——相对于创造者梵天与守护者毗湿奴来说，湿婆是作为破坏者形象而存在的。瑞士历史学家雅各·布哈特（Jacob Burhardt）这样解释梵天的创造属性：

> 印度人崇拜破坏之神湿婆是有原因的。战争充满了破坏的欢乐，就像雷电暴雨一样清洗了空气，它坚定了人们的意志，重振了英雄美德，它是国家最初建立的基础，它代替了好逸恶劳、奸诈阴险和胆小懦弱。[43]

或者像拉宾德拉纳特·泰戈尔（Rabindranath Tagore）那样诗意地解释：

> 从一切事物的中心
> 传来痛苦的喊声：
> "醒来吧，醒来吧，伟大的湿婆，
> 我们的身体对陈规旧俗的道路
> 已经厌倦，
> 给我们新的形式吧。
> 歌唱我们的毁灭，
> 我们获得了新生……"[44]

实际上，"创造性破坏"的智识来源，正如我们现在在演进经济学中使用的词汇一样，可以通过弗里德里希·尼采

（Friedrich Nietzsche）的《查拉图斯特拉如是说》（*Thus Spoke Zarathustra*）追溯到古代印度哲学。[45]

本书的中心思想是：正是常以战争形式出现的群体竞争，将人类从小型的觅食群体和农业村落，过渡到管理制度精细、经济生活复杂高效的大型社会。从村落到民族国家的演进之路绝非坦途。演进的过程曲曲折折，竞争和冲突性质的变化有助于我们理解这其中的缘由。上述观点，无疑是本书讨论的骨架，本书余下的工作就是使这个骨架变得有血有肉。

不过，让我们先从基本的东西开始。为什么超级社会如此稀有？是什么因素让合作从一开始就非常困难？

第三章　合作者困境

自私的基因，"贪婪是有利的"，以及安然公司的溃败

据大家所说（包括他自己），杰夫·斯基林（Jeff Skilling）是一个非常聪明的家伙，甚至可以说非常杰出。他跟哈佛商学院的招生官说："我他妈的太聪明了。"[46] 一个曾经与斯基林亲密共事过五年的安然高管说，他是"我见过的最聪明的狗娘养的家伙"。[47]

斯基林是伊利诺伊阀门公司一个销售经理的儿子，他以全额奖学金在达拉斯的南卫理公会大学接受教育。1979 年他从哈佛商学院取得工商管理硕士学位，以全年级前五名的优异成绩毕业。他去了麦肯锡咨询公司（Mckinsey & Company）为管理顾问们工作，在那里他成为该公司历史上最年轻的合伙人之一。他 1990 年加入安然公司（Enron Corporation），1997年被提升为公司总裁和财务总监，并在 2001 年成为该公司的CEO。

剩下的故事就人尽皆知了。当安然公司于 2001 年 12 月崩溃以后，公司的股东们损失了几百亿美元，其两万名员工中，很多都失去了生活积蓄。高管们都锒铛入狱。现在（本书写作于 2015 年），斯基林正在亚拉巴马州蒙哥马利的联邦监狱中服刑。

虽然是肯尼思·莱（Kenneth Lay）于 1985 年成立了安然公司，而且在公司存在的大部分时间里作为 CEO 领导该公司，但一个前安然公司的交易员告诉《商业周刊》（Businessweek），斯基林才是"安然公司的主心骨、啦啦队队长、内部指南针"。其他高管包括莱和财务总监安德鲁·法斯托（Andrew Fastow）对安然的失败负有大部分责任（并为此服刑多年）。但正是斯基林的幻想和管理哲学，让一个本来可能只是公司破产的简单事件变成了一部关于企业贪婪、敲诈和腐败的"史诗巨片"。根据《商业周刊》的采访，"关于谁是公司的掌舵人，毫无异议。就是杰夫"。[48]

斯基林每年都从最好的商学院招收几百名工商管理硕士毕业生，并以百分之十的比例裁掉业绩最差的员工。自然，最大的奖励给了斯基林和其他高管——在安然公司倒闭的前一年里，斯基林赚了一亿三千两百万美元。

斯基林强加于安然公司的这种制度的官方名称是业绩评估制度（PRC，Performance Review Committee），但员工们称之为"末位淘汰制"。"尽管安然公司总部对这种制度有很多愤懑、不满"，罗伯特·布赖斯（Robert Bryce）在《黄粱美梦》

（*Pipe Dreams*）里写道：

> 斯基林觉得这种制度很伟大。他对一个记者说："业绩评估是安然公司形成一种新的策略和文化的最重要因素——它是让公司具有凝聚力的黏合剂。"
>
> 斯基林错得离谱。PRC 并不是什么黏合剂，它是毒药。[49]

安然公司"内部和外部一样充满竞争"。交易员们在去卫生间时要关闭并锁定电脑，因为他们害怕邻桌的同事（换句话说，竞争者）会剽窃他们的创意。"如果我要去老板的办公室讨论赔偿，假设我踩住某个家伙的喉咙而能获得双倍补偿的话，那我就会去踩上一脚。"一个前安然公司员工如是说。[50] 如此激烈的竞争产生了不道德的行为和财政上的不当行为，或者通俗地说，产生了欺骗和诈骗，这有什么好奇怪的呢？

最终，这种腐败波及了安然公司之外的地方。其中一个被卷入的就是安达信审计公司（Arthur Andersen），在被裁定与安然公司合谋不诚实的审计行为后，这个公司的声誉就没有恢复过，即便最后美国最高法院推翻了这一判决。当安然公司陷入困境的时候，它残酷无情和不诚实的名声就返回来纠缠住了自己。《商业周刊》采访过的一个投资金融家说："那种组织里的人只会说'去他的，我们根本就不欠他们任何东西'。"[51]

显然，斯基林从来就没打算让安然公司崩溃。当然，他也并没打算在联邦监狱里服刑 24 年（随后减刑到 14 年）。然而这恰恰就是发生了的事情，而且从很大程度上说，这正是他在安然公司创始的管理体系的恶果。

正是合作让人类群体和整个社会具备了取得集体目标的能力。这对各种各样的群体来说都是正确的，比如经济组织、公司、集团以及国家这样的政治组织。但是斯基林在安然公司所做的是在群体内部形成竞争，这种竞争导致互不信任、背后捅刀（如果不是踩别人喉咙一脚的话）的行为。换句话说，斯基林完全摧毁了员工们任何的合作意愿——他们彼此之间不合作，跟自己的上司也不合作，当然与公司本身也不合作。而经过这些之后，安然的崩溃是不可避免的。

我不想在这里过多指责斯基林。他并不是一个多么令人愉快的人，但是至少他已经在监狱里为自己所做的事情付出了代价。更重要的是，他的案例并不是独一无二的。安然的失败不是个案。斯基林的哲学在很多方面反映了美国不断变化的文化氛围，这种变化的根源可以追溯到 20 世纪 70 年代。

虽然斯基林在安然建立的体系是一个极端的例子，但值得记住的是这种末位淘汰制已经变成包括像微软（Microsoft）和通用电气 [General Electric，由杰克·韦尔奇（Jack Welch）领导的时候] 等巨头在内的美国公司的普遍做法。根据 2012 年的评估，财富五百强公司的 60% 基本上在使用这种末位淘汰制（不过他们给予这种体系更加政治正确的名称）。[52] 安然的崩溃不是偶然事件。这只不过是21世纪头十年里所扩散的一系列公司丑闻中的一起（甚至不是代价最大的）。人们会想，到底还有多少公司其内部合作已经被削弱，快到安然公司的地步了呢？

在20世纪70年代末和80年代初，美国的社会情绪经历了戏剧性的变化。全美汽车工会（United Auto Workers）主席道格拉斯·弗雷泽（Douglas Fraser）在给工会领导层的著名辞职信里描述了这种文化转变：

> 我认为，在今天，商业界领导们几乎无一例外地在这个国家选择了发动一场一边倒的阶级战争——一场针对工人阶级、失业人员、穷人、少数民族、年轻人、老人，甚至还有我们社会中许多中产阶级的战争。美国工商界和金融界的领导者们已经打破而且抛弃了在过去经济增长和进步时期存在的脆弱而不成文的合约。[53]

引人注目的是，这封信写于1978年，在那一两年时间里，我们可以追溯到美国一系列新的长期趋势，包括日益加剧的政治分级化和收入不平等现象。[54]

政治学家罗伯特·帕特南（Robert Putnam）认为，这种转变是由于"长久参与民事行为的一代"（long civic generation）的消逝，也就是那些在经济大萧条时期和二战时期成长起来的美国人的消逝。在新经济政策出台后的30年里，美国人比今天更深入地参与到了公众生活中去。那一代人也具备帕特南所说的丰富社会资本，也就是"社会生活的特征——社交网络、规范和信任——能够让参与者一起协作，更有效地追求共同目标的东西"[55]。换句话说，他们具有空前的合作精神。

同样的合作精神不仅弥漫于普通美国人的生活中，它也被政治和商业精英所共有。正如新闻记者比尔·毕肖普（Bill Bishop）最近写道，在20世纪50年代和60年代里，"美国人的理想是和睦相处。国家的目标是公正合理并取得共识……在国会里，议员们越过党派界限互相拜访和交流。他们在体育馆里一起健身，在招待会上一起社交，而且建立了超越党派和意识形态的友谊"[56]。在经济领域，雇主和员工之间的关系是和谐的（跟今天相比）。大多数商人并不反对强有力的工会组织和集体谈判。战后的美国绝对不是一个社会主义国家——通常一个CEO的收入是他公司里一个普通员工的40倍，但是今天，CEO的收入是普通工人的500倍。

然后，在1980年前后，发生了一些事情。极端个人主义的意识形态，例如安·兰德（Ayn Rand）的客观主义，不知从何处出现了，而且开始在商界和政界赢得了一些坚定的支持。但是正如历史学家金·菲利普斯–费恩（Kim Phillips-Fein）在2009年出版的《看不见的手：商人对新经济政策发动的圣战》（*Invisible Hands: The Businessmen's Crusade against the New Deal*）一书中所写的那样，这种意识形态的转变并不完全是自发的。它得益于一场在资金支持下宣传弗里德里希·冯·哈耶克（Friedrich von Hayek）和路德维希·冯·米塞斯（Ludwig von Mises）经济思想的运动，这两个经济学家是不受约束的自由市场的坚定拥趸，他们害怕"保姆式国家"的堕落影响。

在政界，这种新的社会动向在 1980 年罗纳德·里根（Ronald Reagan）担任总统时得到体现。玛格丽特·撒切尔（Margaret Thatcher）于 1979 年成为英国首相，也反映了英国一种类似的文化转变。撒切尔在她著名的言论中干净利落地毙掉了正在形成的共识："根本就没有什么社会，只有作为个体的男性和女性，只有家庭。"

而另一方面，安·兰德作为个人主义的复活式预言家，并不否认社会的存在，但她迫不及待地与之撇清关系："文明是向着隐私社会进发而取得的进展。野蛮人的整个存在都是公众性的，被其所在部落的规则所约束。而文明是将个体从人群中解放出来的过程。"[57]

正如经常发生的那样，这个时代的新精神由文艺作品中的虚构人物戈登·盖柯（Gordon Gekko）[1987 年上映的奥利弗·斯通（Oliver Stone）导演的电影《华尔街》（Wall Street）中的角色，由迈克尔·道格拉斯（Michael Douglas）饰演]的话得到完美体现。在对泰达纸业（Teldar Paper）股东们的讲话中，盖柯说道：

美国已经变成了二流强国。它的贸易赤字和财政赤字都达到了梦魇般的境地。现在，在自由市场的时代里，当我们的国家是一个顶级工业强国时，股东们有责任……

美国公司演进的新法则似乎是适者生存。那么，在我的规则下，你要么做对事情，要么就被淘汰。

要点就是，先生们，女士们，贪婪——没有更好的词来描述——是有利的。

贪婪是合理的。

贪婪是管用的。

贪婪阐明、切中并且捕捉到了进化精神的实质。

所有形式的贪婪——对生活、对金钱、对爱、对知识的贪婪——都凸显了人类高歌猛进的过程。

而且贪婪——记住我的话——不仅能拯救泰达纸业，更能拯救另一个出现故障的集团，它叫作美国。[58]

在热衷于简短引述的主流媒体那里，这个演讲通常被缩减为"贪婪是有利的"。但是盖柯所说的话比通常人们对他的认识要多得多。他详细阐述了自己的商业哲学，并解释了为什么贪婪是有利的，而且他的说法还颇具说服力。

同时他也是错误的。1987 年，当这部电影被推出的时候，从合作到极端个人主义和竞争的文化转变过于新颖，它的结果还不能马上清晰可见。杰夫·斯基林甚至都还没有开始为安然公司工作。戈登·盖柯的人物角色是基于一些内部交易的人物原型，譬如迈克尔·米尔肯（Michael Milken）和伊万·波斯基（Ivan Boesky）。但是当与 21 世纪初大规模的贪污腐败相比，20 世纪 80 年代由丑闻引起的诈骗和损失的规模就相形见绌了。

在安然公司的莱和斯基林之后，紧接着是世通公司（WorldCom）的伯纳德·埃贝斯（Bernard Ebbers）和泰科公司（Tyco）的丹尼斯·科兹洛夫斯基（Dennis Kozlowski），然后就有了伯尼·马多夫（Bernie Madoff）与莱曼兄弟公司（Lehmann Brothers）。紧随其后的就是，或为关于企业欺诈的最大案例——2007—2008 年间的全球金融危机。

所以盖柯是错误的。贪婪不仅不能拯救影视作品中虚构的泰达纸业，也摧毁了现实中的安然公司、世通公司、泰科公司以及莱曼兄弟公司，而且这些公司既非规模小，也非影响力弱。相反，他们倒台前，均被列为美国最有影响力的公司。《财富》（Fortune）杂志连续六年将安然公司评为"美国最有创新力的公司"。同样是这份杂志，在 2007 年，也就是莱曼兄弟公司破产的前一年，还将其列为"最受仰慕的证券公司"之首。《财富》杂志似乎并没有从自己的错误中得到任何教训。

在《财富与民主》（Wealth and Democracy）一书中，政治评论家凯文·菲利普斯（Kevin Phillips）用案例和统计数据表明，上次出现类似大规模的集团丑闻是在"镀金时代"（19 世纪的最后 30 年）——恰恰是有缺陷的社会达尔文主义在美国精英阶层中大行其道的时候。对照来看，在从新经济政策到"伟大社会"（Great Society）的这段时期（20 世纪 30 年代到60 年代），当一种更具合作性的社会气氛占主导的时候，集团丑闻极其罕见，甚至不存在。[59]

我们可以用谷歌首创的"文化度量标准"来追溯合作的起起伏伏，谷歌已经将大量英文书籍数字化（还有其他几种语言的书籍，但是我的首要兴趣是美国的出版书籍）。这些数据表明，"合作"一词在美国书籍里出现的频率在1900年后——"进步时代"和新经济政策期间——迅速增加。到1940年为止，讨论合作的书籍要比1900年多五倍。直到1975年为止，合作一直是重要的话题，但是在20世纪80年代，合作进入了衰退期。随便选一本2015年出版的书，里面用到"合作"一词的概率只有70年代出版物的一半。

这不仅仅是一个词语流行程度的问题。例如，"劳资合作"（labor-business cooperation）也有着同样的趋势。但"企业贪婪"（corporate greed）一词则恰恰相反：当"劳资合作"出现频率下降的时候，它的频率就上升；而当"劳资合作"出现频率上升的时候，它的频率就下降了。2015年出版的书籍谈及"企业贪婪"一词的几率是20世纪70年代的5倍！[60]

对合作兴趣的降低也恰恰与新时期关于贪婪的福音传播相重叠，后者由戈登·盖柯清晰阐述。这恰恰也与安·兰德的著作，例如《源泉》（*The Fountainhead*）和《阿特拉斯耸耸肩》（*Atlas Shrugged*）的销售额激增的时间节点巧合。这些书都宣传个人主义与利己主义的福音。当如此多的标示性因素都以同一种方式指向一个趋势时，它们就揭示了现实中一些潜在的重要问题。

还要注意，盖柯在演讲结束时，把美国比作一个不能正常运行的集团，而且建议用贪婪（"没有更好的词来描述"）解决这个问题。实际上，事情恰恰与此相反。即便假设20世纪80年代的美国是一个出现故障的集团（我不认同这一说法），到了2015年，美国已经变成了一个功能失调的集团了。

有几种数据支持这种令人沮丧的评估。其中一种就是将国会与公众舆论割裂开来的政治两极分化的极端程度。政治学家诺兰·麦卡蒂（Nolan McCarty）、基思·普尔（Keith Poole）和霍华德·罗森塔尔（Howard Rosenthal）通过定量研究的程序表明，国会政见的两极分化在20世纪70年代开始加剧，而在2015年已经超过了此前"镀金时代"的巅峰。其他数据，例如参议院议案受到威胁与阻挠的比例，或者司法官员提名的确认率，都指向一个趋势，它们以相似的方式揭示了各方越来越不可能达成和解，结果就是政府失去应有的职能。

我们在2013年10月经历的财政僵局和政府停摆，揭示出我们的政治精英阶层是分裂的，失去了为一个共同解决方案而协作的能力。换句话说，他们之间互相合作的能力一直都是不堪一击的。尽管在最后一刻避免了主权债务的违约，但是引起财政危机的结构性问题还是没有得到解决。

美国自1985年以来的30年，是一个巨大的社会试验场。如果大肆宣扬极端个人主义，并将提升自我利益作为组织社会的唯一基础，这样的意识形态占上风的话，会发生什么呢？结果出来了：美国社会各个层次合作的退步，导致政府职能的下降。

　　并不是每一个影响社会的顽疾都能追溯到社会成员失去合作能力这个因素。但合作还是很重要的。复杂的人类社会，包括我们今天的社会，是脆弱的。这些社会是用一张由互相信任和社会合作织成的隐形之网粘接在一起的。这张网易于磨损，导致社会功能失调日益严重。如果失去了合作，通常的结果就是政治不稳定和内部冲突，在极端情况下，则是彻底的社会崩溃。在 2009 年出版的《世俗周期》（*Secular Cycles*）中，俄罗斯历史学家谢尔盖·涅费多夫（Sergey Nefedov）和我一起仔细检视了八次由于缺失合作而引起的不稳定浪潮：罗马共和国末期的内战和罗马帝国的崩溃、中世纪英法之间的百年战争与玫瑰战争、法国宗教战争、英国内战、俄罗斯的动荡不安时代、俄国革命和结束了罗曼诺夫王朝的内战。在每一个案例中，我们都发现合作的消失是社会崩溃的一个首要标志。

　　谢天谢地，美国还没到这种地步，但重要的是要理解是什么让社会有能力、有效率，以及社会是如何失去其职能的。演进理论实际上提供了答案，但是这些答案与杰夫·斯基林和戈登·盖柯这些人所给出的答案大有不同。

　　就我所知，斯基林从来没有像戈登·盖柯那样清晰、雄辩地通过演讲来详细阐释自己的思维方式。那么让我们转向话剧《安然公司》（*ENRON*），在这个话剧里剧作家露西·普雷布（Lucy Prebble）用艺术手法来想象斯基林可能如何解释自己的管理哲学。以下就是话剧中斯基林与安德鲁·法斯托（安然公司的财务总监）之间的对话：

斯基林：你读过《如何赢得朋友及……》（*How to Win Friends and ...*）[1]、《高效能人士的七个习惯》（*The Seven Secrets of Highly Effective People*）这类成功学的书？

法斯托：对的，我——

斯基林：不要读这些。都是胡说八道。读读道金斯（Dawkins）的《自私的基因》（*The Selfish Gene*）。

法斯托：这我不了解——

斯基林：一个名叫理查德·道金斯的人。读读达尔文的书。

法斯托：我是不是要被开除了，杰夫？

斯基林：公正地说，你该出局了。我是用达尔文主义原则来运营这个公司的。

法斯托：请不要开除我！

斯基林：查尔斯·达尔文展示了一种思想如何可以改变世界。现在我们理解了自己的本性，而且我们可以利用这种本性。

法斯托：用在什么方面？

---

[1] 完整书名为《如何赢得朋友及影响他人》（*How to Win Friends and Influence People*）。原文有省略。——编注

斯基林：用在商业方面。商业就是本性。

法斯托：就像利己主义和竞争？

斯基林：正是如此。钱和性能鼓动人，安迪，而且钱是让他们的手远离他们的阳物而投身工作的东西。

我感兴趣的是，虚构的斯基林将其商业哲学基础归为"达尔文主义原则"和《自私的基因》，而真实的斯基林最喜欢的书恰恰就是这本《自私的基因》。[61]这本书非常重要，而且有影响力，但也有严重的缺陷。而正是这种缺陷解释了，为什么这本书会成为杰夫·斯基林（还有戈登·盖柯，虽然奥利弗·斯通没有告诉我们盖柯是否阅读了达尔文的著作）这类人的病态社会哲学的基础。碰巧的是，这本书于1976年出版，正好对极端个人主义的上升势头起了推波助澜的作用。

现在，我并不是说理查德·道金斯应该为安然公司的丑闻负责。在《上帝的错觉》（*The God Delusion*）一书里，道金斯写道："我在《卫报》（*Guardian*，2006年5月27日'动物本能'专栏）上读到，《自私的基因》是臭名昭著的安然公司CEO杰夫·斯基林最喜欢的书，他从书中得到了一个社会达尔文主义者的灵感。"道金斯声称他的书被误读了。但事实真是如此吗？

让我们从道金斯做的正确的事情开始。当《自私的基因》于1976年出版时，我们对合作演进的理论性理解正处于一种迷惑状态。所有人都清楚的一点是，大量的物种，最显著的是蚂蚁、蜜蜂、白蚁和人类，是能够以大型群体的形式进行合作的。合作的好处是明显的。像蚂蚁和白蚁这种社会性昆虫已经取得了显著的成功。爱德华·威尔逊，我们第一章里提到的进化生物学家和蚂蚁爱好者，指出仅蚂蚁这一种社会性昆虫就占据了所有陆生动物总量的四分之一。同样的，人类也是哺乳动物里最成功的物种，已经扩散到各个大陆，包括边远的南极洲，而且现在已经进入了太空。我们可能成为首个发展到地球之外、移居其他星球的物种。

到 20 世纪中期，合作的好处对于生物学家来说如此明显，以至于合作的演变几乎不需要什么解释了。正如进化生物学之父查尔斯·达尔文在 1871 年所写的那样，有机体中那些合作性较强的群体在竞争中击败了那些合作性较弱的群体。结果就是，竞争的基因就在整个群体中传播开来。英国动物学家 V. C. 温－爱德华兹（V. C. Wynne-Edwards）与奥地利动物行为学家（动物行为学是关于动物行为的研究）康拉德·洛伦茨（Konrad Lorenz）将这种逻辑进一步扩展。他们认为动物之所以具备一些无私的品质特征，是由于这些特征有利于生存。让我们将这种想法称为天真的群体选择学说。

那么到底出了什么问题呢？

问题是合作并不仅仅带来好处。合作也有其高昂的成本。虽然合作的利益由群体的所有成员均享，但其成本也是由每个合作者个人承担的。"公众利益—个人成本"之间的冲突就导致了我们有时所称的合作者困境。

假设你属于一个部落，这个部落和平地处理内部事务，人们种植庄稼，放牧，抚养孩子，总体上享受着美好生活。一切都很好，除了你们有一些可怕的邻居。河的对面就有一个部落，好战，就喜欢攻击其他人，烧杀抢掠无恶不作。他们觉得打仗比种庄稼有趣多了。没有什么更高的权威来阻止他们对你们有所企图——没有国家，没有警察，没有法庭。

有一天，好战部落的武士们越过河流，朝着你的部落进发。你要做的就是将部落人口聚集起来，驱赶入侵者。每个人都应该参与其中，因为你能够集合起来的军队规模越大，击败入侵者的可能性就越大。组织一场成功防御战的好处是明显的，而且是巨大的。这实际上就是生与死的区别。克罗河村落村民们的命运和史前时期无数大规模的屠杀就是这个样子。

问题是，即使你这一方赢了，敌人被杀死或被赶跑，你的村落里也会有一些人被杀或受伤。这就是战争的本质。更糟糕的是：你自己也可能成为伤亡人员之一。

然而，如果没有人在战争中退缩，那么你个人的生存几率就会提高。你的部落比入侵者更了解当地环境，而且防御总是比进攻容易。而抵抗的反面是整个村庄被屠杀。所以如果你是杰夫·斯基林所认为的那种聪明人，行为由恐惧和贪婪所驱动，你就会在战斗中面临的风险与大屠杀中的必死无疑之间权衡，然后你决定在前线战斗。对吗？

错。社会理论学家给那些行为仅仅由贪婪和恐惧所驱动的人起了个名字："理性施动者"（rational agents）。事实证明，一个完全由理性施动者组成的群体根本就没有合作的能力。具体来说，这样的人永远不会设法组成一支有战斗力的军队。这种结果已经从数学上被证明了，证明过程使用了一系列令人叹服的抽象模式，但是用浅显的语言来解释更加容易。

让我们假设你的部落可以聚集起 1000 名战士，足以驱逐侵略者，但代价就是 50 名战士被杀或受重伤。你是否加入这个战斗团队对于战斗的进程不会产生任何重要影响。1000 名还是 999 名战士并不重要：结果是一样的。其他因素——地形、天气、突袭和纯粹的运气——会比只缺席一个战士产生更大的影响。实际上，总会有一些战士病得无法作战。所以你就可以假装自己生病，留守在家中。

如果你是一个理性施动者的话，这就是你会做的事情。无论你是否加入，对所有人来说最后的结果将是一样的，但是你计算出你重伤或死亡的几率是 1/20（用 50 名伤亡人员除以 1000 名战士），换句话说，对你来说，个人后果是非常严重的。所以一个理性施动者将会做这种估算，然后"背叛"，不仅是字面意义（背叛战斗团体），而且也是引申意义（用集体行动理论家的行话来说，"背叛"意味着没有对集体性的事业做出贡献）。或者你可能假装加入了战斗，但是当真正的战斗打响时，你会磨洋工，而且在危险出现的第一时刻，你就会撤退。

控制理性施动者行为的逻辑，在约瑟夫·海勒（Joseph Heller）的小说《第二十二条军规》（Catch-22）里得到完美体现。小说主人公约塞连（Yossarian）告诉他的长官梅杰（Major）少校说，他拒绝参与战争：

"我再也不想打仗了。"

"你想看到我们国家输掉这场战争吗？"梅杰上校问道。

"我们不会输的。我们有充足的人力、财力和物力。有一千万穿制服的士兵可以取代我。有些人战死疆场，更多的人却在赚钱并且享乐。让其他人去送死吧。"

"但是想想如果我们每个人都这么想会发生什么。"

"如此说来，如果我不这么想，我就肯定成了大傻子。不是吗？"

约塞连的逻辑是无懈可击的。当有一千万士兵参战的时候，约塞连是否在其中就无所谓了。他的参与也不会对战争的结果有丝毫影响，但是他本人有很大的风险在战争中死去，而这对他来说非常重要。

还要注意到约塞连所说的最后一点。如果其他所有人都叛逃的话，那么约塞连继续战斗就"肯定成了大傻子"。假设你部落里的每一个人都四散逃跑——如果你仅靠自己单枪匹马勇敢走出去面对入侵的军队，会发生什么呢？你会被杀死，而且死得毫无意义。

实际上，无论其他人做什么，一个理性施动者的最好的方针策略总是叛逃。在由理性施动者组成的部落里，所有人都这么认为，因此就没有人会勇敢地站出来面对敌人。他们都会装作生病——直到他们被拖出病床而被敌人杀死。

这就是合作者困境的含义。如果每个人都对公众利益做出贡献的话，那么结果对所有人来说都会更好，但是对于每个个体来说，最好的做法是将负担转移到其他人身上。如果所有人都遵循这种逻辑，就不会产生集体性的利益，每个人的境遇也会更糟糕。这种困境不仅仅适用于战争与和平，而且适用于公众生活的许多其他领域：提供良好的治理，创建公共基础设施（例如公路），资助科学技术研究，保持水和空气的洁净，等等。

实际上，合作不仅仅是社会所做的许多事情之一，合作是社会所做的主要事情。公共产品的生产是将真正的社会与纯粹的个体的集合区别开来的重要标志。

请注意，有时产生一个普遍利益可能是没有什么成本的。举一个例子，想想靠马路右边驾驶这个规则。当汽车第一次被引入到社会中的时候，由于驾驶者不得不在对面有车来的时候快速决定他们将从哪一边开过去，因此产生很多碰撞事故。当双方都靠左或靠右驾驶的时候，问题就顺利解决了。但是如果一个司机决定靠左而另一个人决定靠右，那么就会产生碰撞事故。所以社会制定了这个规则：你应该在路的右边驾驶。这对减少碰撞事故是有直接效果的（对大家都有好处），而且这没有什么成本——除非你碰巧想自杀，否则没有什么会诱惑你去违反规则。

集体行为理论家有时将这类无成本的合作事例称为"协调问题"。选择靠左还是靠右并不重要（英国人开车是靠左边，总体有着比较良好的效果）。我们所有人都应该彼此协调，那么每个人就会过得更好。

然而大多数合作问题并不是无成本的。让我们将这些合作问题称为"强意识合作"，以便于与那些无成本的少数合作区分开来。公众产品通常对某些人来说是有成本的。合作需要一些牺牲，从战士和维和士兵所面临的暴力死亡，到金钱、劳作、时间这些不那么极端的付出。

到 20 世纪 60 年代，人们才对合作者困境有了清晰的理解。有趣的是，它在经济学、政治学和进化生物学等几个科学领域同时出现。其中一个重要的贡献，是 1965 年出版的经济学家曼瑟尔·奥尔森（Mancur Olson）所著的《集体行动的逻辑：公共产品及集团理论》(*The Logic of Collective Action: Public Goods and the Theory of Groups*)。经济学家现在对"公共产品"下了一个非常清晰的定义。它最重要的特点就是没有人不会享受到公共产品。想想我举的战争的例子：如果你所在部落的武士成功地驱赶了敌人，村庄里的每个人都会从中获益——不仅仅是那些参与战争的人，也包括那些没有参与到战争中的人。正是利益的公共性与成本的私人性之间的紧张关系，在很大意义上定义了合作。

另一个"非排他性"的公共产品的例子就是无线电和电视广播。公众电台有一个更有趣的属性：基本上它处于一种无限供应的状态。任何一个有收音机的人都可以收听节目，而且不管多少人捕捉到了信号，个体收听节目的效果都没有丝毫受损。在这一方面，无线电广播是一种特殊的公共产品。

很多自然资源，例如渔场、森林、洁净的水和清新的空气都是以公共分享的方式来利用的，但是这些资源非常有限。在1968年发表的开创性论文中，人类生态学家加勒特·哈丁（Garriet Hardin）解释了为什么这些资源的利用易于造成"公地悲剧"[1]。想一下清洁的空气，人们一度认为它是理所当然的资源。一个企业家建立一座工厂，铁熔炉喷发出的二氧化碳、二氧化硫以及其他有毒的气体，散入到大气层中。空气质量的下降如此轻微，以至于人们基本上察觉不到，而所有人都在承受。当然对于企业家来说，建造工厂是理性的（狭义的经济理性）——他的回报就是他创造的经济财富，他的付出就是所呼吸的空气质量的轻微下降。

但是随即第二座工厂被建起，接下来是第三座、第四座……最终，能吸收污染并自我净化的生物圈也不堪重负。人们因此而生病，植物在酸雨下凋零。气温上升，格陵兰岛和南极洲的冰盾融化，上升的海平面淹没了沿海城市。理性追求经济利益的结果就是，每个人的境遇变得更加糟糕。因此，公共悲剧是另一种由公共利益与私人成本间的紧张冲突导致的合作

---

[1] 当资源或财产有许多拥有者，他们每一个人都有权使用资源，但没有人有权阻止他人使用，由此导致资源的过度使用，即为公地悲剧。"公地"指的是不具排他性、专属性的资产。——编注

失败。

这两个例子——保卫部落不受外敌侵犯和维护空气质量——说明如果你想要理解合作，就不能仅仅指向那些毫无疑义的好处。你也需要说明人们如何能够解决合作者的困境。这就是生物学界那些坚持群体选择学说的天真之人所犯的错误。

进化生物学家乔治·C. 威廉姆斯（George C. Williams）在其 1966 年出版的《适应与自然选择：对当今一些进化思想的批评》（*Adaptation and Natural Selection: A Critique of Some Current Evolutionary Thought*）一书中，指出了他们的关键性错误。在这本书里，威廉姆斯摧毁了群体选择学说的逻辑基础。这本书在鼓动进化生物学界反对群体选择学说方面具有高度影响力，但是从社会的广泛层面来说并没有多大影响，直到 1976 年道金斯将威廉姆斯的思想转化为精彩生动的文章后，才在公众中产生影响。因此《自私的基因》就诞生了。

威廉姆斯和道金斯指出，从某种意义上来说，基因是理性的施动者。当然，基因并不计算它们所编码之性状的成本和收益。这是由进化过程自身——自然选择完成的。无私基因的个体牺牲了"健康"（记住，强意识的合作需要某种程度上的牺牲）。这种无私的基因生存和繁殖的可能性比那些导致个体做出自私行为的基因小很多。

举个例子，我们假设有一个"修女基因"，这个基因让其携带者奉献自己的一生服务于他人，而放弃了生育自己孩子的权利。任何一个这样经过突变而出现的基因都将在一代人的进化中被淘汰——因为它的携带者没有将它传递给任何后代。

然而，修女基因更加成熟的版本是可能存在的。在一些动物物种里，某些个体奉献自身去养育其父母或姐妹的后代，而自身并没有生育孩子（或等到后来再繁殖）。然而，这种利他行为永远都是针对近亲。

在社会性的昆虫群体中可以发现利他行为的最极端版本。例如在蜂群里，只有一只雌蜂能够繁殖后代。其他雌蜂都是她的女儿——除了为数不多的被培育出来建立自己蜂巢的雌蜂之外，它们只在蜂群聚集时到来——这些无性的工蜂们，都无私地奉献着，照料蜂后，养育她的孩子，采集食物，保护蜂巢不受猎食者的入侵。这样的无私行为如何用自私基因理论讲通呢？

理论生物学家威廉姆·D. 汉密尔顿（William D. Hamilton）指出了关键点：那些利他的行为主要是针对近亲的，近亲本身可能就带有"无私基因"的样本。无私基因并不是随意选择个体来进行帮助的。从某种意义来说，它是在帮助与自己有相同基因的另一个个体。总体来说，兄弟姐妹间共有 50% 的基因，所以如果我能够帮助两个以上的手足，即使牺牲了自身的生育机会，平均来说，这样的行为也会被自然选择所青睐。因此就有了进化生物学家 J.B.S. 霍尔丹（Haldane）的著名回答。当被问及他是否会牺牲自己来拯救一个快被淹死的弟弟时，他回答道："不会，但是我会牺牲自己去拯救两个弟弟或八个表兄弟。"弟弟跟表兄弟不一样，前者与你有 1/2 的共同基因，而后者仅仅有 1/8 的相似性，所以要有八个表兄弟才能与两个弟弟持平。当看到只有七个表兄弟要淹死时，你不应该采取任何措施。

也许这一切听上去有点愚蠢。然而，近亲选择理论的基本要点还是非常有效的。对诸如蚂蚁、蜜蜂和白蚁这类群居性昆虫的广泛合作做出解释，是威廉姆斯和道金斯所鼓吹的"基因中心论"的进化论的胜利之一（之所以称为"基因中心论"，是因为我们追踪的不是个体，而是分散到很多相关个体身上的基因样本）。

然而，近亲选择理论并不能解释一些基因不相关者的群体合作。基因中心论并不能帮助我们理解为什么一个士兵会用身体压住手榴弹来拯救战友而牺牲自己，以及大型的合作性人类社会是如何演进而来的。《自私的基因》从很多方面来说是一本杰出的著作，然而它却完全不能解释一件事：人类合作的演进。

在成功击溃天真的群体选择学说之后，持基因中心论的理论家们发现，在解释人类社会生活（例如道德、同情和慷慨这样一些明显特征）时，该理论一筹莫展。理查德·道金斯写道：

请注意，如果你像我一样，希望建立一个个体为了共同利益慷慨无私、互相合作的社会，你就不能指望从生物本质那里得到多少帮助。让我们试着去教人们慷慨无私吧，因为我们生来就是自私的。[62]

在乔治·C. 威廉姆斯看来，道德是"一种偶然能力，在其无限的愚蠢中，由一个通常与这种能力的表达相对立的生物性过程所产生"。[63] 在上个世纪之交，赫伯特·斯宾塞提出了大体一致的观点，因此促进了社会达尔文主义的兴起——正如我们注意到的那样，这恰恰与上一个出现大规模企业违法的时代相吻合。

在《自私的基因》出版 30 年后，道金斯在《上帝的错觉》一书中回归到了进化和道德的问题。[64] 他仍然是群体选择学说的强烈反对者，而且继续认为社会演进的两个主要引擎是亲缘选择和互惠利他主义。在"对于个体的无私、慷慨或彼此间表现出的'道德'，所给出的合理的进化论理由"之上，他又增添了两个次要理由。一个是"获得慷慨仁慈的名声在进化上有好处"；另一个是"引人注目的慷慨行为有额外的好处，就相当于为自己的可信度做广告"，[65] 而且他还继续坚持他现在称之为"错误"或"副产品"的道德理论。这种说法是这样阐释的：

在远古时代，我们只是有机会对近亲和潜在的回报者展示自己的无私。现在这种限制已经没有了，但是经验法则还在。为什么不呢？这就像人的性冲动。我们看到一个正在哭泣的不幸之人（这个人与我们没有亲缘关系，也不会在日后对我们有所回报）而产生同情，与我们对异性（这个异性可能没有生育能力）产生性冲动是一个道理。这两者都是失效的例子，是进化意义上的错误：神圣的、宝贵的错误。[66]

换句话说，我们的超级社会致力于维持合作、维护内部和平、打击犯罪、组织高效生产以及运输各类商品，并达到诸如将国际空间站发射入地球轨道的辉煌成就，这些错综复杂的安排——所有这一切，仅仅是远古时代我们居住在亲戚朋友组成的小群体里时自然选择的"副产品"。

现代复杂社会只不过是更新世时代的进化副产品，这种观点如此牵强：就像说我们极其高效、结构复杂的身体只不过是三十亿年前我们的远祖单细胞生物进行自然选择的副产品（尽管人类的身体有其自身的效率与整合，"身体政治"需要从其复杂系统中多多学习——但身体自身也远非完美状态：我确实希望人类的进化能花点时间来设计一个更好的膝盖！）。

只要想想现代民族国家各种错综复杂的机构是如何互相交织的，就能明白这一点。美国为了保证政府的行政、立法和司法分支机构能协同合作，做了很多详细的安排（是的，各个部门间都存在摩擦和冲突，然而，共和国目前还是能设法应付下去）。媒体也嵌入到治理的网络之中，以至于有时被称为政府的第四个部门。由成文的法律和不成文的社会规范构成的系统保证了军队不会攫取权力，建立独裁政权。所有这些机构都是过去两三个世纪以来演进革新的结果。小型社会没有任何类似的东西。实际上，一个神奇地从更新世社会穿越过来的人会发现，一连串的指挥系统和行政号令的想法既不自然，又令人反感。

正如进化生物学家大卫·斯隆·威尔逊（David Sloan Wilson）在《利他之心》（*Does Altruism Exist?*）一书中解释的那样，"群体层次的职能性组织主要是通过群体之间的自然选择发展而来的"。现代民族国家是国家之间激烈竞争所导致的几千年文化演进的产物。这就是为什么这些国家能够合理存在并正常运行。另一方面，当亲缘选择和有潜在回报的利他主义进入这种操作中时，往往会削弱超级社会。我们现在知道这叫作"裙带关系"和"任人唯亲"。

我有理由确信理查德·道金斯是个不错的人，而乔治·威廉姆斯和赫伯特·斯宾塞也都是好人，至少按理说是这样。无论如何，很难想象他们会犯下像杰夫·斯基林那样大规模的公司诈骗罪。然而，对人类本性的理解有纰漏不仅让他们对我们的道德、利他主义和合作能力持悲观主义看法，更糟糕的是，只要他们固守自己的观点，那些致力于增进合作、信任和社会公正的政策方案就无法取得理想的效果。

"副产品"理论家们最终会说，是的，人类就是自私的野兽，所以我们必须强迫他们变得有道德。我们应该用优越的理性能力来预见我们行为和选择的结果，然后我们应该选择那些更具有合作性的、社会期待的结果，而这些结果能够增加所有人的福利，包括我们自己。

但是斯基林和盖柯选择了不同的路线。他们实际上在说，是的，人类是自私的野兽，事情本来就是如此。而且，我既然是这里最聪明的人，那么我就会用这种秘密知识来让自己变得富有！简而言之，《自私的基因》的中心思想被世界上的斯基林们随意滥用了。自私的人自然会被假定人类本性自私的理论所吸引。他们发现这种理论解放了他们，给了他们特许，让他们自私、贪婪而且自我感觉良好。

但是我对《自私的基因》和副产品理论家们的批评，超过了他们无意中为那些想尽情贪婪的人提供的虚假道德辩护。"自私基因论"实际上并不是什么科学理论，因为它让人类的道德变成了进化的偶然性事件。不像多层选择，这种论断并不会产生我们能够用经验来验证的理论预测。

副产品理论也没有提供什么实际路线来让我们的社会更加无私，增强社会信任与合作。我在本书中阐述的另一种理解，不仅是一种更好的理论，而且从逻辑上来讲是连贯一致的，并有越来越多的数据支持。这种理论也是有用的。正如我们将看到的，这一理论会告诉我们如何设计一些能够增强小群体、整个社会乃至全球人类间合作的策略。实际上，该理论甚至还会告诉你如何让你的体育团队赢得胜利。

第四章 为了竞争而合作

团队运动教会我们合作

我任教的康涅狄格大学以其女子篮球队——康涅狄格哈士奇队著名。自然地，我在康涅狄格的朋友们认为，哈士奇队是这个国家最好的篮球队，而且在这种情况下，经验主义证据倾向于支持他们的主张。每当我们的篮球队赢得全国冠军的时候（在过去十年里已有五次），校园就连续几天举行庆祝活动。

我有一个额外的原因要庆祝，对我来说，篮球不仅是一种令人激动的观赏性运动，它还教会了我们为什么以及如何进行合作。

人类不仅能够独自行事，而且能够合作共事。人与人是有区别的，有些人更加自私一些，而其他人更愿意合作。同一个人在不同的情境下，也可能表现得非常不同，在一种情境下竭尽全力为共同目标而奋斗，在另一种情境下则选择独来独往。像篮球或棒球这样的团队运动是一种尤其适合的环境，可以在其中比较促使人们合作程度或高或低的不同影响因素。球队排名的依据是他们得了多少分，赢了多少场比赛，离全国冠军有多近。对于个人表现有很多详细的数据：击球率、得分、篮板球、助攻，等等。另外，在观赏性体育运动中，球员在带着批判性眼光的观众面前"工作"，观众能够观察到球员是拼尽全力还是退缩不前。运动数据给了我们一个窗口去观察人类本性的那些深层次真理。

这正是詹姆斯·麦吉尔·布坎南（James McGill Buchanan，诺贝尔经济学奖获得者）在《群体选择与团队运动》（*Group Selection and Team Sports*）一文中使用的论述角度。[67] 想想一个篮球运动员所处的情形，她必须选择投篮得分或者传给一个有更好投篮机会的队友。传球增加了球队获胜的几率，也就是增进集体利益。但是这样要付出个人成本——降低她自己在队中获得高分的可能性。

这是人们一直要面对的困境的一个典型例子。我们都属于许多不同的群体——运动队、志愿者协会或教堂，而且更重要的是，我们的工作单位。我们希望自己的群体胜利，但是我们也在乎自己作为一个整体的社会和群体中的位置。重要的是，要认识到"竞争"可以有几种形式。例如，如果你为一家公司工作，你的公司在市场上与其他企业竞争，同时你个人在公司里也与其他员工进行竞争来获得加薪、年终奖和晋升。换句话说，在很多层面上都存在竞争。帮助我们理解这整个过程的进化理论叫作"多层面选择"。

我们的篮球运动员恰恰就处在这种多层面选择的情形之中。无论她投篮还是传球都取决于她的个人性情：她是一个团队合作者，还是一个"热狗"[1]？甚至更有趣的是，她的选择可能也被她的社会环境影响，这也是为什么同样的人会在一种情形下选择当一个合作者，而在另一种情形下则选择单枪匹马。

为了展示一个选手的选择可能朝着不同方向转变，让我们从球队运营者，也就是那些为球员设置奖励之人的角度来看。[68] 如果我们想要球队在比赛中尽可能多地获胜，那么我们就应该把个人奖励与团队胜利联系在一起。例如，我们可以给所有队员同样的薪水，不需要考虑个人得分。但是当团队获胜的时候，每个人的薪水都会提升。

现在我们所设想的球员没有了控球的动机，因为将球传给位置更好的队员会增加球队获胜的几率和她自己潜在的奖励。换句话说，当团队层面的奖励和个人的奖励得到完美结合时，人们就更有可能进行合作。

在现实世界里，没有一个体育团队的经营者会给所有队员发同样的薪水。这涉及各种不同原因。其中一个原因是，大多数人并不觉得每个人领同样的薪水是公平的。团队中有些球员技术更加熟练，或比其他球员更努力，而且所有人都同意他们获得更大份额是公平的。份额到底该多大取决于你的位置，其中的差异令人吃惊。在北欧国家里，例如挪威和丹麦，人们对

---

[1] hot dog，指技巧娴熟的运动员。——译注

公平公正有更强烈的偏好，因此表现优秀的球员在这里会比在美国获得的奖励低。甚至像在社会联系紧密的美国和澳大利亚，两者都是由来自大不列颠群岛的殖民者成立的国家，在这个问题上却有着不同的文化规范。澳大利亚人整体来说比美国人更喜欢平等的结果。

虽然不同社会对于不公平的容忍程度不同（尤其是，当有人有高水平表现，值得更高奖励时），但总是要有一个度，超过这个度，对于奖励的不公分配就不再合理了。当人们觉得自己没有得到公平的份额时，他们就开始收回合作姿态了。在一个棒球队里，一个超级明星的薪水如果是他队友的 10 倍，其他球员就会开始消极怠工。结果就是，那些薪资不公的棒球队获胜的场次要比那些奖励分配更加均衡的球队少些。这种情况恰恰就发生在那些有超级巨星球员的薪资水平不平等的球队里。

这种影响可能非常明显。弗雷德里克·怀斯曼（Frederick Wiseman）与桑吉特·查特吉（Sangit Chatterjee）将职业棒球大联盟（Major League Baseball）中的球队按内部收入差距的大小分成四个等级。在 1992 年到 2001 年间，收入最平等的球队比收入最不平等的球队平均每个赛季多赢 8 场比赛。[69] 不平等现象对合作的破坏性影响并不仅仅局限于棒球。当研究者们对意大利和日本的足球队成绩进行分析的时候，也发现了同样的影响。[70]

为什么球队经营者们会选择这样一种并非最佳的方式来鼓舞运动员呢？其中一点就是，赢球并不是他们唯一关心的事情。他们也喜欢赚钱,喜欢雇用一个知名度高的球员以便卖出更多球票和球队衍生产品。尽管如此,收入差距仍然对球队表现有着如此强大的影响,以至于它能够将"球星"的吸引力抵消。1996 年,底特律老虎队花了一大笔钱投资于两个超级巨星,塞西尔·菲尔德(Cecil Fielder)和特拉维斯·弗里曼(Travis Fryman),他们两人的收入占据了球队总工资的 60%。然而在球场上,这支球队表现非常糟糕,输掉了 2/3 的比赛。球迷们大批离去,老虎队在那一年的所有大联盟球队中票房成绩倒数第二。[71]

我认为真正的解释是,美国人总体上,尤其是富有的美国人,往往高估杰出球员对于球队成功的重要性,而低估了集体努力的重要性。结果就是,棒球大联盟的大多数球队只要让内部收入更平等,就能提高成绩。

我们之所以知道这一点,是由于棒球大联盟的四个等级中,收入差距最小的 1/4 球队,比第二级球队赢球场次多,后者虽然平均收入高于前者,但没有前者分配得均衡。第二级球队比第三级球队赢球场次更多,第三级又比第四级表现得好,而第四级恰恰是收入最不平等的球队。[72]换句话说,棒球大联盟球队至少有 3/4 的成绩可以通过更平等的薪资分配得到改善!

在团队运动中,流畅协作和团队精神的重要性显而易见,如果不平等对合作的破坏性作用在团队运动中都得不到理解,那么我们在人类事业的其他领域,譬如企业中,会做出一些并非最佳的选择也就不足为奇了。例如，没有证据证明聘请一个大人物做 CEO，并付给他高额薪水，就能改善一个公司的长期发展。如果能证明什么的话，证据往往指向相反的方向。欧洲和日本的大公司付给公司领导的工资相对较少，而且管理层和普通员工之间的收入差距较小。这种做法并没有损害公司成长和发展的能力，然而美国公司还是继续给 CEO 过多的薪水。

这种对杰出个人的信任以及对团队努力相当的忽视也支撑着"末位淘汰制"。设想，以斯基林管理安然公司的方式来管理一个篮球队。斯基林会对球员们进球的数量进行排名，然后在工资体系中给最佳得分球员以最高工资，然后裁掉那些得分最少的球员。"最糟糕"的球员可能实际上会在防守方面起到关键作用，或者成为助攻次数最多的球员，但对斯基林来说，这并不重要。这个球员必须走人。

那么斯基林会成功地在团队内部创造一种高度竞争的气氛，每个球员都想尽可能多地投篮得分。但是这并不能让球队成为赢家。假设你现在在队伍里排名第二，你处于可以传球给最佳球员的位置，而且他投中的可能性更高。然而，如果你不傻，你会尽量自己去投篮，因为你自身也需要这些得分让自己成为最佳球员，况且，你当然不想让目前的最佳球员再去得分。

让我们进一步分析这个例子。如果你想成为最佳球员（谁不想呢？），为什么要只做到不与队友合作呢？如果最佳球员正摆好姿势准备投篮得分，你可以推搡她让她失去得分机会，你应该这么做。毕竟，要想成为最佳球员不仅需要你自己得到更多的分数，而且需要你的对手，也就是最佳球员队友得到更少的分数才行。同样的逻辑也适用于末位淘汰制。排名最低的球员会想绊倒排在他前一位的球员，这样她在得分榜上就可以前进一名而避免被淘汰。排名高的球员也需要让那些排名低的球员保持低分表现。很快，每个人都意识到自己最大的敌人不是另一个球队里的球员，真正的敌人是与你天天在一起的队友。

合作的重要性在商业中没有在团队比赛中那么明显。然而，正如我们在前一章所看到的，安然公司的内部动态，就像假定由斯基林来管理篮球队，其内部会发生的情况一样。还记得安然公司员工的话吗？"如果我要去老板的办公室讨论补偿，假设我踩住某个家伙的喉咙而能获得双倍补偿的话，那么我就会去踩上一脚。"当然，他只是打个比方，但是在篮球场上，如果你的队友跌倒在地，你真的可能去踩她的喉咙——就像是个意外。

分析一个体育团队如何运作，是研究合作的极佳方式，因为我们人类是作为群体动物而进化的。团队合作的一个基本形式已经在我们最直系的亲缘群体——大猩猩中发现了，它们相互合作以包围并杀死诸如疣猴这样的猎物。但是这与早期人类相比算不上什么，人类完善了协作狩猎技术，他们能确保将欧洲野牛或猛犸这类危险的巨大猎物干掉。

团队合作是有效的。一个独自行动的猎手可能要花很多努力去追逐一只兔子，而且在一天的打猎结束后也只能得到一磅到两磅肉而已。当一队猎手放倒一头水牛，他们将有近一千磅肉进行分享——也许每个人能够分到一百磅肉。经济学家将这种算法称为"规模收益递增"——与个体独自行事相比，群体协作能显著地增加每一个个体的所得。

在现代经济环境中，企业要解决日益复杂的问题，就需要具体而且多样的知识，这类知识靠一个人单独去学习是不可能的。于是，将拥有不同且互补的技能的员工凝聚起来的团队，非常容易就击败了拥有同类技术且独自工作的员工的团队。正如人事管理经济学家爱德华·拉齐尔（Edward Lazear）与凯瑟琳·肖（Kathryn Shaw）所写的，"在很多公司里，团队越来越成为一种生活方式"。到 20 世纪 90 年代末，3/4 的公司都有自我管理的工作团队。那些生产复杂产品的公司要解决复杂的问题，就更可能使用这种团队体系。[73] 例如，与只是切割钢块的钢厂相比，那些制造精准的钢铁部件的美国钢厂更有可能依赖团队来解决生产问题。[74]

但是这不仅仅是把人放到一个团队里，告诉他们去解决问题这么简单。一个有着恰当的混合技能的团队需要谨慎构建。换句话说，团队需要多样性。同时，团队成员需要有共同的语言和文化，以便进行有效率的沟通和协作，而且有助于建立彼此间的信任。最重要的是，一个团队需要在组织方式上避开合作者困境——如何鼓舞成员共同合作来完成一个集体性的目标，而不是倚靠别人的努力浑水摸鱼。

这就是研究团队运动所带来的助益。一个体育团队需要为所有同样的问题（投篮还是传球？）找到解决方案，但是在体育运动中衡量球员的表现是更容易的。正如我们先前看到的那样，数据丰富得不可思议。即便在像足球这样的运动中，客观数据所具有的价值似乎有限，也仍然有很多数据可以使用。体育记者通常通过球员每场比赛的表现来对他们进行排名。一项针对意大利足球队的研究使用了意大利三家主要体育报纸里排名的平均指数，来调查薪资不平等是如何影响运动员在球队中的努力程度的。他们发现在收入更平等的队伍里，球员工作得更加努力。[75] 这些研究结果使我们对人们在团队中如何合作（或不合作）有了很多了解，而且我们会学到更多，因为组织经济学家们对团队运动的研究正在变成一门新兴行业。

我们学到的第一点是：不同形式的竞争可能对合作产生非常不同的影响。这一切都取决于竞争的层次——是球队内部不同个体之间的竞争，还是不同球队之间的竞争。这是多层选择理论中的重要观点之一：群体内部的竞争破坏合作，而群体之间的竞争创造合作。

让我们回到团队运动，看一下足球。在足球运动中团队精神与球员之间的合作尤为重要。在足球运动中，每个球员有特定的角色（前锋、后卫、守门员等等），研究表明那些传球更频繁的队伍会赢得更多比赛。如果我们基于个体球员的进球数来实行末位淘汰制，我们就会摧毁这支球队，因为我们会首先淘汰后卫和守门员。

另一方面，对整个球队采用末位淘汰制会是一种增加队内合作、创造强大的足球机器的绝佳方式。实际上在很多国家，这恰恰是足球联盟（或足球协会）运作的方式。例如，在意大利，男子比赛是以联赛等级划分的，被称为甲级联赛、乙级联赛等。每个赛季，在参加甲级联赛的 20 支球队里，排名最末的三支球队会被降到乙级队伍，而乙级联赛中排名最前的三支球队会晋级到甲级队伍。对于意大利人来说，这种体系运作得如何呢？事实上，这种体系运作得非常好。他们的两个顶级俱乐部 AC 米兰和国际米兰，已经七次获得国际足联俱乐部世界杯和这个杯赛的前身欧陆杯的冠军，以及无数的欧洲俱乐部竞赛冠军。与此形成对比的是，美国没有升降级制度（甚至考虑到足球在美国相对较低的地位）：没有一家美国足球俱乐部获得过参加国际足联俱乐部世界杯的资格，而且美国足球在地区层面上的记录也平淡无奇。[76]

团队运动能够提供的经验就是，我们不仅仅是作为个体同队伍中的其他球员相互竞争，我们也作为一支队伍与其他团队竞争。团队运动是一个很不错的比喻——团队合作在我们日常生活中是无处不在的。以我本人为例——我的大多数工作都是在一个团队或另一个团队中进行的，作为一个单独的个体，我不能同时成为人类学、经济学、社会学、气象学方面的专家，然而理解历史需要所有这些学科，以及其他更多的学科。我们在使历史成为一门科学方面能够取得进展的唯一方式是，将来自不同领域的专家团队聚集在一起。

这就是我所做的事情。我组合起一个共同解决某个具体问题的专家团队（我在第十章会展开讨论）。然后我们的团队与其他科研团队进行竞争——去获得更多研究资金并将我们的研究成果发表到权威期刊上。而且不仅是我在这么做，今天大多数科学家都是以团队方式进行工作的，因为大多数的科学进步都是在很多学科的交叉层面取得的（在一些科研论文中出现的署名作者越来越多就能反映这一点）。过去那种独自在象牙塔里对这个世界苦思冥想的做法已经一去不复返了。

在企业中，人们也往往以团队的方式开展工作。整个公司是一个团队，与市场上的其他团队形成竞争。实际上，大多数人都属于嵌套群体（nested group）的不同层次，在不同层面彼此竞争。在公司层面，一个特殊职能团队与其他同类团队竞争；而在全国层面，这家公司与其他公司竞争；在最高层面，一个国家与世界上其他国家进行经济竞争。

这在军队中尤为明显。在军队里为了磨练团体合作，与兄弟团队（也就是一个连内的其他排，一个营内的其他连，等等，直到国际层面的其他国家军部）的相互竞争与蔑视是非常活跃地进行着的（虽然官方形式上并非如此）。的确，任何一名疲倦不堪的士兵都会告诉你，世界上只有一支陆军，那就是"血腥的军队"：任何地方的体验都是大同小异。

这种在经济和社会生活组织方面的多层性，对人类社会的进化演变有着深刻的影响——多亏文化演进理论，我们现在才开始理解这种影响到底有多深刻。在这个新领域中，最为重要的理论突破就是文化多层选择理论——这够绕口的，我也希望能够缩减一下，但是却不能。所有的元素都很重要，让我们从讨论"文化"的意义开始。

什么是"文化演进"？即使在科学家之间，对于这门学科也有许多误解。关于社会的进化研究已经被赋予了各种各样的名称：社会文化演变，社会演变，社会生物学，进化心理学，而且正如我们在第二章看到的那样，甚至还被叫作社会达尔文主义。

对很多社会学家来说（尤其值得注意的是社会人类学家），社会文化演进意味着人类社会必须经过一整套清晰可辨的阶段——可以称之为社会进展的"阶段性"理论。例如，社会文化演进的最早提倡者之一刘易斯·H.摩根（Lewis H. Morgan, 1818—1881）主张社会发展经过三个阶段：从"蒙昧阶段"到"野蛮阶段"，最后到"文明阶段"。其他人主张更精细化的划分方案，但是现在大多数人类学家都一致反对这种阶段性理论。

反对这种理论是有充分理由的。人类社会有很多不同的维度：合作规模、经济专门化和劳动分工的程度、治理形式、识字率和城市化程度等等。不可能通过一套划分出发展阶段的理论恰当地囊括所有维度。而且，尽管我们已经看到，在过去的一万年里人类社会总体上的复杂性和合作规模有增加的倾向，但世界上不同的区域有着不同的发展轨迹。没有一个社会的文化演进轨迹是所有社会都必须遵循的。[77]最后，阶段性理论只能推测社会的复杂性会随着时间推移而增加——这些理论缺失的是这种倾向性的因果动机。

这种将进化论与预设的阶段等同起来的习惯性做法，对于像我这样以生物进化为专业的科学家来说是令人费解的。生物学家们在很久以前就对进化论的定义达成一致：就是对基因频率随时间变化的方式及原因的研究。这个定义并没有暗示说必须有某种形式的进展。"进展"（无论你愿意从哪个维度去看）可能是基因频率变化的结果，但结果同样也可能有后退或长时间的停滞不前。古生物学数据表明，动植物界中的不同谱系可能会有各种不同的进化轨迹。

同样，没有什么能够阻止我们将文化演进定义为：对文化特征的频率随时间变化的方式及原因的研究。其中是否有进展（或阶段，无论如何定义）变成了文化演进需要回答的一个经验主义问题。

什么是"文化特征"？从广义上讲，文化被理解为任何一种通过社会传播的信息。因此，由父母和其他有经验的长者传递给年轻人的关于可食浆果和蘑菇的信息，就是文化的一部分。文化还包括关于制作工具、讲故事、唱歌、舞蹈、礼仪以及"规范"——通过社会传播的行为准则的知识。基本上，任何在社会成员之间进行传播的信息都符合这一定义。一个文化特征就像一个文化基因，这是理查德·道金斯造出来的词，通常被解释为"在一种文化内部，人与人之间传播的思想、行为或风格"。道金斯提出，文化基因是基因一词的文化对应物，也就是文化传播中具有自我复制功能的单位。[78] 然而，文化特征是比文化基因更加普遍的类别，因为它们还包括定量（变化平稳）特点，而这些特点并不能简单地表现为孤立的选择行为：例如信任陌生人的倾向（详见后文）。另外，文化基因论者倾向于将文化基因当作寄生性元素（"自私文化基因"），它们从一个人脑跳到另一个人脑，能够让人们相信各种各样离奇古怪的事物（道金斯的例子是"关于上帝的想法"）。[79] 这里的问题是，基因与文化元素之间的类比过于牵强附会了。

文化特征传播的过程与基因复制的过程是非常不同的。这一过程可以仅仅通过观察和模仿而发生，或者可能会涉及主动教授甚至练习，来保证内容被精确地传播下去。荷马（Homer）的《伊利亚特》（*Iliad*）在没写下来之前，是通过很多代巡回表演者口头流传下来的。在这一点上，值得注意的是，文化也可以在人脑之外得以保存。它通过纸质媒介（如指导手册和更普遍的书籍）和电脑传播。诸如此类的不同传播机制，有着各自不同的精确度，这就是那些文化演进理论家们宁愿以文化特征而不是文化基因来探讨这一话题的另一个原因。一本书是一个文化基因吗？或者文化基因是书里的一整套思想吗？

公正地说，在文化基因这个概念中，基因确实是文化传播过程中一个比较刺激的隐喻，但是仅此而已。文化知识在某些方面类似于遗传信息，但在其他方面则不同。[80] 要做出一个精确的比较是困难的，因为尽管我们非常了解基因信息是如何编码并进行传播的，但是我们对文化信息的了解却没有如此。我们知道知识是在大脑中编码的，但是到底是如何进行编码的则知之甚少。认知语言学和神经心理学领域的研究者们正致力于将"分子和隐喻"联系起来［借用杰尔姆·费尔德曼（Jerome Feldman）2006 年出版的《从分子到隐喻：语言的神经理论》（*From Molecule to Metaphor: A Neural Theory of Language*）一书的题目］，但是研究者们要走的路还长着呢。[81]

文化演进领域没有孟德尔基因学的对应概念，这让文化演进理论家非常烦恼，但是我们不需要等待科学家们找出答案。我们希望更好地理解社会，以便能让社会更具合作性，更加和平且富有。这就意味着我们现在需要继续研究社会和文化是如何演变的，同时结合任何神经认知科学的新成果。记住，在达尔文和第一批进化论者理解基因信息究竟如何编码之前，他们取得了多少进步。现在，文化演进也许就处于与孟德尔革命前基因进化理论类似的发展阶段。

为了使我们的讨论更加实际，让我们讨论一个具体的文化特征：社会信任（或者用社会科学术语来说，"普遍信任"）。信任对于解释人、团队和整个社会的合作能力是非常重要的。社会信任在公民之间建立起紧密联系，使他们愿意从事有潜在利益而又有风险的交易活动，而且参与到能够创造公共产品的集体企业当中。[82] 自阿历克西·德·托克维尔以来的社会学家已经认识到，普遍信任是集体行动、经济增长和有效治理的关键要素。[83] 多亏了像美国和欧洲的社会普查组织这类机构，我们有了大量的量化数据来研究社会信任在社会内部、不同社会之间以及随着时间的推移是如何变化的。

社会学家在调查社会信任时，经常问的问题是："总体来说，你信任大多数人吗？还是在与人打交道的时候必须得小心谨慎？"

回答者们就给出了四类答案：

- 始终信任
- 通常信任
- 通常不信任
- 始终不信任

潜在答案的范围相当随意，被分成四个离散的答案，即便很显然，相信大多数人可以被信任的程度，从完全同意过渡到完全拒绝这种表述划分得很均衡。换句话说，普遍信任实际上并不是一个文化基因，至少文化基因学提倡者们通常的理解是这样。这并非你就是有或就是没有的东西。

它是一个文化特征吗？关键问题是，这种态度是社会性传播还是个体习得的。显然，我们与一个熟人先前的交往，会影响我们评判其是否值得信任。这似乎让信任变成了一种纯粹的个体现象。但是信任一个我们没有任何交往的人呢？结果是，即使在同一群体中，人们对于这件事的态度也是大相径庭。而且，（跟一个可信或可疑的人）具体的交往对我们信任他人的程度影响不大。实际上，预测一个人普遍信任程度的最重要的影响因素是他父母的态度，[84] 而这就让普遍信任成为一个文化传播的特征。

洛伦佐·卡尔卡泰拉（Lorenzo Carcaterra）2001 年的小说《匪徒》（*Gangster*）讲述了一个成功的黑帮老大安杰洛·维斯提埃里（Angelo Vestieri）的生平故事。维斯提埃里最喜欢的一个故事，就是关于一个父亲及其六岁儿子的故事，他总是不厌其烦地重复。父亲将孩子放到一个很高的壁架上，说："跳吧，别担心，爸爸会接住你的。"当孩子往下跳的时候，父亲却让他径直跌到地面上。他告诉受伤的儿子："记住，此生永远不要信任任何人。"

维斯提埃里成长于意大利南部，这是一个被充分研究证明极度缺乏普遍信任的地方。20 世纪 50 年代，美国人类学家爱德华·班菲尔德（Edward Banfield）对意大利南部一座真实的村庄进行了研究，并为该村庄虚构了一个名字"蒙特格拉诺"。该研究颇为著名。在研究中，班菲尔德直截了当地以"一个落后社会的道德基础"为题，描述了弥漫性的信任缺失、嫉妒、互相猜忌和家族以外合作能力的丧失等因素是如何造成了一个村民不能为共同利益而行动的社会。结果就是，大多数人（除了一小部分拥有地产的乡绅精英）都深陷无法逃避的极度贫困之中。

为了展示社会态度是如何一代一代地进行传递的，班菲尔德讲了一个农民父亲将自己的帽子扔到地上的故事。

他问自己的一个儿子："我做了什么？"儿子回答说：

"你把帽子扔到了地上。"话没说完，这个父亲就打了儿子。他拾起帽子问另一个儿子："我做了什么？""你拾起了自己的帽子。"这个儿子回答，也挨了一巴掌。父亲又问第三个儿子："我做了什么？"这个聪明的孩子说道："我不知道。"父亲总结道："记住，儿子们，如果有人问你'你的父亲有多少只山羊'，那么你的回答应该是'我不知道'。"

正如这两个故事所展示的那样，我们通常从上一代人那里学习到普遍信任（或不信任）。所以这就是一种文化特征。

定期的社会调查表明，普遍信任的表现就像我们期待的文化特征的表现一样。国家层面的研究表明，对于他人是否值得信任这一问题，每个接受调查的群体中都混杂着不同的看法。不同看法的相对比例是很稳定的，但如果时间足够久，这些数字也会随之变化。换句话说，这种文化特征是不断演进的，而且我们要记住这就是演进的要义，并不一定非得有"进步"才叫演进。

我们已经探及了文化，现在让我们来讨论多层选择。我们已经在一个例子中看到，在将文化特征看作是社会组织不同层次的"表达"时，多层选择是如何起作用的。每个个体在对人的信任度方面都有差异，而且他们要为自己的态度承担后果。例如，一个太过于信任陌生人的人更有可能被骗。

另一方面，不同的社会对于社会信任的态度可能有非常不同的分布。有信任程度高的社会，也有信任程度低的社会，而国家文化在这一方面也有其影响。[85] 具体来说，信任程度高的社会往往更加成功——治理得更好，经济上有更高的生产力水平，有更适宜居住和游览的地方。丹麦人没有排成长队移民去索马里，这不是很正常的吗？

　　由于文化特征会产生影响，因此就会受到选择的制约。文化多层选择理论中的一个重要视角是，影响文化特征出现频率的选择压力可能会起反作用，这取决于我们是根据个体还是社会群体来选择。

　　为了阐明这个思想，让我们以勇气这样一种个体特质为例。那些在战争中将自己置身于队伍前排、英勇地直面敌人的勇士们，比那些缩在后面、一有危险就逃跑的懦夫们，面临更大风险被敌人伤害或杀死。某种进化论论据可能会提出，在每一代人当中，会有比懦夫更多的勇敢年轻人被杀，这意味着他们没有结婚并留下后代。结果就是，接下来每一代都会有更少的勇士，而且最终勇气这种特质会由于自然选择而被淘汰。[86]

　　但是我们可以以另一种方式来思考这个问题。正如查尔斯·达尔文本人所注意到的那样，那些拥有许多勇敢武士的部落在与那些有很多懦夫的部落进行战争时，就更有可能胜利。因为对于部落来说失败会有悲惨的后果，甚至包括种族清洗，相反地，我们会期待勇敢行为在部落中增加。

　　这些说法中哪一个是正确的呢？根据多层选择理论，都不正确。或者，用一种更好的表达方式来说，两种说法都没有提供完整答案。自然选择可以同时在群体内部的个体和整个群体层面起到作用。在每一个部落里，懦夫们比勇士们存活得更好，平均每一代都在增加。但是同时，有许多懦夫的社会又被有许多勇士的社会淘汰掉。这些过程哪一个更加剧烈取决于很多细节：勇敢的代价有多大？战争的频率有多高，以及失败的后果是什么？溃败的部落被淘汰的频率有多高？勇武类型出现频率的降低或增加，取决于哪一个选择因素更大，即基于个体之上的选择还是基于社会群体之上的选择。

这种说法似乎能讲得通。但是我们如何比较这两种因素来估算这种平衡点会倾斜到哪一边呢？对我们来说，幸运的是，多层选择理论对我们理解勇气、普遍信任和合作这类特征在人类中如何演变，有其强大而且成熟的理论用途。从严格的科学意义上来说，这是一个货真价实的理论，其核心是一个强大的小公式，叫作价格公式（Price equation）。[87]

畅销书作家们被告知，要尽量像躲避瘟疫一样躲避数学方程。我要打破这个规则——仅仅一次——从价格公式的角度来展示价格公式的见识。

如果有下列条件，合作性特征就会进化（频率增加）：

$$\frac{群体之间变量}{群体内部变量} > \frac{基于个体的选择力}{基于群体的选择力}$$

在我解释公式的各个部分之前，让我们问一个更加概括性的问题：我们为什么需要数学？我们需要用数学来理解影响合作演进的不同因素之间的复杂互动。如果不对自己进行数学力量的检验，我们就太容易犯一些逻辑错误并且会因此误入歧途。[88] 数学模型也可以产生出乎意料的见识。我在研究中结合了一些数据模型，是因为这是在科学中取得进步的最有力方式。在这颇受欢迎的一卷书中，我省略了公式（这次除外！），而是尽力将这种互动关系以一种直观感觉解释清楚。无论如何，这显然是本书最具技术性的部分，在开始之前，你可能想要喝点咖啡什么的。

OK，准备好了吗？

让我们假设有两种人：合作者和独行者。他们住在部落里（或群体中）。部落里通常两种人都有。虽然有些部落合作者多，有些部落合作者少。个体在部落中互相竞争，合作者总体上落后于独行者。结果就是，平均来说，合作者留下的后代要比独行者留下的后代少。合作者的后代往往又成为合作者，而独行者的孩子们也往往是独行者。此时，为什么会这样并不重要：孩子们或者从"合作型"父母那里继承了合作基因，或者通过父母的教育来学会合作，或者两者皆有。价格公式无论如何都适用于此。

部落之间通常也互相竞争。这种竞争可能非常直接，正如部落之间发生战争那样。一个部落拥有的合作者越多，就越有可能赢得战争，击溃敌人，并占领他们的领土。另一种情况是，部落间可能进行间接竞争。例如，环境可能非常残酷以致任何群体都可能会被大灾害袭击（饥荒、旱灾或洪水）并灭绝。然而，那些有更多合作者的部落更加有韧性，有更大的几率在这样的灾难中生存下来。幸存者们此后会在土地上繁衍，取代消逝的部落，直到下一次灾难性袭击的到来。在这两种情况下（直接或间接竞争），拥有更高比例的合作者都能够让一个部落生存下来，以牺牲相邻部落的代价得以繁荣发展。

在这种模式中合作者的总体频率会出现什么状况？合作型种类会增加还是会灭绝？简单的回答是，没有简单的答案。没有一个因素能决定结果。相反，我们必须比较不同层面的竞争力度（即价格公式右边的数量）。在个体层面，我们想知道成为合作者有多大的劣势。价格公式里的"基于个体的选择力"测量了这种劣势。

例如，合作者可能是勇敢的武士——生存下来且养育后代的几率比独行者少5%。其他一切条件都相等的情况下，合作者的适应性要比独行者低5%。这个比例听上去并不多，但是在缺乏抵消性力量的情况下，合作者可能就会渐渐从整个人口群体中被淘汰。

然而，合作者增大了整个部落的生存几率。让我们假设在一个部落里用一个合作者来取代一个独行者能增大部落生存的可能性很小，但不是完全没有可能，姑且算作0.01%的几率。这就意味着一个有600个合作者、400个独行者的部落将比相反比例的部落（400个合作者、600个独行者）生存几率大2%。我们再一次看到，这并不是很大的优势，但是这些百分比可以通过很多代人得以积累。

而且，重要的不是这些数值的绝对大小——基于个体或群体的选择力——重要的是相对于彼此的选择力度。这就是为什么这个公式仅仅包括选择力度的比率。显然，合作者相对于独行者的劣势越低，合作者对于部落生存可能性的影响就越大，合作特质得以传承的可能性就越大。

这就是对这种逻辑如何行之有效的一种阐释。我们以四个群体开始，每个群体由五个个体组成。实圈表示合作者，虚圈代表独行者。有些群体合作者多，有些群体合作者少，但是总体来说，这两种类型我们都以同样的数字（10）开始。

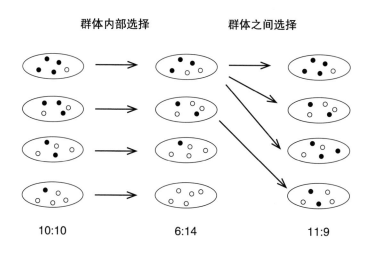

首先，个体在群体内部形成竞争，结果就是每个群体中损失一个合作者，被独行者代替。群体内部的竞争结果就是合作者数量的下降（从 10 降到 6）。然而，接下来就出现两个群体相互竞争的阶段。那些没有合作者的群体，或者只有一个合作者的群体被完全淘汰。另一方面，有两个合作者的群体设法守住了阵地，能够自我繁衍，但是做得最好的还是合作者最多的群体。这个群体并不是仅仅设法自我繁衍，它也产生两个额外的群体，占领了被淘汰的群体留下的空白领土。注意，在最具合作性的群体中，合作者和独行者都从这种扩张中受益。两种人的数量都增加为三倍（合作者从 3 个到 9 个，独行者从 2 个到 6 个）。

总体来说，合作者的数量现在是 11 个，比起始数量（10）提升了 10%。在这个例子中，群体之间的竞争要比群体内部的竞争力度更大。

但是竞争系数的平衡只是这个故事中的一部分——公式的右边部分。那么左边有什么呢？

正如进化科学家们所熟知的那样，进化磨坊里的谷物就是变异。不管是天然的还是人为的选择，都需要一些不同的类型。假设你想培育一种飞行速度很快的鸽子。你检验鸽子们的飞行能力，淘汰那些最慢的鸽子，用飞行速度快的鸽子的蛋来孵化下一代。在几代之后，你就会拥有一群飞行速度很快的鸽子。再假设你想培育飞行速度快的狗。那么，你没有任何运气能成功，因为你没有可以操作的飞行能力的变体：根本就没有会飞的狗。不管你要强加的选择体系多么严苛，你永远不会得到一只会飞的狗。

同样的逻辑也适用于多层选择的最复杂情况，只是我们现在需要追踪在每个层面数量上的变化。我们可以假设两个极端场景。在第一个场景里，所有的变化都发生在群体内部。请注意所有群体是如何拥有相同数量的实圈和虚圈的。

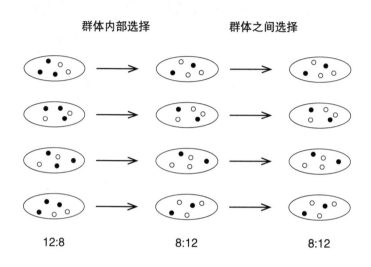

14群体内部选择   群体之间选择

12:8   8:12   8:12

如此前一样，第一步（群体内部竞争）降低了每个群体的合作者比例。然而，在第二步，却什么都没发生。所有的群体都有同样数量的合作者，所以他们恰恰都有同样的被灭绝的可能性，或者同样的幸存繁衍的可能性。在群体之间选择的阶段，合作者和独行者出现的频率并没有变化。将这些步骤结合起来，我们可以看到合作者的总体比例已经下降了。他们再经历几次选择就会灭绝。

在第二个极端场景下，通过比较，我们尽可能地让群体有差异性。所有的合作者都在一起，所有的独行者也都在一起：

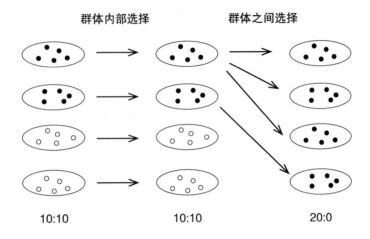

群体内部选择　　　　　　群体之间选择

10:10　　　　　　　10:10　　　　　　　20:0

在第一步群体内部竞争中没有发生什么，因为在这些群体中没有什么差异性可供选择。每个群体内部都很一致。但是，当我们转向群体之间的竞争时，不合作的群体就会被灭绝。两个合作型群体的构成是一样的，所以他们都做得同样好，并为自己划分空余的土地。在这个例子里，所有变化都集中在群体之间的选择，在一代人的时间里合作者就完全取代了独行者！

在现实世界中，大多数情景都是处于中间地带的，所以重要的是在群体内部的变量和群体之间的差异中取得平衡。这就是为什么公式的左边包含群体之间变量与群体内部变量的比率。

价格公式精确地告诉我们，这种变量的结构如何与选择系数的相对优势结合起来，来决定合作性特征是否会得到传播。这里再重复一遍方程，你无须回溯。

$$\frac{群体之间变量}{群体内部变量} > \frac{基于个体的选择力}{基于群体的选择力}$$

左边变量的比率越大，右边的选择力比率越小，不平等现象就更易于出现，而合作特征也更容易传播。

虽然我用了一个非常简单的例子来阐明价格公式，但其实这种方程在更加现实的情景中，也是以同样的方式起作用的。例如，虽然我预设合作者特征要么始终存在感爆棚，要么从来不存在（然后我们就只有两种形式），但同样的逻辑也适用于很多种混合类型，在这些类型中，对于合作的偏好从"总是合作"到"有时合作"再到"总是选择独行"不等。

适用于各种情况的价格公式，其最重要的洞见是，合作演进的关键在于合作者与非合作者是如何在群体之间分布的。即使是非常微弱的群体利益也可以超越合作的成本，只要合作者在某种形式上设法抱团。实际上，他们甚至无需处于特定群体中。如果有些领域有高密度的合作者而其他领域则充满独行者，那么这跟拥有两个群体是一样的，即使没有明显分界。

总体的直觉是，当合作者主要与其他合作者互动的时候，当独行者主要跟独行者打交道时，合作性特征就更容易传播。用专业术语来说，这叫作"人以群分"，而且数学告诉我们，这至少与选择力的平衡同样重要。如果你的人口分布状况自动隔离成合作者和独行者阵营，显然这倾向于让群体层次的竞争更加严峻。物以类聚，而且有些物种会灭绝。抱歉，但这就是事情发展的趋势。

到目前为止，在关于合作、勇气和信任的讨论中，我把这些特征在基因上或文化上或同时在这两方面上如何传播的问题放到一边。价格公式并不关心这个：它对于任何遗传机制来说都是同样的道理。然而，既然我们理解了它的重要性，我们就需要超越价格公式去看待问题。这意味着我们需要开始把基因演进和文化演进分开来看。正如我们先前看到的那样，基因信息和文化信息在如何编码以及如何传播方面有一些重要区别，而且这对于变量问题非常重要——因此就产生了合作演进问题。我们一会儿就会看到，从基因演进到文化演进完全改变了规则——而这也解释了为什么人类是世界上最好的合作者。

让我们首先讨论基因特征。记住，为了让合作得以演进，我们想让群体尽可能有差异。产生这类变化的演进力量之一就是随机因素。让我们回到那个阐述了群体内部选择和群体间选择之平衡的图表（见下页）。

注意当最成功的群体（也就是中栏最上面）再次繁衍时，并没有产生三个同样的版本。一共有 9 个合作者（和 6 个独行者），但是他们是随机组合的，因此一个群体有 4 个合作者，而另一个群体只有 2 个合作者。这是因为事出偶然，但是结果就产生了不同的群体构成。换句话说，随机因素产生了变量。

问题是随机因素是一个相对微弱的力量，尤其是当群体规模变大的时候。让我们假设你将 5 枚硬币投掷到桌子上。让 5 枚硬币同时以正面或反面出现并不是那么困难。如果你一直不

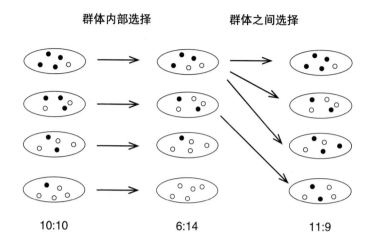

群体内部选择　　　　　群体之间选择

10:10　　　　　　　　6:14　　　　　　　　11:9

断投掷，就应该期待每投掷 16 次，这种情况就会出现一次。但是如果你同时投掷 100 枚硬币，让这些硬币同时以正面或反面出现的可能性就会非常之低，以至于无论如何，这种情况永远不会发生。哪怕你一直投掷到世界末日，也永远不会让这种情况出现——哪怕一次。甚至 70:30 这样的结果都非常不可能。所以随机组合并不是在大规模群体之间产生显著差异的绝佳方式。

相反的力量是迁徙，它通过使群体变得更加类似而摧毁变化。假设你用一个活动的薄片将一个杯子分隔成两部分。其中一半倒入咖啡，另一半则倒入牛奶。然后小心地将薄片拿开——不要搅动这两种液体，起先，你会看到黑色和白色区域之间有明显的界限，然而随着时间变化，分子就朝着两个方向分散，不久你就发现杯子里出现了均匀分布的牛奶咖啡。

人口迁徙就像物质分散原理一样——迁徙让不同的群体渐渐趋同，而且最终变得相同。即使少量的人口迁徙也会迅速破坏变化，而在大多数动物物种中，迁徙的规模可能相当可观。例如，当雌性黑猩猩长大后就会离开自己的族群，分散到其他群体中。结果就是，每一代都有一半群体性基因混合在一起。在人类社会中也有类似现象：例如，民族学研究表明，在狩猎采集者群体中有很多的人口迁移现象。

群体选择理论的早期提倡者们并不理解群体之间差异的重要性，也不理解在不断迁徙的情况下维持群体差异的难度。他们并不愚钝，只是那时候数学理论还没有发展到现在这种程度。无论如何，G. C. 威廉姆斯和理查德·道金斯这些批评家指出诸如 V.C. 温-爱德华兹和康拉德·洛伦茨这些天真的群体选择理论家的错误，是非常正确的。无数模拟基因群体选择的方法已经表明，它需要一些在自然界中极少出现的特别情形。

然而，当批评家们将人类也包括在其全盘拒绝群体选择理论的范围内时，他们也犯了错误。人类是非同寻常的动物。我们有巨大的脑容量，而且有能力做出非凡的精神壮举。我们也有文化，而且这是将我们与其他动物区别开来的重要标志。

顺便提一下，我们为什么会有文化呢？这是一个不错的问题。没有人知道确切答案，但是这个问题值得我们在那些最可能出现的解释中浏览一番。长期的气候数据可能会为我们惊人能力的来源提供一个线索。在始于 260 万年前、结束于 12000 年前的更新世时代这一地质时期，人类开始演变。更新世时代气候现象极端，是过去两亿五千万年期间气候方面最混乱的时期。气候在非常寒冷的时期（冰川时代）和温暖得多的间冰期之间经历了剧烈的震荡。大约每十万年，冰川就会从极地向四周延伸，将地球 30% 的表面覆盖掉。海平面会下降 100 米（330 英尺）或更多。水被锁在几千米厚的冰层下面。当冰川消退的时候，大量区域被上升的海水和融化的冰湖水淹没。而较短的气温周期——23000 年又叠加到 10 万年的周期之上。

起码来说，如此迅速的（从地质时代周期层面来说）环境变化给地球上的生命制造了很多困难。有些生物，如啮齿类动物，其繁殖时间短，就能够迅速进化，从基因上适应混乱的环境变化。另一方面，像人类祖先这样寿命长一些的动物，无法足够迅速地适应环境变化——其基因演进是个缓慢的进程。祖先们，例如能人和后期的直立人，则通过逐渐扩大脑容量来适应气候条件的剧烈变化。换句话说，他们开始使用行为而非基因模式来进行调整适应。他们有了学习天赋。[89]

行为灵活性本身并不会让早期人类区别于其他像大猩猩这样的大型猿类，他们也非常擅长进行各种不同的认知任务。然而，个体学习并不是了解环境的最有效方式。例如，如果你想亲自了解哪些浆果和蘑菇是可食用的，哪些是有毒的，你就得全部尝一遍，还得冒严重风险。有些蘑菇的毒性非常之强，以至于吃一小块就足以致命。更好的办法是，请教一位有智慧的长者吃哪些东西安全。或者你可以观察部落里有经验的成员是怎么做的，然后去模仿他们。而从其他人那里学习有用的东西就是文化。

总体来说，当环境变化如此之快，以至于基因适应无法起作用，但时间足够让前一代人积累的信息变得有用的时候，我们掌握文化的能力就会演变（假设像复杂的认知能力这种预适应是存在的）。如果环境变化得比这更快，那么你独立学习一切就更合算，即使这么做有风险而且效率甚低。但显然在更新世时代，环境变化恰好合适——既不太快，也不太慢，而且非常猛烈——这足以促使文化的演进。很多其他的哺乳动物与人类同时进化出容量更大的大脑并不是巧合。[90]

一旦掌握文化的能力在我们的祖先群体里得以演进，就为文化演进开辟了一个全新的世界，从而让通过多层选择得以传播的文化特征的演进成为可能。

将多层选择运用于文化变体要比运用到基因上更加容易。人类是伟大的模仿者。我们通过观察他人来改变自己的行为（"入乡随俗"）。我们也很容易被成功和名望所左右（这就是为什么广告公司会给成功的运动员和有魅力的电影演员很多报酬）。正如我前面所说的，模仿是适应性的。如果你模仿了一个成功个体的行为特征，你或许就能理解是什么使其获得了成功。你也可以模仿一个与成功无关的行为（将自己打扮成猫王，发型也理得跟他一样，不太可能让你成为明星，但只要你别穿成那样出现在投资金融方面的工作面试里，这也不会有啥坏处）。有些行为甚至可能有延迟的代价（例如吸烟）。不过，总体来说，在你关注部落中最成功者的行为的同时，以部落里大多数人所做的事情为基准，你就可以变得更好。

那么模仿所导致的就是让同一群体的成员彼此变得相似。换句话说，模仿摧毁了群体内部的差异。同时，不同的群体可能各自聚集于非常不同的行为模式，结果就是群体之间的差异增加了。群体之间的人口流动对于群体之间文化差异的影响要小得多，因为新来者或者他们的孩子，在文化上会被同化——他们会采用其所在的新群体中的普遍行为。这种文化传播的特殊性，使得文化群体选择比基因群体选择更具力量。

合作性特征在人类中比在其他动物中更容易演进，这有几个额外的原因。我将在下一章节里提及。现在，最重要的一点是，合作的演进是由群体之间的竞争驱动的。这些群体可以是团队、联盟，甚至是没有什么明显界限的人口聚集体，或整个社会。不管群体以什么样的形式出现，集体层面的竞争正是合作演进的必要条件。[91] 我们合作是为了竞争。

结果就是，尽管团队之间的竞争会产生合作，团队内部成员的竞争又摧毁了合作。换句话说，为了成功，合作型群体必须压制内部竞争。因此，群体成员的平等在促进群体融合与合作方面就是一个非常重要的要素，这种平等进而促进形成了这一群体在竞争中战胜其他群体的能力。这种结果可以直接从价格公式里得出，而且从直觉上来说应该是很明显的。然而，事实并非如此。至少对于大多数公司经理来说不是如此，对于职业运动团队经营者来说也非如此。

价格公式的另一个有趣发现就是群体层面文化多元的重要

性。记住，进化的原材料就是差异。当不同的团队、公司、族群或者整个社会被允许（甚至被鼓励）去尝试不同的做事方式，就有可能看到哪种方式最有效。然后，或者通过顺其自然的演变过程，或者通过有意识的选择，就可以挑选出最好的做法。然而，在这之后逼着每个人都以同样的方式去做事情就错了，因为这就中断了演变的进程。你从不知晓是否有一个更好的解决方案近在咫尺，或者一个以你的训练无法应对的危险。

毕竟，就像那句拳击界流行的警句所说的：正是你没有预见到的那一拳将你击倒在地。

第五章 "上帝创造了人，
　　　　萨姆·科尔特使人平等"

早期人类如何压制雄性首领

在棒球大联盟历史上，最快投手记录的保持者是阿尔伯丁·阿罗鲁迪斯·查普曼·德拉克鲁斯（Albertín Aroldis Chapman de la Cruz）。[92] 出生于古巴的查普曼，为辛辛那提红人队打球，"古巴导弹"的绰号名副其实。他投出去的快球时速超过每小时 100 英里（160 公里）。这跟投石机投出的石块几乎是一样的速度。

有力而准确地投出棒球或石头这样一个物体需要全身运动，从腿部和躯干开始，最后以胳膊将物体奋力前掷。但是，还有一个身体部位尤其重要：肩膀。最近的研究表明，人体的肩膀就像投石机一样：先积聚弹性能量，再释放弹性能量。[93] 仅仅是这种解剖学上的适应性就能将投掷物飞出去的速度加倍。同样重要的是，在精确投石期间肌肉运动的紧密协调所需要的神经回路。

人类在投掷物体方面是独一无二的。没有其他物种能够与人类在这方面媲美。猴子和猿类能扔树枝、烂掉的水果和粪便（我仍然记得在哥斯达黎加遇到的一群暴怒咆哮的猴子……），但是它们并不在猎食或战斗中使用投掷物这种致命武器。我们的近亲黑猩猩，在投掷物体能力方面非常可怜。[94]

假设你在酒吧里被一个咄咄逼人的大块头醉汉攻击。如果逃跑不是一个立即可行的选择，那你应该做什么？我会从手边能扔的东西开始——酒瓶子、椅子——任何能够让他慢下来的东西，然后让"战略撤退"成为可能。

相反，黑猩猩从来不会在打斗中使用投掷物。它们在近距离打斗中互相击打或撕咬。它们极其强硬有力——是人类力量的三或四倍（永远不要徒手与一只黑猩猩打斗，它真的会将你撕成碎片），但是投掷物很容易让它们受到伤害。人类就是用这种方式将它们逼入灭绝境地的。我们从远处用长矛和弓箭将它们杀死。

投掷石块能力的历史可能跟人类一样悠久，人类通常被宽泛地理解为人属成员。能人在 230 万年前出现，可能跟黑猩猩一样并不是多么擅长投掷，但是第一个直立人，出现于 200 万年前，有了适应快速投掷的最优化的肩膀。[95] 但是 100 万年前，人类大脑可能就有了对准精确目标的能力。[96] 投掷石块（或火把，下面会讲更多）保护我们不受大型猎食动物的侵害，使我们得以从树上搬到地面居住（和睡觉）。对攀爬能力要求的降低将我们解放出来，使我们进化了长距离奔跑所需的直立姿态，解放了我们的双手来搬运和使用物体，并让我们的肩膀更适合投掷，而不是用来挂在树枝上。

确实，在人类进化的某个阶段，投掷似乎已经过时了。据人类学家所知，大多数狩猎采集者倾向于用弓和箭来打猎（弹弓或长矛）。但是，如果低估投掷石块的效用，你就错了。甚至今天，石块有时仍然被用作可选择的武器，通常在城市暴乱中得以使用。诚然，警察使用的橡皮弹（有时是真枪实弹）显然是一种更有效的工具。自更新世时代以来，投掷物已经进化良多。但是在200万年前的非洲大草原上，石块成了人类第一种特有的武器。

今天我们生活在一个人类进化研究的黄金时代。我们对人类祖先如何打猎、吃什么，甚至想什么[97]的了解在迅速增长。我们知道，原始人（包括南方古猿属和人属在内的进化分支）在250万年前开始有规律地茹毛饮血。[98]一开始，考古学家们以为他们是通过打猎得到肉类。然而，我们的这些祖先体格太小，速度太慢，而且太虚弱，不足以万无一失地将一头大羚羊干掉。所以他们更有可能是食腐动物（并且猎食小型动物）。确实，大型哺乳动物身体的最有营养的部分——骨髓——是深藏于骨头内部的，譬如股骨内。我们的食肉生涯是以作为专门食用骨髓的食腐动物开始的。

虽然早期人类不能干掉大块头羚羊或驱赶剑齿虎、狮子离开它们的猎物（最可能的是，能人通常被剑齿虎当猎物吃掉），但是他们可以等到大型猎食动物吃完再行动。在那时候，就比较容易了——快速跑过去，拿走一些大骨头，带到自己的营地。能人的意思是"会使用工具的人"，而这些人类祖先正是把石块当作称手的工具去切骨头上残余的东西，然后将骨头弄碎以获取骨髓。

我在俄罗斯的成长过程中最喜欢的一个作家是19世纪爱尔兰裔美国作家梅恩·里德（Mayne Reid）。人们有时会非常惊讶地发现，这个不太出名的美国历险作家在苏联是如此受欢迎，而且从某种程度上来说，他去世后作品流行于"铁幕"以东的经历，很好地说明了文化有时会将偶然事件放大为群体层面的差异。在革命之前，里德的作品恰巧被翻译成俄语。随后，因为他一生中参与过不少进步事业，包括强烈反对奴隶制，苏联政府觉得从意识形态角度来说，他与其文化部分兼容。因此，当其他作家的书没法出版印刷的时候，他的作品一直持续印刷发行，而且在20世纪60、70年代出生的俄罗斯孩子都是读着梅恩·里德的书长大的。这些故事充满了在异域——美国、南非——的冒险经历，在男孩子中尤其流行，尽管并不是因为其正统的意识形态。

下面就是我最喜欢的场景之一，出自《男孩猎手，或寻找白水牛历险记》（*The Boy Hunters, or Adventures in Search of the White Buffalo*）的中间部分，它出版于1868年，书中生动地说明了骨髓的重要性——事实上，它可以拯救生命。年轻的主人公们在美国大草原上游荡。他们的食物储备已经用尽，打猎的尝试也一直不成功。在饿了几天肚子后，他们开始争论是不是该杀掉他们可靠的骡子珍妮特来充饥了。正当他们饿着肚子要露营入睡的时候，突然：

巴兹尔的一声大喊吸引了小兄弟们的注意力。这是兴奋的叫声，接着是狂放的大笑，就像一个疯子的笑声！

弗朗西斯和卢西恩惊恐地抬起头——以为发生了什么不好的事情——因为他们不理解为什么巴兹尔会在这样的时候大笑，况且他们所处的处境如此让人沮丧。

当他们看着他的时候，他仍然笑着，像得胜归来那样在头顶挥舞着短柄小斧。

"兄弟们，快过来！"他大声叫着，"快来！哈哈哈！这可是我们三个饿鬼的晚餐啊！哈哈哈！我们确实是知识非常浅薄的人！我们就像驴一样蠢，明明身边有面包和黄油却宁愿去啃干草！看这里！这里！还有那里！这是你们的晚餐啊。哈哈哈！"

卢西恩和弗朗西斯走了过去，看到巴兹尔指向水牛的大关节，并将它们翻来翻去，立即就理解了他放声大笑的缘由。这些关节里充满了骨髓！

巴兹尔继续说："有好几磅呢，水牛身上这零零散散的美味，足够我们一群人的晚餐，而我们却要不吃晚饭就去睡觉，或者说，在充足的食物面前饿肚子！而且在过去的三天，我们一直在这种美味周围游荡！为什么呢，我们头脑如此简单，活该挨饥受饿。但是来吧，兄弟们，帮我把这些巨大的骨头抬到火堆旁——我将向你们展示如何做一顿晚饭。"

水牛身上共有八块有骨髓的骨头，骨髓足足有几磅重。正如巴兹尔从老猎手那里听到的，有骨髓的骨头被认为是动物身上最鲜美的部分，而且当水牛被杀死后，它们极少会被人们浪费掉。最好的烹饪方式就是在火上烤制；虽然印第安人和猎人通常生吃骨髓。我们年轻猎手们的胃还没强壮到吃生骨髓的地步；几块胫骨被扔进火里，用红色的灰烬覆盖着。

到了火候之后，骨髓应该烤熟了，骨头被卢西恩的小斧砍开，显露出可口的骨髓——他们三个都尽情地享用着美食。一杯子凉水将骨髓送入胃部。在年轻猎手们的篝火周围，饥肠辘辘现在已经是陈年旧事了。珍妮特这头驴子的死刑得以暂缓，没有一个人提出异议。

从一块又大又厚又硬的有蹄类动物的骨头里获取骨髓一点也不容易。鲜有食腐动物能够完成这项工作。人们知道，非洲秃鹫从高空往下扔骨头，是希望骨头能在下面的岩石上摔碎。但早期人类要对付的主要竞争者是土狼，它们强壮的下颚能够咬开哪怕是最大的骨头。赶走这些食腐动物的最有效方法就是投掷石头打击它们。土狼是相当危险的食肉动物，尤其是对身材较小的能人来说，所以在强选择作用下，人类要变得更擅长投掷物体，集体协作攻击土狼。

到直立人出现的时候，他们显然已经非常擅长投掷了——他们有了合适的肩膀。他们也比能人体型更大，实际上，他们跟现代人一样高，而且他们也能将剑齿虎和狮子从它们的猎物旁赶走。人类已经从"被动"的食腐动物阶段毕业——那时他们不得不满足于大型猎食动物吃剩下的任何零碎食物——转向了"冲突性"或"竞争性"的觅食阶段，他们积极寻找最新被猎杀的动物，然后把它们从猎食动物那里抢走。

有人类饮食证据的考古场所（大型动物骨头上带有的屠杀标记，往往是因为削肉或打碎骨头获取骨髓而产生的）通常都有一些来自几公里之外的石头。这些石块可能是由早期人类搬到那里用来对抗大型猎食动物的投掷物。整个行动过程有着组织良好的集体行为的显著特征。先由侦察人员发现那些新鲜的被猎杀动物，然后召集狩猎队伍的其余成员。有人需要从很远的位置搬石头（也可以把它们预先堆放到一些战略性位置）。很有可能是男性在食肉动物完成猎杀后对其发起攻击，然后用石块打击它将其赶走。当一些人站岗放哨，提防猎食动物和食腐动物，其他人将肉从动物的骨架上剔下，搬回营地。

一个由十几人或更多人组成的有组织的队伍大量投掷重石块，即便是对抗最凶猛的猎食动物，也是一种非常有效的防御战术，但扔出去的石块并不能万无一失地打死一只逃跑的羚羊。要想成功猎捕大型动物，人类还需要更好的武器。

在更新世时代，这样的武器经历了成千上万年的演变。首先是矛，尖头在火上烤硬，然后系上石块（扔出去的长矛比一块钝石头的穿透力要大得多）。随着现代智人的出现，投掷性武器变得越来越精良。弹弓能将石块扔得更快更远，而箭矛就像飞镖一样管用。弓大约在 7 万年前的南非出现，是一种非常有效的武器。[99]这种武器几万年里一直保持其统治地位，变得越来越复杂且致命。在人类进化史上，直到 1500 年左右，由于火器的传播，这种武器才最终被淘汰（而且正如我们在下一章将看到的，这时弓已经在复杂社会的兴起中扮演了关键角色）。

投掷性武器是塑造人类进化的最重要技术之一，但是它们极少得到应有的承认。人们更倾向于关注火的使用。好吧，火确实为人类抵御猎食动物提供了保护，尤其是在夜里。火让烹饪成为可能。在 2009 年出版的《生火：烹饪如何使我们变成人类》（*Catching Fire: How Cooking Made Us Human*）一书中，哈佛大学人类学家理查德·兰厄姆（Richard Wrangham）认为，从生食到熟食的转变是人类进化中一个关键的转折点。烹饪食物让人类的消化器官萎缩，让人类有可能进化出容量更大、精力更充沛的大脑。另外，火对人类的社会生活也有着微妙的影响。一个人类家庭———一对男性和女性，以及他们的孩子——没有火就不会得以进化。女性采回块茎，男性带回了肉，晚上，一家人围聚在火旁一起吃这些烤熟的食物。这烹饪之火，是人类家庭得以凝聚的焦点。

同样，篝火将更庞大的群体聚到一起共同进行晚宴和歌舞活动，而且火对冶金和蒸汽动力这些后期技术的发展也有着关键的促进作用。所以人类对火的掌握塑造了自身的进化是毫无疑问的。然而仍有些人，如进化论经济学家赫伯特·金迪斯（Herbert Gintis）和灵长类动物学家卡雷尔·范斯海克（Carel van Schaik）认为，投掷性武器有着同样重要的影响。[100] 就我个人而言，我会更进一步：投掷性武器比火更重要。为什么？因为没有这些武器，史前的人权革命是不可能发生的。

人类与黑猩猩、大猩猩有着一个非常显著的区别。与我们生物意义上最亲近的亲戚不同，人都是主张平等的。例如，每个大猩猩群体都有一个占主导地位的雄性大猩猩，也就是"银背"大猩猩，它用铁拳统治群体。它决定群体什么时候去什么地方，它维持秩序，而且是唯一一个和群体里的雌性交配的猩猩。雌性大猩猩也有它们自己的等级秩序，有一个雌性首领居于统治地位。由于出生时候的性别比率是 1:1，而每个"银背"大猩猩都有几个交配对象，那么大多数的雄性大猩猩就必然被剥夺了交配的权利。

黑猩猩也有暴君式的社会结构，虽然其组织形式与大猩猩非常不同。黑猩猩生活在一个雄性和雌性数量大致相等的群体中。其中有两个线性等级秩序：一个是雄性的，一个是雌性的。雄性体型更大，更强壮，因此所有的雌性都从属于任何成年雄性黑猩猩。雄性首领四处欺压其他成员，而居于次位的雄性则欺压首领之外的任何成员，以此类推。那些在等级秩序中靠前的雄性黑猩猩会获得更多的交配机会，是群体里大多数黑猩猩后代的父亲。

黑猩猩群体等级秩序的基础主要是体力和个体的打斗能力。然而，雄性黑猩猩也可以建立联盟，这就使两个相对较弱的雄性有可能制服一个相对强壮的黑猩猩。在极少数时候，几个地位较低的"反叛者"会建立联盟对抗一个尤其令大家讨厌的雄性首领。[101]

而人类生活在小型社会里（直到大约一万年前，在人类进化历史上的大部分时间里，我们都是这样生活的），其社会结构是非常不同的。与黑猩猩不同的是，一个男性和一个女性通过婚姻形成的一种持久的紧密关系，通常会延续一生。这并不意味着人类从严格意义上来说实行一夫一妻制。有些男性可能会同时有几个妻子（这被称为一夫多妻制），而且一妻多夫式婚姻（一个妻子，多个丈夫）也有可能。然而，对狩猎采集者婚姻习俗进化历史的重建表明，一夫多妻制出现的频率在原始的采猎社会中是非常低的。[102]

就像黑猩猩一样，年轻的男性也要通过竞争来获得地位。同样类似的是，他们的竞争通常以体力上的恫吓和打斗形式呈现出来，但是男性并不仅仅靠打斗能力来形成统治阶层。奇怪的是，体力强壮且有侵略性的男性，不像雄性大猩猩或黑猩猩，他们不被允许欺压群体里比较弱小的成员。

正如人类学家克里斯托弗·博姆（Christopher Boehm）在他所写的《森林中的等级秩序》（*Hierarchy in the Forest*）一书

中所解释的，采猎社会极其平等。不像大型的类人猿群体，人类往往采取逆向的统治等级秩序。博姆将那些试图当老大的强壮而有侵略性的男性（这样的人几乎总是男性）称为"傲慢自负之人"。这些人除非被遏制，否则将会获取太多权力，掌控过多资源，对群体里其他每个人都构成损害。所以采猎社会有着各种社会机制来约束他们。当发现一丝这种张扬跋扈的倾向时，群体就开始施加相对温和的制裁，譬如流言蜚语、批评、嘲讽等来进行制约。当一个想搞事的人发号施令的时候，他就会被大家冷落。最终，如果这个傲慢自负的人不收敛，面临的制裁将变得更加严厉，包括被孤立和最终被杀（也许将其称为死刑更好）。[103]

很难想象这种平等主义会在投掷性武器尚未出现的情况下得以进化。对一个黑猩猩群体来说，遏制或清除一个强壮且有侵略性的首领是非常困难的。一群雄性黑猩猩可以围着它捶打撕咬 10 到 20 分钟，而它仍然能够设法逃跑。甚至一个睡着的雄性首领也不会轻易被其他黑猩猩暗杀——只要一受到攻击，它就会醒来并回击。攻击者们自身也会有被重伤的风险。基于这个原因，尽管已经发现有黑猩猩首领被处死的例子，但是这种情况非常罕见。[104]

比较一下我们人类的经历。美国有一句名言，"上帝创造了人，而萨姆·科尔特使人平等"——你肯定记得，这句话指的是萨姆·科尔特在 19 世纪 30 年代发明了左轮手枪。实际上，投掷性武器已经让男人（和女人）在先于科尔特发明左轮手枪的一百万年前里就平等了。手持石块的惩罚者联盟（记住，石刑是最古老的死刑形式之一），或者持长矛和弓箭更好，能够在确保自身没有什么风险的情况下摆平一个傲慢自大者。

武器也让人能够通过埋伏或偷袭来杀人，如此一来，即便是"复仇者"只身一人也能够刺杀一个更强壮的人。人类学家理查德·李（Richard Lee）曾经在南非的贡族部落中做过研究，在1984年出版的《多贝·贡族》（*The Dobe !Kung*）一书中，他描述了这样一场刺杀事件：

> 有天晚上，德柏（Debe）径直走进加奥（Gau）的营地，一句话没说就朝他连射三箭，一支射中左肩，一支射中前额，另一支射中胸部。加奥的族人并没有上前保护他。在被射了三箭后，加奥仍然面对攻击者坐着。然后德柏举起长矛似乎要刺他。但加奥说："你已经射中我三箭了。难道这不足以杀死我吗？你还想再用长矛刺我吗？"
>
> 当加奥试图躲闪长矛的时候，加奥的族人走上前去卸下了德柏手持的长矛。加奥伤得很厉害，很快就死去了。[105]

加奥曾使用暴力欺压他人，所以其族人不愿意去保护他。以前，他杀死过数人，由此开始了一场导致更多死亡的凤怨。导致他自身遭到刺杀的事件是，他杀死了泽奥姆（Hxome）——德柏朋友的父亲。博姆在《森林中的等级秩序》中引用了这个段落并做出评论："加奥的事件恰好符合我们先前看到的部落情形，一个无可救药的张扬跋扈之人凌驾于群体之上，群体无法轻易解决这个问题，然后这个人就被交给了敌人，因为他所在的群体想要将他除掉。"

值得强调的是，投掷性武器比手持武器更能促进人权平等。使用投掷性武器偷袭一个受害者是非常容易的。另外，投掷性武器更加适合集体性惩罚。挥舞着棍棒、长矛或剑的打斗者们可以多对一，可攻击者一旦超过两到三个，他们就开始互相干扰了。一个有经验的对手会利用攻击者们缺乏协调这一弱点将他们全部干掉。（我看的无数的日本武士电影，为这一事实提供了丰富证据。）相反，即便是经验最丰富的斗士都不能躲避 10 或 12 个人从不同方向射来的利箭。

在理查德·李对贡族的民族志研究中，有一个集体施加死刑的例子。这个故事涉及臭名昭著的图艾（/Twi），他以前曾经在长矛大战中杀死过一个人。当图艾杀死第二个人后，族内决定处死他。第一次尝试是夏舍（/Xashe）执行的，他在营地附近伏击了图艾，用一支毒箭射中了他。

他们进行徒手搏斗，图艾将他按倒在地，正要伸手去够他的刀，这时夏舍的岳母从背后抓住图艾，大喊道："快跑！这个人会把大家都杀掉的！"夏舍就逃跑了。

图艾大怒，开始在营地里不加区分地攻击他人。他用刀刺伤一个女人的脸，并杀死了她的丈夫。

现在每个人都要躲避他的攻击，而且都开始用箭去射他，没有人帮他，因为所有这些人都决定他必须得死。但他仍然在追赶一些人，朝他们射箭，但是他不能击中任何人了……所有人都将毒箭射向他，直到他的身体被射得像一头豪猪。然后，他便倒下了。男人们和女人们都围了上去，甚至在他死掉之后还用长矛刺他的身体。

正如这个故事所描述的，图艾是一个让族里所有人都感到恐惧的好战分子。族里首先派人通过伏击来暗杀他，但这并不是很成功，最终整个群体团结起来制服并处死了他。

图艾的这个故事很有可能在史前无数场合都不断上演。我们在一个12000年以前的西班牙洞穴壁画中，找到了令人惊讶的证明。[106] 这幅壁画显然描绘了一个人被很多支箭射中的场景。在他身体的右上方有10个人组成的人群，在以胜利的姿态挥舞着弓箭（可能是刺杀很成功，除了傲慢自大的人被杀之外，其他人没有受到任何伤害，他们因此松了口气）。

是投掷性武器的杀伤力让人们变得平等。它也让男性和女性平等，比大猩猩、黑猩猩甚至倭黑猩猩中的雄性和雌性更接近于平等。确实，人类祖先的早期社会就像现代社会一样，根据性别来划分工作。当男性非常享受猎捕大型动物的乐趣时，女性总体上是被分配去做更需要体力且枯燥的任务——采集、加工、烹饪素食。但是从微妙的角度来说，两性之间在逐渐趋同。

致命性武器的发明减弱了体力选择的强度，仅仅因为带着弓箭（或手持一把左轮手枪）的男性可以与其他任何持有武器的人平起平坐。技巧比体力更加重要。弱小的大卫用精准的弹弓击倒了巨人歌利亚。由于这种宽松的选择压力，人类两性之间体型和力量的区别在类人猿中是最小的。

由于体力的差异在很大程度上被致命性武器所抵消，重点就转移到社会智力的选择上了。要控制一个有侵略性而且暴力的傲慢自大之人，最佳办法是联盟；在理想情况下，整个群体应该达成一致意见。建立共识并说服这个傲慢自大之人的亲戚们大义灭亲，是需要社交技巧的。

致命性武器还使任何单独行动的男性或女性非常容易遭受突然袭击。当你睡着的时候，你可能会被杀，或者当你正在篝火旁放松地享受晚餐，不想找任何麻烦的时候，也可能被杀。你不想像加奥一样结局悲惨，甚至直到他死了，都没有一个族人做出保护他的举动。你想让周围的人成为你的盟友，当你被攻击的时候能够提醒你、保护你，而且如果你被杀，一定会有人为你复仇。

因此，由致命性武器所促成的平等主义的另一个侧面，就是建立并维系联盟。形成联盟的能力并不是人类所特有的，黑猩猩也经常会搞政治。[107]但是在建立十几个成员以上的大型联盟方面，人类尤为擅长。根据"社会大脑"假说，更新世时代人类过大的脑容量的进化，总体上是由个体之间为增加社交和繁衍方面的成功率而引起的激烈竞争所驱动的。[108] 有些人类学家将语言当作建立联盟的首要工具，它也提升了联盟之间的合作效率。[109]

虽然采猎社会是平等的，但他们并非没有领导，只是领导者不是通过恫吓威逼的方式来领导众人的；相反，他们说服众人并达成一致意见。同时，他们也必须竭力避免暴君统治倾向。他们需要谦虚，而不是傲慢张扬。他们在集体行为中进行劳动分配、风险处理以及论功行赏时，要做到极度诚实和公正。做一个有技巧的勇士或猎手是有益的，但更重要的是有能力用这些技巧为群体谋利益，而不是仅仅为了一己之私，而且有社交手段和政治手段更加重要。基于这个原因，女性在采猎社会中扮演着重要角色，而且能够获得较高的社会地位和政治影响力。[110]

现在让我们一起来总结本章的多条线索。我们的焦点一直是：是什么使得人类的祖先区别于其类人猿亲戚。现在是时候弄清楚这些变化是如何让我们具有发展合作的独特倾向了。

举一个伟大的史前技术变革的例子：投掷性武器的进化。掌握了这种技术（还有另一个关键技术：火），我们的祖先才从南方古猿这样的群体变成一个清晰可辨的人——直立人，如果他们穿上现代人的衣服出现在纽约也不会显得不合时宜。

远距离杀伤性武器的发明让我们的祖先走上了一条进化之

路——首先是被动觅食，然后是抢夺性觅食，最终到了主动狩猎阶段。

像骨髓这种脂类含量丰富的食物为增大的脑容量提供了建构原料。做熟的食物，不仅包括可以产生碳水化合物的地下挖的食物（根、块茎和球茎），还有能够提供蛋白质和脂肪的肉类和骨髓，都让我们的肠胃变小，并释放出卡路里为我们高度消耗能量的大脑提供维护性营养。

多亏了我们能通过群体力量控制并制服侵略性强且孔武有力的男性，致命性武器得以推进平等主义的演进。男性之间的竞争不再需要大块头肌肉，这就解放了额外的资源来运用到大脑上。投掷性武器也增加了更大脑容量的选择压力。首先，人类需要更好的神经中枢来进行熟练且精确的瞄准。其次，也是更重要的一点，人类需要大的脑容量来处理复杂的社会计算问题，而这种计算是建立并维系联盟以及进行复杂的集体协作所必需的。毋庸赘言，我们巨大的脑容量和惊人的认知能力对于合作的演进有着多方面的影响。

在更新世时期，人们生活在狩猎采集者的小型群体中。社会生活是基于面对面交流的——每个人都认识其他人。我们令人称奇的大脑让我们非常擅长记住与其他成员交往的历史。所有成人都有其声誉：是否可靠，是好的合作者还是独行者。这意味着如果你想组一个队伍来达到某个目的（例如，杀死那头猛犸象，或者也可能是除掉这个谋杀者），你就会知道应该选择哪些人，尽量避免哪些人。

由于人类非常擅长从合作性群体中发现并排除那些独行者，合作者和独行者最终会出现在不同的群体中。正如我们在前一章看到的，这种"物以类聚的联系"会快速推动合作的演进。

回到前一章节的其中一个主题，我们的大脑也让文化成为可能，文化又削减了群体内部差异。其所形成的群体内部和群体之间的变化从某种程度上让合作特征的演进更加便利，但这并非全部。在人类社会生活中，还有一些其他特征以某些方式促进着合作特征的演进。

例如，抑制群体内部合作变异的一种方式就是"道德惩罚"。[111] 面对自私的独行者的巧取豪夺，合作者当然非常脆弱。但是如果他们生气了，并对那些拒绝为大多数人利益做出贡献的人进行制裁的话，会发生什么呢？这就是道德惩罚可以起作用的地方。如果惩罚足够严厉（在致命性武器面前，这种惩罚可以一直升级至死刑），即便是理性的独行者也会认为贡献自己的力量更合算，因为自私的选择更糟糕。

群体仍然需要足够的具备道德观的合作者，他们会让那些非合作者贡献自己的一份力量。如果没有足够的道德卫士，合作就解体了（而且道德卫士们自身也会停止做贡献，因为他们不想被别人利用）。但在已经实现合作的群体中，道德惩罚强化了社会规范，使每个人都平等地做出贡献（有些人是自愿的，其他人则是因为不这么做会更糟糕）。换句话说，与独行者相比，合作者不再处于劣势地位。道德惩罚基本上是一种

"平衡机制"，让群体中的每个人都处于平等地位，这样群体内部的竞争就得到抑制。

最后要记住，当群体之间的竞争非常激烈的时候，合作特征的演进就会受到推动。群体之间竞争的最极端形式当然是战争。纵观整个生物世界，我们发现只有两种生物会进行大规模战争：人类和蚂蚁。[112] 这两个群体都建立了高度合作的大型社会，这一点不应该让我们感到惊讶，虽然两种社会的组织原则截然不同。

蚂蚁的战斗可以非常壮观，但是自然界中任何物种的战斗都不会达到现代智人战争的规模。在接下来的一章，我们将看到人类何以变得如此好战。

第六章　人类的战争方式

战争是一种破坏性的创造力量

　　新几内亚岛是地球上地形最崎岖的地方之一。岛上出行如此艰难，以至于几百年来，那些住在海岸边的人都认为岛屿内部没有什么东西，只不过是一座山连着另一座山而已。直到20世纪30年代，当开始有飞机飞越这个岛屿，勘探者开始在一些地势险恶的山脉周围找寻黄金时，西方人才发现一个令人吃惊的事实。第一批探索者们发现了肥沃的谷地，它们由锯齿状山脉分隔开来。谷地里居住着一百多万人。这些人还生活在旧石器时代。

　　岛上一个被研究得较多的社会是新几内亚中部的恩加（Enga）。恩加的女人们种植土豆、养猪，而男人们，毫不夸张地说，他们的主业就是战争。

　　恩加部落之间的战争是由澳大利亚人类学家默文·梅吉特（Mervyn Meggit）研究的。最近美国人类学家波利·维斯纳（Polly Wiessner）对此也研究颇多。[113] 梅吉特于 1955 年在新几内亚中部进行实地研究，研究对象是恩加省的一个民族，马艾·恩加（Mae Enga）。这一时期澳大利亚殖民官员们已经从总体上成功地在中部高地实现了和平（不幸的是，和平并没有持续下去）。然而，梅吉特的主要兴趣是在澳大利亚人到此之前的岛内战争。马艾·恩加人在这一时期的人口总数大约为 3 万。他们被划分为"氏族"或部落。一个典型的部落又被细分为七八个宗族，这些宗族通常是独立的政治单位，大约有三四百人，占据两到五平方公里左右的土地。它们确实是非常小型的社会。

大多数战争发生在两个宗族之间，虽然任何具体的冲突都可能会卷进其他宗族支持其中一方。有时，致命冲突可能在同一宗族里的两个群体之间发生，而且偶尔马艾·恩加也会组织大型仪式性战争。这是一种表演赛性质的战争，通常在所有部落之间或几个联盟部落间展开。大型仪式性战争通常非常具有礼仪性质，最后在战争结束时对手会相互赠送有价值的礼物，然后进行盛大晚宴。[114] 但是最主要的战争形式是不同宗族之间的战争，而不是更小（宗族内部）和更大（部落之间）规模的战争。

战争的强度非常大。梅吉特估计，35% 的男性死于战争或与战争相关的创伤。战争是主要杀手。另外 1/4 的人口死于疾病或意外事故，只有 15% 的人能够活到老年（这些比率并不能凑足 100% 这个数字，因为在 26% 的案例中，梅吉特无法确定人口死亡的原因）。

连续的战争造成了恐惧和互相猜忌的气氛。大多数人都待在自己宗族的领地内，一生大部分时间都生活在那几平方公里的范围内。梅吉特写道：

> 过去，在自己宗族领地以外的所有活动都是危险的，总体来说，这种出行都要进行武装并结伴，而且只在非去不可的情况下，特别是在参加财富分配、谈判交易条件、做贸易以及在战争中支援亲戚朋友的情况下。男性随意的社交拜访并不常见，不仅因为有暴露于伏击和路上被杀的危险，还因为这有违马艾·恩加人对个人隐私和群体安全的观念。如果一个男人出人意料地出现在哪怕是另一个宗族里比较亲近的亲属房子前，都会被那个宗族的人怀疑为潜在的间谍，认为他可能会带回一些信息——譬如宗族的防御设施（栅栏、阴沟、秘密逃跑通道等类似的东西）或者他们所养的猪群的性情——以计划夜间偷袭或盗窃。

宗族之间的战争，尤其是不同部落的宗族之间的战争，与仪式性战争的表演赛大不相同。根据梅吉特的研究，其显著特征如下：

> （a）进行偷袭或侵略，使敌方全线崩溃，尽可能占领敌方领土；（b）故意最大程度地破坏敌方财产（宗教建

筑、房子、仪式场地、树木、庄稼、猪群），使敌方士气低落；(c) 愿意忽视亲属关系和姻亲关系的约束，因为它们会缓和暴力的强度，并鼓励接受调停或和解；(d) 偶尔拒绝承认非战争状态；(e) 对已经倒下的敌人进一步残害；(f) 而且，或许，以上对抗方式会持续更久。[115]

简而言之，宗族之间的战争有着全面战争的所有显著特征。对于失败的一方来说，后果可能是极其悲惨的。在梅吉特所研究的可以确定结果的 34 场战争里，其中 6 场的结果是，失败一方被逐出原领地，分散到其他宗族，他们能在那里找到愿意接收自己的亲戚朋友。在 19 场战争里，胜利的一方能够扩展领土，而且剩下的 9 场战争以僵局结束，双方都没有增加任何土地。

然而——且这可能会让我们吃惊——马艾·恩加人之间高强度、致命性的冲突并没有引起什么文化演进。

在颇具争议的《战争！有什么用？》（*War! What Is It Good For?*）一书里，作者伊恩·莫里斯（Ian Morris）将战争分为"建设性的战争"和"反建设性的战争"。建设性的战争会产生更大型、更安全、更繁荣的社会，而反建设性的战争会摧毁这样的社会。正如托马斯·霍布斯（Thomas Hobbes）在《利维坦》（*Leviathan*）一书中的著名论述，最具反建设性的战争是一种"所有人对所有人的战争"：

在这种情况下，工业没有其发展的位置，因为产生的成果是不稳定的。而后果就是，地球上没有文化，没有导航，也不会有通过海路进口的商品可以使用，没有商贸性建筑，没有搬动或拆除非常耗费力气的东西的工具，没有关于地貌的知识，没有时间的记录，没有艺术，没有写作，没有社会。最糟糕的是，人们将持续不断地面对暴力死亡的恐惧和危险，而且人类的生活变得孤独、贫穷、肮脏、残暴而且短寿。

莫里斯的划分是思考战争的一种有益方式，我在这里将采用这种方式。这并不是说我同意他书里所说的一切。具体来说，我对"建设性的战争"和"反建设性的战争"之间的划分标准有着不同观点，这一点会在本章的后面谈到。我还渐渐觉得莫里斯这本书的内容架构本身就是反建设性的。

拿书名《战争！有什么用？》做个例子，很多人，包括我自己，都不认为战争对任何事情都有益处。战争是邪恶的。有时，战争是两害相权取其轻的选择而已。当另一种选择是死亡、被奴役或本土文化的消亡，很多人便会选择去战斗。但是，被迫去做这种选择是没有什么益处的。

也并不是每个人都这么认为。也有那些美化战争、鼓吹"强势"的外交政策，借用卡尔·冯·克劳塞维茨（Carl von Clausewitz）著名（臭名昭著）的一句话来说，战争是"一种用其他方式开展的政治交流的延续"。在美国，这些群体中最突出的就是所谓的新保守主义者。他们在乔治·W.布什（George W. Bush）担任美国总统期间（2001—2008）尤其有影响力。然而，无论在保守主义者还是在自由主义者中，都有人拥护这一将军国主义与乌托邦式意识形态结合起来的政策。

克林顿当政时期的美国国务卿马德琳·奥尔布赖特（Madeleine Albright）概述了这种意识形态立场：

> 正是对伊拉克使用武力的威胁以及我们在那里驻扎的军队，使得我们的外交手腕有了力量。但是如果我们不得不使用武力，那是因为我们是美国；我们是世界上必不可缺的国家。我们屹立在高处，比其他国家更能高瞻远瞩，我们看到了针对我们所有人的危险。

奥尔布赖特另一段著名的引言，是她颇为沮丧地对当时的参谋首长联席会议主席科林·鲍威尔（Colin Powell）说的。鲍威尔觉得美国不应该在缺乏清晰的政治目标的前提下向波斯尼亚派遣军队，奥尔布赖特是这么说的："如果你天天说我们的军队强大无比，而我们却不能使用军队的话，这样的军队有什么用处呢？"

当这样的观点被美国顶层的政策制定者们表达出来的时候（奥尔布赖特之所以很独特，仅仅是因为她是这些人当中最坦诚的一个），很多人，包括这个国家内部相当数量的少数派，都认为美国是世界和平的主要威胁，这就不足为奇了。鉴于在强硬外交政策的鼓吹者和反战人士之间存在着情绪激烈的争论，[116] 哪怕对人类社会演变进程中战争的角色进行一次客观的科学分析都勉为其难。

然而，如果我们想理解合作是如何演进的，我们就必须这么做。我只能诉诸于刘易斯·弗赖伊·理查森（Lewis Fry Richardson）的话，他是最早将战争进行定量分析的科学家之一：

> 现在这本书……有理清战争与和平的目的……似乎最好不要去进行谴责。因为愤慨是一种极其容易且令人满足的情绪，它阻止人们去思考任何反对这种情绪的事实。如果读者反对我放弃了伦理道德而去成全错误的教义，也就是所谓"要理解任何事情就得原谅一切"，我可以回答说，这只是对伦理道德判断的暂时疑虑，因为"谴责过多意味着理解太少"。[117]

记住，当我将战争称为"创造性的"或"建设性的"事物时，我并不是要美化战争，也不是认为战争从任何意义来说都是有益处的。我说的"创造性"，仅仅是指战争是大型合作性社会最重要的选择力量之一。

所以，在什么情况下人类群体之间的致命性冲突是创造性的，在什么情况下是破坏性的呢？我们必须再一次转向多层选择理论。正如群体之间的竞争促进合作而群体内部的竞争摧毁合作一样，外部战争（不同社会之间的战争）往往成为破坏性的创造力量，而内部战争（社会内部的战争）往往仅仅是破坏性的力量（或者以伊恩·莫里斯的话来说，是反建设性的）。

这听上去很简单。但是就像大多数简单的思想一样，它隐藏着一些重要的复杂性。战争是内部的还是外部的，这只是决定战争是否是有建设性的第一步而已。社会之间的战争可能是非常非常血腥的事件，很多的士兵和平民被杀，但是如果战争是非决定性的，那么就不会成为文化群体选择的力量。这是非常重要的一点：战争之所以具有创造性，并不在于有多少人死亡，重要的是，战争对文化演进的影响。战争只有在产生更优胜的文化特征时，才是一种演进的创造性力量。

文化群体选择有多种方式。在一个极端层面，可能就是纯粹的种族清洗：打败的一方被屠杀。影响就是那些"寄居于"失败一方大脑里的文化特征，以及他们的集体性机构都被清除。胜利的一方可以将自己的领土扩张到失败一方的范围，或者，也许派人去殖民。无论何种情况，胜利一方的文化特征会以失败一方文化特征的消失为代价得以传播。这非常残暴、丑陋，但这是文化演进得以进行的一种方式。

然而，文化演进也可以以更加温和的方式出现。代替种族清洗的一种方式是种族文化清洗（ethnocide），或文化清洗（culturicide）。在这种情况下，失败的一方并不遭受身体意义上的灭绝，而是被迫同化到胜利一方的文化当中。被迫皈依另一种宗教，不得不学习征服者的语言，并采取他们的社会规范和制度，这也可以非常具有杀伤力，而且历史证明，很多文化群体宁愿战斗至死也不愿意放弃自己的文化。但是如果他们屈服于种族清洗，至少受害者可以保全生命。

相比于在死亡的威胁下被迫皈依，种族文化清洗也可以以更温和的方式进行。在现实中，帝国很少会有意进行文化破坏。同化是逐渐发生的，而且通常都是主动性的。对于一个臣民来说，接受强国文化通常是有意义的，因为它的文化有很高的声誉（例如，拥有大量世界级的文学和艺术），而且也符合被征服者的经济利益。在这个过程中，失去自己文化的被征服者加入了胜利者的一方，而且能够随着时间的流逝，变得跟胜利者一样处于平等地位。这就是古罗马帝国时期发生在高卢的事情：除了在遥远的布列塔尼亚半岛之外，凯尔特语完全被拉丁语取代。另一个更接近我们时代的例子是 17、18 世纪的法国。正如历史学家维克多·利伯曼（Victor Lieberman）在《形异神似》（*Strange Parallels*）一书里写的那样，路易十四（1643—1715）的宫廷"通过吸引杰出的画家、雕塑家、音乐家和剧作家来到凡尔赛宫，创建艺术、科学和法语皇家学院"来促进法国的文化统一。[118]

一种更温和的文化选择是不需要任何征服做法的。人类是聪明的，而且非常擅长模仿他人。当一个社会发现自己落后于其他社会时，通常会做一些内省。政客们和知识精英可能会问，我们在什么地方出了错？最终，社会可能会达成集体一致的意见：我们需要做出改变。在 20 世纪 80 年代末和 90 年代初，俄罗斯决定放弃计划经济，转向市场经济。中国在这之前就这么做了。

所有这些情形的共同之处在于，成功社会的文化特征是以不太成功社会的文化特征消逝为代价而获得演进的。在这个过程中，从残酷的种族清洗，到和平主动的同化，都起到了作用。"破坏性"的部分并不一定带来杀戮。需要破坏的，是那些让社会变得不那么成功、不擅长合作、不利于内部和平富有的文化特征。

同样引人注意的是，综观人类历史进程，残酷的选择方式在逐渐让位于温和的选择方式。这种观察为乐观主义提供了一些根据，我会在最后一章返回这个话题。尽管如此，纵观人类浩瀚的历史长河，占据主导位置的一直是那些群体之间残暴的选择方式。我们可能会希望事情朝着相反的方向发展，但是如果忽视了这些，我们就无法理解社会是如何演进的。

但是正如我上面警告的那样，战争（自相矛盾地）很微妙。战争并非总是如你所料。要真正理解战争如何创造文明，我们应该从这一过程不起作用的地方开始——一个尽管经历了几百年的激烈冲突，其文化演进仍然停滞不前的地方。

让我们回到新几内亚，还有恩加部落那些无休无止的战争中去。部落之间的仪式性战争受到高度管制，不会导致整个部落的灭绝。真正的恩加部落内马艾人的战争发生在很小型的社会群体之间——那些人口三四百、占地几平方公里的宗族之间。当一个宗族击败另一个宗族并攫取领土之后，失败的群体就被消灭了。但胜利的一方和失败的一方都有着同样的文化——他们说同一种恩加语方言，在战争中使用同样的武器，种植同样的庄稼，遵循同样的社会行为规则。简而言之，每一代人中都有超过 1/3 的男性和不少女性遭到杀戮，有些宗族消失了，而胜利的宗族则扩大了领土，但是总体来说，文化特征的演进频率几乎没有什么改变。

因此，马艾·恩加人的战争就为我们提供了一个关于文化差异重要性的鲜明阐释。对于宗族的选择多么强烈并不重要（这种选择确实非常强烈），他们的文化特征几乎没有什么不同，因此也就没有什么演进。偶尔，有新的礼仪发明出来。今天已成为主食的甘薯，大约 350 年前左右在恩加地区流行开来，而这就是所有的演进。

缓慢的文化演进不仅在马艾·恩加地区是常见的，而且在整个新几内亚高地也是如此。我们可以这么说，是因为除了非常崎岖的地形之外，这个地区还有着数量惊人的语言，超过 1000 种。[119] 语言的高度多元化意味着文化群体的灭绝非常罕见；这是各语言族群之间竞争乏力的标志。

语言的高度多元化可以在两种地势中出现：被浓密且不可逾越的热带森林覆盖的区域和高山地区。新几内亚热带岛屿两者皆有。其他语言高度多元化的多山地区是东南亚高地和高加索山脉。历史语言学家将保存着各种不同语系语言的地区称为"残留区域"（residual zones）。而与之相对的"传播区域"（spread zone）是语言倾向于广泛传播的地区，促使这个地区先前的语言走向消亡。传播的通常结果是，只有一种语言占据了该地区的大部分或全部。[120] 传播区域因此就成为文化群体之间竞争非常强烈的区域，以至于一个群体能够在很大范围内让其他许多群体（在文化上）走向灭绝。

那么，像欧亚干草原和北美大平原这样广阔且没有树木的平地能成为传播区域，就不足为怪了。实际上，我们对欧亚干草原已有足够的了解，可以对一些比较重大的传播阶段进行时间上的划分，即在横扫今天的乌克兰和蒙古之间数千公里区域内的大规模征服。3000 年前，胜利者是说伊朗语系语言的人——米堤亚人、波斯人以及斯基泰人。这些古代民族又被中世纪从东到西传播的突厥语系和蒙古语系的游牧部落取代。最终，俄罗斯人在现代的早期沿着干草原的北部边缘向东扩张。结果就是，实际上每个居住在欧亚干草原带的人都讲着这些民族语言中的一种衍生语言。

地形在防御性战争中的重要性是军事史上一个相对没有多少争议的话题。还有什么因素会影响进攻性/防御性战争的平衡，进而影响文化群体的选择力呢？有人可能会认为军事历史学家会给出所有答案，但情况并非如此。或者，更确切地说，历史学家提供了太多互不一致的答案，而且有时答案本身就是错误的。

第一个误解就是，非国家间的战争在某种程度上是不严肃甚至有点滑稽的事情。美国人类学家哈里·特尼－海伊（Harry Turney-High）在他的著作《原始战争：习俗和概念》（*Primitive War: Its Practice and Concepts*）中提出这一观点，正是这种观点影响了一代人类学家对战争的研究。[121]他对澳大利亚土著人之间的战争是这样描述的：

> 土著人聚到一起，形成某种战斗队形，然后试图在喊叫、侮辱和威胁方面盖过对方，同时在相对安全的范围内互相投掷。确实，有时参战人员会有一人或多人伤亡，但是对于整个战斗来说这是个例，几乎是偶然性的。如果在这之前他们还没有因无聊而散开，那么一旦出现这种致命情况，他们就会这么做了……澳大利亚土著人的冲突，就像大部分原始战争一样，是一种释放紧张情绪的方式，仅此而已。[122]

一种释放紧张情绪的方式？在对马艾·恩加部落战争的调查中，我们看到族群中超过 1/3 的男性在战争中死去，是自然死亡人数的两倍。关于澳大利亚土著人的民族学数据显示出同样的战争代价。例如，摩尔金（Murngin）族群，也就是现在所称的雍古族（Yolngu），居住在澳大利亚的东北部，他们当中有 28% 的男性可能死于战争。[123]

特尼－海伊和其他人类学家似乎没有意识到的是，在一些小型社会中，即使是一个人的死亡也可能成为重大打击。一个典型的马艾·恩加宗族有大约 100 个武士。每次战斗失去两三个人，数量很快就会叠加起来，一旦失去的人达到 10%—20%，这些伤亡就开始威胁宗族的生存了。

另外值得记住的是，小型社会的战争可能会有两种非常不同的形式。特尼-海伊引用的高度仪式性的战争与马艾·恩加部落的大型仪式性战争类似。但是正如我们上面看到的，马艾·恩加人也进行一种形式上更加残酷的战争，其目的就是彻底战胜敌方宗族。

在地理大发现时代，当欧洲人到达非洲、亚洲和美洲的海岸时，他们遭遇了非常不熟悉的战争方式。大多数欧洲人对于土著人的武器、战术和纪律都不屑一顾。然而，正如人类学家劳伦斯·基利（Lawrence Keeley）在 1996 年出版的《文明前的战争》（*War before Civilization*）中所清楚表达的那样："回顾一下部落武士与文明世界战士间的战争史，我们就能发现一系列有趣的总体特征，而这跟西方军事的夸大其词有点不太相衬。"在讨论了欧洲人和"原始"部落武士之间的冲突后，基利总结说：

在大多数情况下，文明世界的战士只有采用了原始部落武士的战术才会击败后者。在欧洲人扩张的历史中，战士们不得不经常放弃自己的文明战术和武器来赢得与更加原始的部落敌手之间的战争。所采取的非正统战术是更小规模、移动能力更强的作战单位；放弃使用火炮，代之为更轻、更小型的火器；露天阵型和冲锋战术；更依赖埋伏、偷袭和突袭的方式进攻定居点，破坏敌人的经济基础设施（据点、食物存储地、牲畜、运输方式）；以消耗敌方的人力为战略；利用文明世界优越的后勤来无情碾压对手；以及广泛使用土著人当侦察人员和仆从军。[124]

毫无疑问，最终文明世界的国家几乎总是在对抗部落武士的战争中取得胜利，但他们之所以能取得胜利，首先是由于他们是以大型社会来与小型社会作战的。大型国家比部落社会拥有更多的资源，无论人力还是物力资源都更多，有更好的组织能力，更强大的持久力。他们通过无情"绞杀"战胜原始部落武士。在相当于原始战争的现代战争中，游击队伍干脆避免与在数量和技术上都占优势的政府军作战。

原始部落武士和现代游击队伍都不依赖蛮力而是依赖移动能力、埋伏和突袭。在前一章里，我讨论了早期人类对远程武器的掌握是如何让他们有能力在与大型猎食动物的对抗中进行防御、杀掉逃跑的猎物而且拉平等级制度的。有效的远程武器也是非常规战争中成功的重要要素。它们便于战术上的突袭，然后摆脱敌人。这就是为什么在游击队伍武器库中最具有破坏力的武器是轻型迫击炮。在毛泽东所写的《论游击战》（*On Guerrilla Warfare*）中，他推荐游击队伍应该配备当地制造的迫击炮。这种国产的迫击炮已经被几个武装团体使用过，爱尔兰共和军也包括在内。

常识表明，远程武器不仅在非常规战争中是更好的选择，在任何战争中都是如此。令人吃惊的是，特尼－海伊并不同意：

> 人们经常会碰到这样的表述：在以前的时代，战争是人与人的对抗，而现代战争则是远程武器的对抗。当然，任何战士都会说，这简直是胡说八道。战斗从来就是人与人的战争，现在仍然如此。火器只是用来震慑，接近敌人，而这种接近就是人与人之间的，这种接触就是战争。全世界的规范军事教条莫不如此。[125]

这是很吸引人的一段描述。而且不仅于此，在谈到哪种威慑性武器最重要的问题时，特尼－海伊提供了下面的答案：

> 不管是长矛、标枪、长刺杆还是带刺刀的来复枪，都可能比人类发明的其他东西导致更多死亡。人们偶尔会听到1914—1918年世界大战中的老兵，尤其是那些非战斗队伍的人，反对使用刺刀。医护人员说医院里到处都是有枪伤的伤员，而他们很少被召集去治疗刀伤。这样的表述是对刺刀的"赞赏"。被刺刀所伤的人需要的不是医疗队的服务，而是埋葬队的服务。只是第二次世界大战才降低了刺刀的价值，而这种降低可能也不是永久性的。

我不知道一个训练有素且在二战期间服过兵役的人类学家是如何写下这一段的。在军事史学家中有一个广泛共识，就是现代战争中绝大多数的伤亡都是由火器导致的。[126] 唯一的问题是，是火炮还是个人携带的枪支——譬如手枪、来复枪和机关枪——造成了更多战士的死亡。答案是，情况各有不同。例如，英国军事史学家理查德·霍姆斯（Richard Holmes）的观点如下：

> 自 1775 年以来，武器变得更加致命，随之而来的，是战争中伤亡人数和受伤程度的增加。在 1850 年之前，大约一半的战争伤亡是由火炮引起的。19 世纪中期，锥形子弹的引入大大增加了小型武器的射程、准确度和打击能力，而且在美国内战中，来复枪的射击造成了大多数的战争伤亡。到第一次世界大战为止，更好的反冲装置（提高了射击的速度和精度）、间接射击技巧的引入、强力爆炸物和炮弹设计的进步，让火器再次成为人类战场上最具有破坏力的武器。[127]

特尼-海伊并没有论证这种学术上的一致意见是错误的。然而，刺刀在第一次世界大战中扮演的角色，不仅是历史学家，也是军事专业人士很感兴趣的问题，包括美国将军约翰·F.欧瑞安（John F. O'Ryan），他决定收集数据，以便能让我们解决这个问题。首先，他查看了一个关于国防部的官方报告，发现在 266112 名被送进军事医院的人中，只有 245 名受了刀伤。这一受伤原因仅次于"手枪散弹"，但高于"下落物体"。所以刺刀是比"下落物体"严重的伤人武器，但没有严重很多。当然，这些数据仍然留有疑问，就是到底有多少人是在战场上被刺死而没被送到医院。

为了处理这个问题，欧瑞安给他所在师团的所有连队发送了一个调查。根据他从很多军官及士兵那里收到的证词，极少有人因敌方的刺刀拼杀而伤亡。当近距离接触时，士兵们通常都是用来复枪射击，并且使用手雷。那么在有机会使用刺刀前，敌人通常就投降了——或者逃跑了。"这些军官和士兵们的表述表明，刺刀大多数情况下是一种心理武器。"[128]

所以对于现代战争而言，特尼-海伊显然是错误的。徒手搏斗只占现代战争很小的一部分。最重要的军事技术是允许战斗人员从远处杀掉敌人的技术。在现代时期的大多数时间里，除了 19 世纪后半期的很短一段时间有例外，战争都是通过火炮赢得胜利的。正如一句俄罗斯名言所说："火炮是战争之神。"

人们很容易因其不可救药的过时而忽视特尼-海伊的观点。问题是，直到最近一段时间，军事史研究都是非常"欧洲中心主义"的。关于远程武器与打击武器、常规战争与游击行动的相对重要性的问题，可能会有非常不同的答案，这取决于你是只使用欧洲的证据，还是在全世界范围内广泛取证。遗憾的是，历史学家经常有意将自己限定在前者的范围内。军事史上有一段时期，我发现这段时期尤其无益——我们可以称之为"西方式战争"（Western Way of War），借用美国历史学家维克托·戴维斯·汉森（Victor Davis Hanson）一本书的名字。

"西方式战争"的主导优势地位受到德高望重的军事史学家约翰·基根（John Keegan）与杰弗里·帕克（Geoffrey Parker）的热情推崇。尤其是帕克，最近在《剑桥战争史》（*The Cambridge History of Warfare*）的序言中写道："本书所采取的方法会让作者受到欧洲中心主义的指责，但是我们提供了三个辩解理由。"接着，他指出，不可能在全世界范围内对战争进行全面覆盖的研究，而且试图以走马观花的方式这么做将是"不可原谅的扭曲"。最后，"无论是好是坏，在过去两百年里，西方式战争已经在全世界战争方式中占据主导地位"。[129]

正常人都不会否认最后这一点。问题是，从进化的角度看，两百年并不是很长的时间。在 1500 年前，欧洲文明还是一潭死水。即使不是全部，至少大部分重要的军事技术发展都发生在欧亚大陆的其他地方。今天的历史学家自然会被"西方的胜利"[130] 震撼，并会在欧洲中世纪和古代历史里去寻找"欧洲的伟大"之源。但是这种按结论寻找支持性证据的、充满偏见的历史研究方法，是非常危险的。这并不是说历史学家所写的一切，例如《剑桥战争史》是胡说八道——情况远非如此。这本书的作者们和编辑都是非常有成就的历史学家。尽管如此，他们还是弄错了几个重要的事情，尤其是他们对火药出现之前的时代的战争研究。

例如，帕克认为，用手持武器进行近身搏斗的战争是古代和中世纪时期最具决定性的战争。他和《剑桥战争史》的其他作者认为，"西方式战争"起源于古希腊重装备步兵。在那之后，"西方社会的战争遵循着一条独特的道路，使得西方在全球取得了统治地位"[131]。关于其中细节，我们可以去看汉森在《西方式战争：古典希腊的步兵战争》（*The Western Way of War: Infantry Battle in Classical Greece*）一书中的最初表述。

古希腊人有什么独特呢？他们在世界上的统治地位是通过何种方法取得的呢？汉森认为，古希腊人发明了"西方战争的关键行为方式，也就是决定性的步兵战争，不再使用伏击、小打小闹或英雄个人之间的搏斗。公元前 5 世纪的古希腊人发明了一种凶猛、简短、破坏性强、在各年龄段的武装人员之间展开的正面冲突"。

我完全不同意这种说法。当对手知道自己在做什么时，依靠"破坏性正面冲突"的"决定性步兵战争"是一种必输无疑的战争方式。汉森的观点和他对重装备步兵战争的美化的主要问题是，他的证据来自世界上一个非常小的角落。他的观点不仅仅是欧洲中心主义的，而且是古希腊中心主义的。

几乎所有的古希腊战争都是内部相互对抗的，也就是古希腊一个城邦的军队同另一个城邦的军队进行战争。古希腊人与不同文明进行战争的最重要经历是公元前 5 世纪前半叶与波斯人的战争。而 150 年后，就轮到波斯被亚历山大大帝率领的古希腊人和马其顿人侵略了。

汉森关于重装备步兵战争的思想完全基于古希腊人自己的著作，但是专业的人类学家（和大多数历史学家）知道，你需要对人们的自我评价持保留态度。自然，古希腊人认为他们的社会是最伟大的、最杰出的社会，而且他们的战争方式也是无与伦比的（除非他们懦弱的敌人采用不公正的战术取得胜利）。

不幸的是，波斯人留下的能让我们从他们的角度一窥这段历史的文本很少。另一方面，也不难推测，如果我们问他们事情到底咋回事，他们会如何作答。如果我们能够让薛西斯一世复活，他肯定会指出他要管理一个巨大的帝国，从印度延伸到马其顿（那时马其顿依附于波斯帝国）。还有许多其他更重要的地区要注意，例如埃及。对于波斯人来说，征服一个遥远且高度分裂的古希腊地区（当时那里也许有 700 个独立政体）是一件不值得做的事。五百年后，古罗马帝国出于同样的原因决定不去征服德国和苏格兰了。

波斯在古希腊的军事活动受挫是由于两个困难。一个在于古希腊人是就近作战，而波斯军队则需要漫长的供应链来支撑战争。雅典人可以要求他们的军队在集结击退入侵军队时随身带好自己的军粮，而波斯人则不得不花几年时间积聚物资，为入侵做准备。其次，重装备步兵确实更适合在古希腊崎岖的地形上抵御波斯军队。尽管汉森提出了这样的观点，但古希腊人并没有试图通过一场决战击败入侵的波斯敌人。他们宁愿在狭窄的关隘抵御入侵者。幸运的是，这种地方在希腊遍地都是。

塞莫皮莱（Thermopylae，即"温泉关"）只是其中最著名的而已。

尽管有这种地形优势，古希腊人对阵波斯人的交战纪录也是曲折不断的。有些战役他们打赢了，其他的则打输了，而且不要忘记，波斯人达成了他们的主要军事目标：占领并血洗了他们想要惩罚的两个希腊城市，埃雷特里亚和雅典，因为这两个城市曾支持过爱奥尼亚人的反叛。所以即使从防御角度来说，古希腊重装备步兵也不像通俗的历史记载或汉森的书里所描述的那么令人叹服。

但是记住，西方式战争是取得全球统治地位的必经之路，而且你不可能通过在山隘关口抵御敌人来征服一个帝国。在建立帝国方面，波斯人显然而且毫无争议地比古希腊人擅长得多。即使希腊最大的城邦，例如雅典和斯巴达，也只有几万人口而已。比较来看，波斯帝国疆土覆盖五百万平方公里，有三四千万人居住。在世界历史上，波斯人是如何设法建立了第一个巨型帝国当然是一个复杂的问题，但部分原因是，他们已经有了一支高效的军队，而且他们选择的战争方式不是步兵冲锋陷阵，而是骑兵以远程武器来杀伤敌人。毕竟，像历史学家希罗多德（Herodotus）告诉我们的，波斯人教给年轻人的首要两件事就是骑马和射箭（第三件事是讲真话）。

在他们有空间可以辗转腾挪的地形里，骑马的弓箭手相比于挥舞着长矛和剑等短程武器的步兵有着巨大优势。骑手们可以随意开弓射箭，当步兵试图朝着他们冲锋时，他们可以骑马离开，然后当步兵战士追累了，他们又可以卷土重来。

　　能体现这种战争形式之优势的典型例子是公元前53年的卡雷战役，发生在主要由步兵组成的罗马入侵军队与帕提亚骑兵部队之间。虽然罗马军队在人数上更占优势，帕提亚还是赢得了战争的胜利。他们朝罗马人不断地射出数百万只箭，完成了这项任务。起初，罗马人指望帕提亚人会用光弓箭，但是当他们看见装载满满的骆驼前来为弓箭手重新补给后，希望就被浇灭了。罗马人知道如何抵御弓箭手的进攻，通过形成一个龟形方阵（testudo），军团士兵们将盾牌锁扣在一起形成一个可以抵御弓箭的无缝屏障。但是帕提亚军队包括一支由骑兵组成的部队，这是一支精锐的骑兵部队，骑兵和马匹都用坚硬的盔甲加以保护。这支全副武装的骑兵队伍冲锋陷阵，冲散了龟形方阵，然后将罗马士兵暴露于骑兵弓箭手猛烈的箭雨当中。罗马军队被击溃：20000人阵亡，10000人被俘。

　　很难理解为什么西方式战争的提倡者会美化使用近射程武器的"关键性冲突"。实际上，真正的西方式战争与这种错误认识毫无关系。你能想象美国步兵战士们上好刺刀朝着塔利班战斗人员冲锋吗？真正的西方式战争是让陆军做后盾，用其优越的军事技术远程杀敌。

　　甚至在火药出现之前，远程武器就比近身搏斗更加有效率。想想英国的弓箭手们，他们在克雷西战役和阿让库尔战役中击溃了数量多得多的法国骑士。在中世纪，最可怕的武器是弩，这种武器非常有效，以至于教皇禁止将这种武器用于基督徒之间的冲突。最终，百年战争是法国取得了胜利，因为他们停止了朝英国军队冲锋陷阵，放弃用剑和战斧来砍杀他们。相反地，他们使用了更有效、杀伤力更强的新式射程武器——大炮。

在现代战争的大部分时间里，参与战斗的人员相隔很远，以至于他们甚至都看不见彼此。最终极的远程武器，"猎食者"无人机，可使得操作者在很多英里之外杀敌。还有更加便宜的远程武器，也就是低技术含量的简易爆炸装置（IED），这种武器在伊拉克战争和阿富汗战争中，用来对美军及其盟友制造毁灭性打击。

在前一章里，我们看到了投掷石块和长矛，以及后来的弹弓和弓箭是如何让早期人类有能力抵御大型猎食者，干掉逃跑的猎物，并拉平社会等级秩序的。远程武器加上对火的熟练运用，实际上让我们成为真正意义上的人类。这些因素也定义了通常所说的"人类战争方式"。人类战争的突出特点是有能力从远处进行机动性攻击。这在更新世时代的干草原上对抗包括剑齿虎和猛犸巨象在内的大型危险动物时非常奏效，这些物种在震慑力方面颇具天赋，却被脚疾如飞、挥舞着投掷性武器的人类赶尽杀绝。

战争的这种动态方式在人与人的暴力冲突中也非常有效，无论在古代的战斗形式中，还是在现代游击战争中莫不如是。现代常规军队也依赖于他们远程打击的能力，使用火炮、轰炸机、导弹和"猎食者"无人机。显然，从旧石器时代到原子能时代，人类武器的杀伤力有着极大的增长。这种急剧的技术变革必然对社会演进有所影响。

这些因素确实有影响。历史上有好几个时期，制造战争的能力突飞猛进。在接下来的章节里，我们将追踪这些"军事革命"对社会之间竞争和社会演进的影响。尤其有趣的是，那些将防御优势转化为进攻优势的技术革新。

装备和手持武器的进步也可以产生重要影响，但是社会学的学生们应该尤其注意那些对人类战争方式至关重要的技术——那些提升了射程和机动能力的工具。这些技术上的变化让进攻型战争更具杀伤力，因此对社会演进就有了更大的影响力。毫不夸张地说，如果我们没有在射击和奔袭能力方面的关键性突破，就不会形成历史上那些最伟大的帝国。

第七章　君权神授的崛起

雄性首领做出反击

第一批看到夏威夷群岛的欧洲人是在船长詹姆斯·库克（James Cook）带领下的一支英国海上探索队伍的成员——在一次更早的探险中，库克船长"发现"了澳大利亚。这些18世纪的英国海员们来自一个比我们过去更加等级森严的英国社会。然而，即便是他们也被在夏威夷群岛上看到的不平等程度所震惊。"部落酋长对那些底层人群的权威看上去……像人类社会最为专制的统治类型。"[132]

这句话出自詹姆斯·金（James King），他曾经在库克船长的第三次海上远航（1776—1779）的大部分时间内担任HMS（皇家海军舰艇的缩写，用于英国海军舰艇名前）决心号船上的大副，并在库克船长于夏威夷遇害以及继任者查尔斯·克拉克（Charles Clerke）死于肺结核之后，统领了决心号僚舰HMS发现号。在回到英国之后，金发表了一篇文章，详细描述了夏威夷岛屿的地理环境以及岛上居民。从他的观察和写作中浮现出一个等级悬殊的社会：

> 特瑞奥布，也就是夏威夷国王，其伟大权力和地位是非常明显的，这一点从他第一次到达卡拉卡瓦（Karakakooa）受到的礼遇便可知晓。可以看到所有土著人都跪在他们房子的入口处，而且独木舟在两天前就被禁止使用，或者说在他取消禁令之前禁止出行……酋长们对于低阶层人们的权力看上去是非常绝对的。在我们待在那里的时间里，这种情况每天都会发生。另一方面，人们对酋长们绝对服从，而且这种被奴役的状态明显已经对他们的身心产生了摧残性的影响。[133]

金还注意到在远征队所到的夏威夷岛屿上，性别不平等（用现代术语来说）现象明显要比波利尼西亚其他岛屿更突出：

> 必须注意到，他们在尊重妇女这一对文明的最佳考验方面，远远落后于其他岛民。这里的女性不仅被剥夺了与男性一起进食的权利，而且不能触碰并食用最好的食物。她们被禁止吃猪肉、海龟肉、几种鱼类，还有几种植物类食物；有人告诉我们，一个小女孩因为在我们船上吃了其中一种被禁止的食物而受到了严厉的体罚。[134]

像 21 世纪美国这样的现代社会，远不及农业还未出现前的人类社会平等。然而，美国不平等现象的主要根源是巨大的贫富差距。一个在田纳西州孟菲斯贫困社区长大的黑人青年可能生活拮据，但是至少理论上与亿万富翁比尔·盖茨有着同样的法律权利。从废除奴隶制度以来，尤其是 20 世纪 60 年代的民权运动时代之后，美国社会已经群策群力来废除"结构性"不平等现象，即基于阶层、种族或族群团体、性别的任何形式的歧视。（当然，尽管结构性不平等现象自上世纪 60 年代以来就一直呈下降趋势，经济层面的不平等却在上升。）

　　在农业兴起之后出现的首批大型复杂社会——"最远古的国家"——比采猎社会和我们现在的社会都更加不平等。远古国家的贵族比平民拥有更多权利，而平民却被各种义务所累，奴役非常普遍。在社会等级的最高端，一个统治者可能会被"神化"——被当作一个人世间的神来对待。最后，歧视的最终形式是用人来祭祀——不仅夺走了人的自由和权利，也夺去了他们的生命。

　　夏威夷在上述所有方面，甚至包括人祭方面，都比波利尼西亚其他任何地区的社会更加不平等。詹姆斯·金船长在他的日记里写道：

　　　　这里的人祭更加频繁，根据土著人自己的记录，这种现象比我们所到过的任何岛屿都普遍。这些可怕的仪式不仅发生在战争临近之际，也发生在大型战役开始前和其他有象征意义的大事当中，而且任何有地位的酋长死去都要根据其地位用一个或几个贱民（Towtow）来祭祀（见下）。有人告诉我们，国王去世就意味着有十个人会注定被用来祭祀。如果有什么能够从某种很小的程度上降低这种习俗的可怕之处，那就是那些不幸的受害者们对自己的命运没有丝毫预感。那些注定要倒下的人，无论在何处都会遭受棍棒殴打，在被处死后，尸体会被带到接下来进行仪式其余阶段的地方。

除了欧洲探险家们的描述，现代研究人员也从其他许多来源证实了金的观察。[135] 接触欧洲人以前（18世纪晚期），有四个夏威夷王国，分别控制四块最大的陆地（夏威夷岛、茂夷岛、欧胡岛、考艾岛），以及一些附近的更小岛屿。虽然有一些微小差异，但每一个王国的夏威夷社会都被分成三个阶层，最高层的是阿里依（*ali'i*）或者酋长阶层［国王称他们为艾瑞（*Eree*）］包括国王、几个等级的酋长、祭司以及他们的家人。这些精英阶层拥有所有土地，但自身并不从事耕种。

第二个阶层，努阿（*noa*），是那些在酋长们所拥有的土地上劳作的平民。大多数夏威夷人都属于这个阶层。他们通过强制性贡赋和劳役来供养精英阶层。平民阶层被称为"晒红的人"（因为他们在太阳下劳作很长时间）和"燃木"。平民阶层和精英阶层之间禁止通婚。唯一例外的是，酋长们可以从平民阶层选择特别貌美的女性做小妾。

最底层的是卡乌瓦 [kauwa，国王称之为"托托"(towtwos)]。这个名字被翻译成"奴隶"或"贱民"。卡乌瓦阶层在战争神殿为人祭仪式提供肉身。他们的脸上经常有特别纹身作为标记。当需要祭祀的时候，他们就会突然被酋长们的随从抓走杀掉。正如金在日记里写的那样，他们对自己的命运"没有丝毫预感"，但尽管他这样认为，这在一个只能承受此种宿命的阶层里似乎不太可能。

夏威夷酋长精英阶层与平民阶层的区别，不仅仅在于前者有更多财富、声誉和权力，他们也是更高层次的人，因为他们是玛那（mana）能量的容器，这是一种来自神灵的精神力量，对于整个社会的健康运行是必需的。一个酋长的等级越高，在他身上集中的玛那力量就越多，国王在"玛那能量分布网络"中处于中心节点位置。美国人类学家帕特里克·基尔希（Patrick Kirch）写道："夏威夷神圣的国王们作为地上的神灵，对于社会的再生产是必要的；他们对普通人有生杀予夺的权力，这种权力通常是通过人祭来实施的。"[136]

保护国王的玛那能量之源是必要的，而且有一套翔实的仪式体系来确保这种能量能够不受任何干扰地持续下去。这种卡普（kapu，也就是禁忌）体系控制着所有夏威夷人的日常生活。例如，它详细规定了男性和女性是不能一起进食的，甚至他们的食物都是分开煮的（而且，就像金船长日记里记载的那样，那些更好的食物种类是女性禁止食用的）。但是在仪式规定的习俗中，最复杂的是管理统治者住所、服饰和身体的体系。

夏威夷本土历史学家大卫·马洛（David Malo，1793—1853）告诉我们："当一个塔布酋长进餐时，所有在场的其他人都必须跪着，任何人如果从地上站起来，就会被处死。"[137] 无论什么时候平民看到国王或酋长前来，"他们都五体投地地把脸贴在地上，几乎不抬头看，他们的身体要保持这种姿势，直到国王或酋长走过二三十码远"（库克船长的短命继任者克拉克船长在日记里提到）。任何不这么做的平民将被当场处死。

帕特里克·基尔希总结道："在与欧洲人首次接触的时候，夏威夷人已经采用了这种更古老的波利尼西亚式等级和酋长制度并将其扩展，这种夸张的逻辑延伸就是，他们的统治者，他们的国王，现在被认为是神圣的。这不仅仅是祖先波利尼西亚人等级体系在数量上的扩展，它还是一种质的变化，这种变化让夏威夷社会进入一个新阶段。"[138]

似乎几乎所有的远古国家都经历过同样的质变，出现过基尔希对夏威夷王国所描述的极端不平等现象。基于对七个早期文明的调查研究，加拿大人类学家布鲁斯·特里杰（Bruce Trigger）得出结论：这些文明都实行过奴隶制，都有过被神化的国王和人祭习俗。细节各有不同。在埃及和美索不达米亚，人祭主要存在于早期国家形成阶段，后来就相对罕见了。在其他五个早期文明里（中国北部、玛雅低地平原、墨西哥盆地、秘鲁和尼日利亚西南部），人祭是常规事件。[139] 但就总体观察来说，所有远古国家都是极度不平等的社会。

当人类社会进入农业阶段时，似乎发生了奇怪的事情。首先，种植庄稼和畜养牲畜并没有对社会结构产生任何可见的影响。农业形式的小型社会几乎跟采猎形式的小型社会一样平等。而那些小型的种植群体保留了他们对等级秩序的抵抗，避免财富、地位和权力方面出现很大差距。例如，在上一章里我们提到过的马艾·恩加部落里，男性和女性之间不平等，年轻人和老年人之间不平等，但是所有成年男性都是平等的——没有奴隶，当然也没有被神化的统治者对每个人实施生杀予夺的权力。

与之形成对照的是，那些不断发展、走向文明的社会——规模变大，攻城略地，发展书写能力和广泛的劳动分工，而且最终成为国家——这些社会变得高度不平等，甚至出现专制。

这一点非常令人困惑。在人类进化史上超过 90% 的时间里，随着我们抛弃了类人猿亲戚的社会等级秩序，社会演进的总体趋势是走向更加平等的方向，但是在农业社会出现几千年后，人类放弃了他们固执的平等主义，接受了专制统治。为什么他们会接受这种变化呢？他们这么做极不可能是出于自由选择。实际上几乎可以确定，他们是被迫进入这种社会的。采猎社会的平等思想并没有消失，包括那些生活在专制国家的人们在内，人类仍然注重公正和平等。我们可以通过他们的（有些很古老的）歌谣和谚语来一瞥普通人对于他们的专制统治者有何看法。他们的观点可不是赞成。早在与欧洲人有接触之前，夏威夷就有一首歌谣将国王描述为吞噬人民的人：

一只进入内陆的鲨鱼是我的酋长，

一只很强壮的鲨鱼，能吞噬这片土地上的所有人；

一头有着鲜艳鱼鳃的鲨鱼是酋长，

他有巨大的喉咙，吞下整个岛屿都不会噎着。[140]

在本巴人（Bemba）看来，也就是现在赞比亚讲班图语的那些人，国王是从酋长鳄鱼宗族里等级最高的女性的儿子中选出来的。和在夏威夷一样，本巴的国王向平民索取贡品和劳力，必须遵守宗教禁忌来保持他的生命力之源，并且可以残害任何冒犯他的人。平民当中有一句老话："鳄鱼宗族用牙齿将人们撕成碎片。"

统治者这种"吃平民"的形象在全世界的古代国家里此起彼伏，不断出现。再举一个例子，在古印度，国王（*raja*）被称为"吞噬农民的人"（*vishamatta*）。[141]

但是关于远古国家里统治者在平民中的形象，最显著的证据来自《诗经》。《诗经》是中国最古老的诗集，包括风、雅、颂共300多首。所有这些诗歌至少有2500年的历史了，比中国第一次真正意义上的统一还要早几个世纪。其中一首如下：

硕鼠硕鼠，无食我黍！三岁贯女，莫我肯顾。逝将去女，适彼乐土。乐土乐土，爰得我所。

硕鼠硕鼠，无食我麦！三岁贯女，莫我肯德。逝将去女，适彼乐国。乐国乐国，爰得我直。

硕鼠硕鼠，无食我苗！三岁贯女，莫我肯劳。逝将去
女，适彼乐郊。乐郊乐郊，谁之永号？[142]

在这首诗里，对压迫阶层的提及是有些隐晦的（你可以想象一下，如果一个农民对他所处的社会秩序批判得过于直白，会发生什么）。但是最早的注释（《诗经》是古老的文言文写成的，没有注释的话或多或少有些晦涩难懂）非常清楚地指出，这首诗是关于腐败官员的，而不是对农业害虫的一种哀叹。[143]

从平等的小型社会到远古国家的过渡并不是在人们定居于农业村落时发生的。波利尼西亚人大约在公元前800年对夏威夷进行了殖民，大约经过8个世纪，远古国家才出现。[144] 而且，波利尼西亚人已经具备了很多文化元素来形成一个等级森严的中央集权社会。因为农业在公元前1500年左右在太平洋岛屿上出现，[145] 远古国家的总体"孕育"过程似乎历经了3000年。在世界其他地区，农业的出现和第一批国家兴起的时间间隔甚至更长。

我们所能了解的最早的远古国家，出现在美索不达米亚南部和乌鲁克时期（公元前4000—前3100）的伊朗西南部。到这时为止，农业已经在美索不达米亚存在至少5000年了。在世界上文明发展最早的其他地区——南亚、东亚、美索不达米亚和安第斯山脉——农业的出现和国家的首次出现之间的间隔在4000—6000年。[146] 5000年对应的是人类社会的200代。显然，从小型农业社会演进到远古国家花了很长时间。

而且，并不是所有农业社会所在的区域都发展为国家。新几内亚就是最典型的这类地区，因为新几内亚人在一万年前就开始种植庄稼——几乎与亚洲西南部新月沃地的第一批农民出现得一样早。新几内亚高地的小型农耕社会持续了一万年！其他抵抗等级秩序兴起的区域在热带非洲和南美地区都能找到。生活在从中南半岛山脉延伸到阿富汗东部的亚洲山区的无数民族群体，也没有演变成国家层次的组织并形成不平等的社会，尽管这些地区从远古时代起就被帝国所包围。[147]

以农业和畜牧业为基础的生产力经济显然是财富和权力差异悬殊的大型复杂社会出现的必需条件，但是这两者的联系不是自动产生的。至少需要经过 100 代人的时间才能让农业社会发展成国家，而世界上的一些地区直到在被欧洲人殖民前还是在抵抗这种转变。

实际上，无需更高深的学问就可以明白为什么 99% 的人们会抵抗这种远古国家的出现。在平等社会中做一个自由农民是相当不错的选择，除非你是统治者中的一分子。在《革命的梦想》（*Revolutionary Dreams*）一书里，理查德·斯蒂茨（Richard Stites）对 19 世纪和 20 世纪初的俄国乌托邦主义的研究发现，俄国农民革命的政治抱负一直是"总体上追求的只不过是祥和安宁，有足以果腹的食物，总结来说就是自由（volya，俄语），这也是他们的主要口号"。使城市知识分子懊恼的是，他们想要向农民推销一种令人激动的新经济体系，但农民只想不受什么打扰，以自己的方式继续农业生活而已。他们可能跟在农业社会刚刚开始时的农民们有过同样的想法。最大的谜团就是：在农民的这种反对倾向下，远古国家是如何形成的。

我们主要的线索就是在社会规模增大的时候，人们权力、财富和地位的差异也会相应增大。让我们弄清楚社会规模到底是什么意思。我们把一个对于战争与和平问题做出自己决定的独立的政治单位叫作政体（国家组织）。一个三四百人组成的马艾·恩加宗族是一个政体，而詹姆斯·库克远征队发现的一个由 12 万到 15 万臣民组成的夏威夷王国也是政体。美国也是一个政体。政体的大小是关键点。一个以种植业为主的农业社会可以保持平等，但只是在人们以几百人或至多几千人的小组规模来进行合作的时候。一旦政体规模超过几万人，尤其是几十万人后，社会就会不可避免地变得有等级秩序而且不平等。这条规则没有例外。

我们知道在过去一万年里，更大的政体总是能在竞争中淘汰较小的政体，结果就是今天世界上 99.8% 的人都居住在至少有 100 万人口的国家里。政体规模对群体来说有一种更大的竞争优势，这也解释了为什么地球上会出现大型政体。正是我们在第四章里所见到的与体育运动团队有关的那个原则，也就是经济学家们所说的"规模收益递增"。个体在大型社会里肯定要比在小型社会里能够享有更好的生活。我们看到了这种规则是如何在进化出投掷石块能力的早期人类当中运行的。一两个猎手是不足以赶跑一头狮子的，而 10 个或 12 个人一起合作，无需冒多大风险就能做到这一点。集体猎捕到一头水牛就比个人去追逐兔子能使每个猎手得到更多的肉。分享技巧保证了每个人都不会挨饿。这样就分散了风险，当你出去打猎不走运的时候，还有肉可以烤。

在多数情况下，规模收益递增只会在一段时间内起作用，而如果群体太大，就会发生相反的趋势："规模收益递减"。100个猎手组成的群体杀死一头水牛，与10人组成的群体在效率上相差无几。但是如果水牛有半吨肉，除以10，每个猎人就能领到50公斤肉；除以100，每个猎人就只能领到5公斤肉。这就是缩减性回报，而且如果把100人的群体分成10个10人的群体，每个队伍去自行捕猎水牛，大家的境况就好很多。

现在让我们提问：对10万人组成的文化群体，我们应该期待什么样的回报呢？一百万人呢？这样的群体比一个一万人的群体在哪些方面更有效率呢？一种可能性就是经济生产方面的规模效益。在现代世界中，由于广泛的劳动分工等因素，有理由相信大的经济体比小经济体更有生产力。然而，在前工业社会，经济生产从来没有像我们现在看到的那样以如此巨大的规模组织起来。在那些社会里，很大部分的经济生产发生在家庭规模的单位或相对较小的作坊里。

一个曾一度流行的理论是"水利专制"解释。德国历史学家卡尔·奥古斯特·魏特夫认为，古代文明的形成是由于人们需要建造大型的灌溉渠道和防洪措施。这样的工程需要集权式的控制和一个专门的官僚体系，而这种官僚体系又会使用权力来压迫人民。

魏特夫所著的《东方专制主义：对于极权力量的比较研究》(*Oriental Despotism: A Comparative Study of Total Power*) 出版于 1957 年，该理论的问题是它缺乏实证支持。首先，他所谓的一些"东方专制制度"没有灌溉的需求，以俄罗斯帝国为例（他将这一例子列入其名单），多亏了当地寒冷潮湿的气候。俄罗斯也没有防洪的必要——每年春天，俄罗斯的河流会定期地淹没平原然后消退。没有必要去控制这些洪水，你根本就不会在出现洪水的平原上盖房子。

但是像美索不达米亚这样的社会里，就确实依赖于灌溉型农业，所有必要的基础设施都是通过村民彼此合作在当地进行建造的。这种社会无需一个巨大的国家机器。实际上，正如诺贝尔奖获得者埃莉诺·奥斯特罗姆 (Elinor Ostrom) 的研究证明的那样，实际上那些通常无能且腐败的政府官员的参与，不利于这种"共同凝聚资源"的有效组织。

一个大型社会其他的经济利益可能还包括长距离贸易和对当地环境灾难的缓冲能力。更普遍地说，考古学家桑德·冯德尔·莱乌 (Sander van der Leeuw) 认为大型社会的出现是对解决复杂问题需求的呼应，这种需求又要求有高度的信息加工能力，因此就需要有大量的人群。[148] 让我们假设一群人需要解决一个问题。例如，他们已经知道了他们可以种植庄稼而不是仅仅采集植物种子。那么生产过程应该如何组织：谁来种植哪一片地，什么时候种，什么时候收，如何照料生长中的庄稼（向哪些神灵祈祷，需要什么样的祭祀），等等。知识的增长要求有新的专长（要有工程师来建造灌溉渠，贸易商来获取和运输稀有原料，祭司来祈祷，等等），而这些需要一个更大的群体。但是更大的群体规模会产生新的问题，这些新问题又需要得到解决——也许可以通过创建一个官僚阶层来管理生产过程。换句话说，像冯德尔·莱乌这样的理论家们设想的是，从采猎社会到农业社会的转变，在解决问题能力和社会规模之间产生了一个良性循环，渐渐地就导致合作规模的扩大。

我很难相信经济或信息处理优势是过渡到大型社会的首要驱动力。我们直接了解到的"古代型国家"，譬如夏威夷，并没有复杂的经济体或专门的决策程序（来处理什么样的问题呢？）。酋长们参与到战争和仪式中，当把经济事务交给平民的时候，经济运行得还不错。任何情况下，根据金船长的说法，很难想象平民们会仅仅为了获得经济上的好处而接受他们从属的，甚至是毫无尊严的地位。生活在小型社会的人们非常有能力来组织长途贸易网络，这种网络可以（而且确实）将宝贵的货物运送到几千公里之外。他们还建立了一些互相支持的和义务性的网络，这让他们能够安然度过一些会定期出现的拮据时期。你不需要一个中央集权的专制政府来解决这些问题。

考古学家们热烈讨论的另一种可能性是，第一批中央集权社会是以神权社会形式出现的。他们很可能是由那些宗教专业人士——祭司们所导演的大规模仪式而聚集到一起的。基于这种观点，一旦宗教领袖们手里有了集中的意识形态权威，他们可能就开始施加其经济影响。例如，群体宴会的集体性仪式需要大量食物。神父们就对社会中的食物和其他资源进行重新分配。例如，他们可以将粮食从收成好的地方分配到歉收的地方。最后一步就是这些宗教领袖要增加军事职能，这就最终导致他们成为有神权的国王。

这种解释的关键步骤是第一步。在这一步中，宗教领袖获取了足够的权力来控制其他人，使他们得以将这种权力从父亲（有时是地位高的母亲）传给儿子。换句话说，权力的不平等是如何得到继承的呢？

正如我们在第四章看到的那样，小型采猎社会有领导者，但是这些领导者是由于特别擅长某事而获得权力的。人类学家们将此称之为"基于成就之上的不平等"。而且，在采猎社会中，领导者的权力是非常有限的。通常，这种权力只对一个领域有效，也就是他们自己的专长所在。一个人可能在远途打猎的时候是领导者，而另一个人可以帮助群体解决冲突。这种权力也是有限的，因为领导者必须做到以身作则，并规劝他人；他们不可能去逼迫追随者们服从自己的命令。而且，权力是不能传给下一代的。每个领导者必须以自己的专长领导众人。任何装腔作势、凌驾于他人之上的人——一个傲慢自负者——会被整个社会的其他人群起攻击。平等主义社会实行的是逆向主导等级秩序，在这种社会里，99%的人会团结起来去压制那些企图凌驾于他人之上的人。

然而在远古国家，人们有直接而且非常极端的等级秩序，一个凌驾于他人之上的人（有神权的国王）压迫着 99% 的人口。这些人可以通过使用宗教和仪式职能起家吗？

在《人类不平等的起源：通往奴隶制、君主制和帝国之路》（*The Creation of Inequality: How Our Prehistoric Ancestors Set the Stage for Monarchy, Slavery, and Empire*）一书中，考古学家肯特·弗兰纳里（Kent Flannery）和乔伊斯·马库斯（Joyce Marcus）夫妇为这种社会过渡提供了一个大致可能的场景。他们的思想基于人类学家西蒙·哈里森（Simon Harrison）收集的民族学数据。在 20 世纪 70 年代，哈里森对生活于新几内亚塞皮克河流（Sepik River）两岸一个叫作阿瓦提普（Avatip）的种植业和渔业社区进行了研究。

阿瓦提普社会有两种领导者：世俗政客和宗教专家（没有军事领导人，是因为在 20 世纪 70 年代，该地区已被殖民当局平定）。阿瓦提普的世俗政客和宗教领导者通常是不同的人，但是哈里森在研究中观察到，部落里的其中一个小部族玛利亚奥（Maliyaw）宗族（一共有 16 个这种宗族）试图将两种权力都集中到自己手里。他们试图垄断所有宗教权威来达到目的。以下是这些研究者们得出的结论：

> 哈里森对阿瓦提普的研究进一步强化了卢梭的最重要结论：不平等起源于人们努力想被其他人认为是优越的人，并被优待。无论人口增长、密集型农业和有利环境等

因素如何发挥促进作用，如果没有人类主体积极操控社会逻辑的举动，世袭的不平等现象是不可能出现的。玛利亚奥家族想要的特权有可能被其他宗族夺走。为了让这种权力持久，他们最终不得不通过宇宙的变化来给自己的权力赋予合理解释，例如，将自己的权力归因于传说中的祖先或超自然神灵。

我们并不认为阿瓦提普是个例。我们怀疑史前这种情况比比皆是，夺取社会的一部分操控权力，使自己处于优越地位；考古学家面临的问题是要找到一种记录这一过程的方式。[149]

利用考古数据，我们就能够追溯不平等现象在世界不同地区出现的时间。两个明显的标志是装饰华丽的墓葬和大型精致私人住宅的出现。尸骨可以告诉我们，一个地区的人们吃更高质量的食物，比其他人更健康。基于这类信息，我们了解到，在美索不达米亚、埃及、中国、墨西哥和安第斯山脉，数千年农业生产中少数权贵与其他人之间产生了巨大差异。社会的一部分人成功地在这些地区取得了优越的社会地位——这是一个所有考古学家都接受的事实。但是这是像弗兰纳里和马库斯所认为的那样，通过垄断宗教权威来做到的吗？

我有几个理由质疑这种解释。首先，这种解释预设了大多数人不会看透这种预谋。总体来说，我们脑容量的进化是为了察觉并抵抗别人试图操控我们作为代价而获得成功。很难理解那些野心勃勃、想凌驾于他人之上的人，是如何欺骗其他人来接受他们的自命不凡。实际上，正如弗兰纳里和马库斯所提到的，那些试图垄断世俗职务和宗教权威的阿瓦提普领导者们受到他人嫉妒，面临着很高的被谋杀风险。看上去阿瓦提普部落里的逆向统治等级秩序还是很活跃的！

　　当然，我们还知道人类并不是完全理性的计算者。我们的行为和决定是计算、情感和内化规范的混合产物，而计算通常是整个过程里比较次要的一部分。[150] 到远古国家成熟时，很多臣民已经毫无疑问地相信统治者是不同的，而且接受他们是神灵的后裔，或本身就是活在人世间的神灵。古代社会的宗教使平民和统治精英阶层之间广泛存在的不平等现象合法化，显然这是一个限制平民起义并处死新贵的重要因素。但是这种限制绝非完美无缺，在复杂的等级社会里，农民起义与农民对社会地位更优越者的顺从，都是社会现实的一部分。

　　确实，农民起义的领导者们也会通过宗教来将他们对压迫阶层的反叛合法化。一个著名的例子就是黄巾军起义（184年）。起义的领导者，张角是太平道的创始人，宣扬人人平等的主张。最终，起义被镇压（几乎所有的农民起义都遭到镇压），但是起义引起了长期的政治不稳定状态。（如果你想了解更多这一时期的中国历史，一个非常有趣的阅读材料是 14 世纪的长篇小说《三国演义》，这本书就是以黄巾军起义爆发这个背景开始的。如果你认为自己读不完四卷本，至少你可以看看史诗巨制《赤壁》，这个电影与该书的一个部分相关。碰巧的是，被认为是该书作者的罗贯中，很可能目睹了另一场伟大的农民起义——推翻了元朝的红巾军起义。）

让我们回到古代社会专制起源的问题。专制是不是像弗兰纳里和马库斯所认为的那样起源于宗教权威？我怀疑并非如此。宗教可能有助于解释远古国家的社会秩序是如何合法化且持久化的，但是并不能解释社会顺从如何以及为什么会出现。在农业社会到来之前的几万甚至几十万年前，人类社会有着非常有效的社会规范和机制来约束那些张扬跋扈的人。为什么他们会突然（在几千年后）就用赋予张扬跋扈之人合法性的机制来代替原来的规范和机制呢？长期的社会"实验"——试图自上而下实行新的道德体系的实验——表明人们并不会"接受"那些极其违反人类本性的社会规范和机制，不管推行力度有多强。

一种违反人类本性的文化革新——违背男性和女性形成长期亲密关系（如婚姻）的需要——是非常难以实施的。但是另一种革新却可以得到更好的实施，它符合我们心理的进化——对不平等的厌恶。这些考量表明，要使大规模的不平等现象合法化，就需要一个有说服力的理由和一个非常强大的选择压力。生活在小型平等主义社会的第一批农民并不是主动放弃平等的。他们是被迫放弃的。这种情况是怎么出现的呢？

第八章　寡头政治的铁律

为何权力必然导致腐败

　　我是伟大的国王提革拉毗列色一世；拉沙南至高无上
的王；四大地区之王；王中之王，主中之主；尊者；君
主中的君主，太阳神庇护下的伟大酋长，手里拿着象征
权力的节杖和束带，统治贝勒地区的所有人；在众王之
中赞誉有加的伟大王子：无上君主，委任他的仆人们管理
国家的四个地区，并让他的名字在子孙后代中传颂，是平
原和高山的征服者；盖世英雄，他的威名响彻四方；灿烂
的星群，根据他的力量与外国作战，在贝勒的庇护下，没
有人能与之匹敌，已经征服了阿舒尔的敌人。[英文由亨
利·罗林森（Henry Rawlinson）所译]

　　这是在古代亚述帝国（Assyrian Empire）的首都，也就是
古代城市阿舒尔（Ashur），考古学家们发现的雕刻在四个巨

大八边石柱之上的楔形文字文本。提革拉毗列色一世在公元前1114年到公元前1076年间统治亚述，他可不是一个谦逊的人。实际上，他是一个典型的远古时代的国王。

其他亚述国王也留下过同样张狂的雕刻。在亚述王国时期的重要城市尼姆鲁德（Nimrud）考古挖掘期间发现的一个黑色大理石方尖石塔，刻画了五个国王向撒缦以色三世（Shalmaneser III，公元前859—前824在位）进贡并屈膝跪地的场景。碑刻上写道，"我是撒缦以色，亚述众人的王、王子和英雄、强大的国王、太阳下的四方之王、众多人口之王……"等等。

对历史学家来说，发现这些逝去已久的远古国王的"宣传品"是了不起的大事。你知道这些碑刻有多长吗？将其翻译成英语可能要占到10页到30页的篇幅。它们提供了大量关于亚述帝国地缘政治周边的国家、民族和统治者的数据，但我的兴趣在于它们告诉我们的那些关于远古统治者的信息。

亚述帝国皇家宣传文本基本上是针对一些周边国家和反叛省份的军事战役的记录。它们听上去就像关于参军的老套笑话："去异国他乡旅行！遇见不同的人！杀死他们……"（虽然在亚述帝国的碑刻中，我们应该加上，"剥了他们的皮，把他们的皮铺在城垛上！"）下面用提革拉毗列色碑文上典型的一段话来说明：

然后我进入科姆卡这个国家，那里的人不顺从我，也没有献给亚述之王的贡赋和物品：我就征服了整个科姆卡。我掠夺了他们所有的动产、财富以及贵重物品。我放火烧掉了他们的城市，我进行大肆破坏……我越过底格里斯河，占领了他们的要塞舍利沙。他们的战斗人员就像藏在森林当中的野兽，也被我给予了痛击。他们的尸体布满了底格里斯河和山顶……

我就像割草一样将他们的士兵碾压。我拿走了他们的神像，拿走了他们的动产、财富和珍贵物品。我把他们的城市用火焚烧、毁灭、倾覆，将它们变为土堆山丘。我给他们带上了我的帝国枷锁。

"像割草"一样碾压士兵，将他们的尸体堆成山，对异国人口施加沉重枷锁，是这些碑文石刻中常见的比喻。提革拉毗列色实际上用了 17 次"枷锁"。然而，这却没比得过撒缦以色的前任亚述那西尔帕二世（Ashurnasirpal II），他于公元前 883 年到公元前 859 年间在位，在他的年鉴录里用了 25 次"枷锁"。亚述那西尔帕（"我是国王，是主宰，我光荣、伟大、强大，我已经崛起，我是酋长、王子、勇士，我伟大，我光荣"）在施虐狂行为方面颇有"研究"：

那些起兵反叛我的贵族们，我已经剥了他们的皮，将皮做成战利品：尸体堆中间的，任其烂掉；尸体堆上面的，被我钉在尖桩上；尸体堆旁边的，我把他们按照顺序钉在柱子上；在我视线范围内的都剥皮；我将他们的皮挂到墙上；对于国王所委任的官员们、叛军们，我切了他们的四肢，阿西亚巴巴（领兵反叛亚述那西尔帕的城市的首领）被我带到尼尼微；我剥了他的皮，将其人皮紧紧地钉到墙上。

剥人皮只是亚述那西尔帕针对被击溃的敌人所设计的几种残酷而且毫无人道的惩罚措施之一。他的年鉴录里还颇为翔实地描述了截肢割舌、火烧囚犯这些行为。他最喜欢的是将敌人钉在尖柱上。

我们在公元前1000年左右的美索不达米亚所见到的是一个恐怖而强大的远古国家。虽然亚述国王无疑夸大了以各种痛苦的、有辱尊严的方式处死的不幸敌人的数量，但是这种暴力的规模比我们在夏威夷所见到的暴力超越了一个等级——酋长死去的时候就区区10个人进行人身祭祀，在这里我看到的，可是在被烧毁的城市废墟旁边将1000个敌人的尸体钉在尖柱上。

在上一章里，我们研究了对远古国家演进所做出的较为温和的解释，我们看到那些解释并不是特别有说服力。几个问题依然没有给出答案。我们仍然对规模效应的本质不甚了解——大型社会所做的有效率的事情体现在哪些方面？为什么他们能在竞争中击败小型社会？说服远古国家的人民屈从于诸如提革拉毗列色这样的君主的压迫肯定是不同寻常的事情。而且，我们仍然需要给出一个内部一致且有时政支持的演进场景，来解释人类如何过渡到不平等的酋长制和国家形态。而这样的解释应该讲清楚为什么这种过渡发生在美索不达米亚、中国、墨西哥和夏威夷，而不是新几内亚。

房间里有一头大象（也许更合适的比喻是，宴会的餐桌上摆着一颗被砍下的头）。我们没提到武力——暴力和对暴力的恐惧。在夏威夷王国，强制力其实总是若隐若现。记住大卫·马洛曾经跟我们说过的："当一个塔布酋长就餐时，所有在场的其他人都必须跪着，任何人如果从地上站起来，就会被处死。"夏威夷的平民们私下会认为这些酋长是吞噬土地和人民的鲨鱼，但是他们在这些酋长面前谦卑地展示出所有必要的顺从，因为不这么做就意味着马上被处死。

然而，如果认为远古国家的社会秩序完全依赖于武力，就过于粗略了。无疑，大多数人真诚而强烈地信仰神灵和超自然的生命力量，并坚信如果没有神圣的统治者来作为媒介，世界秩序就会崩塌。偶尔处死几个人是必要的，哪怕仅仅是为了清除那些愚蠢到表现得缺乏信仰的异端，例如跪下的时候动作太慢。这种定期处决的行为是延续宗教正统的一种强大选择力。当人们内化了社会规范的时候（例如在统治者面前跪下），他们就不需要停下来思考自己该做什么这类问题。内化而且根深蒂固的行为准则提升了个人的适应性，因为你会自动地在社会场合里做一些得体的事情，无需浪费时间去衡量其他选项。

因此，武力在维护远古国家社会秩序方面扮演着某种角色似乎就是合理的说法了，既可以通过直接的方式发挥作用，也可以为规范的内化提供选择压力。这仅仅是故事的一部分。我们仍然需要理解为什么会出现远古社会秩序。让我们再回到战争这个因素。

20世纪初，德国社会学家弗朗茨·奥本海默提出了关于国家形成的最有影响力的理论之一。在1908年出版的《国家》（*Der Staat*）一书里，他写了一段常被引用的话：

> 国家在其诞生之初完全是，而且在其存在的第一阶段本质上几乎完全是一种社会制度，是一群胜利者施加于被击败的群体的，唯一的目的是将胜利者群体的统治扩展到失败者身上，而且保证其本身不会受到内部的反叛和外部的攻击。从目的论来说，这种统治的目的无非是胜利者对失败者的经济掠夺。[151]

这种关于国家缘起的"征服理论"非常有影响力，在20世纪20年代早期引起过很多争论。虽然后来这种理论仍有一些支持者，但很少有人类学家和考古学家支持它。这一理论的主要问题是，它没有任何数据支持，至少在一开始奥本海默提出的时候没有。在一个世纪前的研究工作中，奥本海默既没有人类学家收集的不同社会类型的丰富知识，也没有考古学家根据出土文物所掌握的丰富数据。

奥本海默将采猎社会和农民（奥本海默所用的德语原文为

"抗锄头的人"或 Hackbauern，被奇怪地翻译成"挖掘者"）划分为"没有国家的民族"。只有在"挖掘者"与游牧部落形式的"群居者"有接触的时候，国家才会形成，后者主要的生存方式是饲养成群的家畜。他进一步认为，社会阶级分化会很容易在放牧者中形成，因为"财富差异迅速带来阶级差异"。他想象游牧部落的放牧者会自然地实行奴隶制度。部落里一些穷困潦倒的成员，被迫从富有的放牧者那里借用动物，可能在无法偿还所欠之物时就最终成了债务奴隶，而奴隶的另一个来源就是俘虏。在这两种情况下，奴隶可以在放牧经济中作为生产力工具来使用。（虽然我不清楚为什么奥本海默要把农民和放牧者区分开来——难道在农业中不应该像放牧业中一样容易雇用奴隶吗？）

奥本海默显然对伊本·赫勒敦并不了解。无论如何，他在《国家》一书中并没有引用赫勒敦之语。但是从很多方面来说，这个 20 世纪的社会学家正在追随伊本这位伟大的阿拉伯学者的脚步。

伊本·赫勒敦指出，游牧部落牧民独特的生活方式使他们更容易成为有力的武士。保护牧群不受猎食者（包括其他人）的侵害使他们在武力方面受到训练。在残酷的环境下生存，不断对抗其他群体，也清除了所有缺乏内部团结——或用赫勒敦的话说：团体精神（asabiya）——的部落。只有最具有合作能力的部落才能在这种条件下生存并繁荣。

伊本·赫勒敦在马格里布（Maghreb）长大成人，这是从现代摩洛哥延伸到利比亚的非洲西北部的一个地方。在这一地区，他观察到国家建立和崩溃的重复模式。这种周期开始于游牧部落从沙漠席卷而来，征服了在地中海沿岸居住的农民，并在那里成立了国家。然而，在三四代人的时间里，以前的部落群体就丢掉了他们的团体精神，而且很容易受到来自沙漠的另一个部落的侵袭。

中世纪马格里布的国家形成与奥本海默的征服理论不谋而合。但是世界各地都有国家出现，不仅仅是在靠近干草原和沙漠的地区。意识到这一问题，奥本海默提出，"维京人"或海上的游牧部落可能跟陆地上的游牧部落在国家形成过程中扮演着同样的角色。对墨西哥这样一个没有放牧者和海上维京人的地区，他援引"野蛮部落（有着高度发达的军事组织的）不断从北部侵入，正如伊朗对图兰王国（广义上说，是现代伊朗的东北部地区）不断征伐一样"。

因此，游牧群体就不是国家演进的绝对必要因素。这是合理的，因为游牧部落只是在公元前 1000 年才演进而来的，而第一批国家在中东地区出现至少比这早 2000 多年。我们将在下一章回到游牧部落的问题，我们将看到奥本海默的理论是部分正确的——游牧部落在大型帝国的兴起中扮演着突出角色。

然而，征服理论的实证主义问题在于，一个民族对另一个民族的真正征服作为早期国家形成起因——在一个特定的世界区域第一个国家的崛起——是相对罕见的。例如，夏威夷的远古国家，远在欧洲人来到之前，就因内部发展而形成。另一个明显的例子就是埃及，是世界上我们所知最早的形成国家的两个地区之一（另一个是美索不达米亚）。这很有趣，因为我们知道，埃及的第一次统一并不是通过陆地或海上游牧部落的征服。相反，统一的驱动力来自于埃及自身［确切地说，来自上埃及（Upper Egypt）］。

最后，征服实际上是中央集权社会的行为。小型平等社会之间的战争有很多原因，但是对领土或民族的征服从来就不是一个明确的战争目标。[152] 当然，这些观察是过去一百年间人类学家对社会的研究结果，但是认为过去小型社会的战争主要是以复仇和掠夺为动机，似乎是合理的。

用征服理论来解释大型酋长部落或国家的出现并不是很有效，因为这个理论的关键部分并没有数据支持。然而，征服并不是使战争驱动中央集权、不平等社会演进的唯一方式。让我们考虑另外一个理论，我们称之为"战争联盟路线"。

在前一章里，我们看到社会复杂性的第一次飞跃，也就是从没有等级的、独立的社会过渡到中央集权的、复杂的酋长国和第一批国家，不可避免地与不平等现象的显著增加有关。问题是，允许大型社会在竞争中淘汰小型社会的具体演进机制（虽然有专制的缺点）是什么呢？对我来说，似乎最明显的备选答案就是战争。战争就是大型国家出现的原因。其他任何解释都讲不通。我不否认大规模的社会融合也能带来经济和信息上的好处，但是这些社会职能方面的规模效益主要与现代社会有关，而在现代社会中，战争并不是那么普遍。在史前时期，经济和信息方面的挑战不像战争的生存挑战那么突出。另外，我们已经看到战争对于提革拉毗列色这样的远古国王来说是首要事务，甚至已让他们感到索然无味。我们在亚述那西尔帕的碑文石刻上，发现一些对贸易网络或者运行良好的灌溉系统的大肆宣扬。在他们自己的官方表述中，第一批国王的职能全是"战争"二字。难道我们不应该关注他们所说的那些事情吗？

政体可以通过许多方法来改善其在军事冲突中的机遇。一个办法就是制造更好的武器或装备，但是史前时期的技术演进如冰川融化般缓慢，以至于冲突中的双方很快就用尽了与敌人对抗时具备优势的现有技术储备。任何新的技术突破都被各方快速实践，没有一方会从中获得暂时优势。我们已经看到军事技术快速扩散的一个例子：弓弩和盔甲（亚洲战争属性）在北美的传播。

更有希望胜利的路线是将更多武士带入冲突当中。记住，"上帝是站在大军团那一边的"。一个政体可以培养更多的武士，但是这是一个缓慢的过程，或者也可以与其他政体形成联盟，快速扩大盟军的规模。

既然我们说到这个话题，为什么额外的士兵如此有用呢？这个问题似乎很愚蠢，答案是不言自明的，但显而易见的答案并不是问题的要害所在。在合适的情景下，让你的军队规模翻一番能够产生多于对方两倍的军事优势。这似乎违背直觉，但却是事实。在第一次世界大战中，俄罗斯将军米哈伊尔·奥西波夫（Mikhail Osipov）和英国工程师弗雷德里克·兰彻斯特（Fredrick Lanchester）已用数学方法独立地验证了这一点。以下就是它的原理。

假设敌人有 2000 名弓箭手，而你只有 1000 名。当两支军队作战的时候，所有弓箭手都尽可能迅速地射击对手。敌人军队一次射出 2000 支箭，所以你的军队中每个人同时受到两支弓箭的威胁（2000 除以 1000 等于 2，当然这是平均数字，因为有的士兵可能会被三四支弓箭射击，而有的士兵可能很走运，甚至没被一支弓箭射到）。相反，敌方的每个弓箭射手作为射击目标，只受到 0.5 支弓箭射击（1000 除以 2000 等于 0.5；换句话说，有一半的敌军无需害怕什么）。考虑到没射中和完全失准的情况，让我们假设只有 1/10 的弓箭会引起实际伤亡，伤害或杀掉一名战斗者，那么第一轮弓箭射击就会对你的军队造成 200 人伤亡，而敌人只有 100 人伤亡。

在接下来一轮相互攻击中，剩下的 1900 名敌军会射中你军队里的 190 人。到这一阶段，你的军队已经失去了 39% 的有生力量。很少有军队能够承受这种伤亡，而你的军队也不例外。你军队里的生还者逃跑了。你输掉了战争。

在溃败前，你对敌人进行了两轮攻击，第一次导致 100 名敌人伤亡，第二次 80 名伤亡。总体来说，他们共失去 180 名战斗者，或者说损失了他们军队力量的 9%。换句话说，敌人一开始在人数上的两倍优势变成了伤亡数字不足你军队的 25%——也就是其军事力量是你们的四倍。另外，一旦你的军队溃散，敌人将会乘胜追击，对你造成额外的损失，也许会完全歼灭你的军队。

这种效应被称为兰彻斯特平方法则（Lanchester's Square Law），因为在每一轮交火中，军队对敌方造成的伤亡比例是其人数优势的平方。

兰彻斯特平方法仅仅适用于那些使用射程武器（弓箭、来复枪、火炮等）的军队，而且也只适用于整个军队可以集中火力的地形。如果两个作战军队用手持武器，那么就要使用不同的计算方法。例如，当两个长矛方阵发生冲突的时候，大型军队里只有一小部分能够打击敌人。在平原上，仍然有可能利用数字优势试图去包围敌人的方阵，但是这要假设攻击者的移动不受地形阻碍。

让我们考虑这样一种情况：你的剑客数量是敌人的两倍，但是你的军队要通过一个狭窄的谷地，那么你的剑客队伍在任何给定的时间里只有 10 人可以攻击 10 个敌人。你仍然有可能胜利，因为另一方会在你之前消耗掉所有的剑客战士，但是你的军事能力只是两倍于敌人（不是像在平原上作战的弓箭手那样的四倍）。这就是兰彻斯特线性法则的运用。

这一数学上的延伸运用的含义是，在平坦的平原地形上，使用投掷性武器的武士们，任何一个军队只要拥有对敌人的数量优势，这种优势都会被不成比例地放大。换句话说，兰彻斯特的平方法则产生了社会规模的极大效益。如果对手混合使用远射程的冲击武器，优势仍然会被放大，虽然不像单纯的射程武器那么大。所以对于生活在平原的文化群体就有巨大的选择压力去扩大规模，而且如果不这样做就会付出高昂的代价（回忆一下第一批国家出现的地区）。生活在山地之中的文化群体对于较大型社会的选择压力就大大降低。

战争不仅仅取决于精良的武器和参战人员的数量。训练、纪律、部队凝聚力和总体军事行动协调也很重要。指挥和控制职能对于一个部落联盟的军事力量来说，是尤其有挑战性的。由唯一的总指挥领导的有效指挥链，是将真正的军队与乌合之众区别开来的关键要素。这也是最高指挥官和他的高级军官的工作，要保证联盟的所有成员都齐心协力，联盟中那些决定反叛、投敌的成员要受到严厉惩罚。这意味着在激烈的战争中，以及对失败的一方有生存威胁的条件下，我们应该期待一个很强的选择压力，不仅针对更大的规模，而且针对有效的军事等级制度。实际上，这两个过程是相辅相成的，因为军事力量规模越大，就越需要有效的指挥结构，来确保整个军队以协调一致的方式在战场上与敌人作战。

然而，一个军事等级制度越有效，就有越多权力。理想情况下，这种权力只应该在战争时期得以实施，尤其当政体的存亡悬于一线的时候。但是军事领导者可能在战争结束后并不情愿交出权力，而且他们总想将这种组织权力转变为自己和家人的物质优势。

在社会学里有一个称为寡头铁律（Iron Law of Oligarchy）的原则。这个原则认为，不管一开始组织形式多么民主或独裁，最终都将而且不可避免地发展为寡头政治。这一原则首先是由德国社会学家罗伯特·米歇尔斯（Robert Michels）在1911年提出的。米歇尔斯研究了某个政党和劳工运动的内部机制。这些组织的领导者和各级人员都宣称坚信平等和民主，然而在实践中，随着领导者权力的积聚，他们开始颠覆民主程序。权力就被滥用了。

纽约的美国自然历史博物馆（American Museum of Natural History）的人类学家罗伯特·卡内罗（Robert Carneiro）描述了史前时期寡头铁律会如何运作：

> 随着战争的深入，自治管理的村庄彼此形成了联盟，努力保护自己不受敌人侵犯。为了领导联盟村落的作战力量，战争领导者们或是被选举出来的，或是毛遂自荐。这些领导者往往是村长，他们在紧急时刻执行职能，会发现自己权力剧增。然而，一旦战争停止，村落回到了日常的自治状态，战争领导者的权力也回到了以前的状态。不过，随着接踵而来的每一场战争，军事领导者们都倾向于扩大自己的权力，巩固自己的地位。而且，当战争结束时，他们越来越不情愿交出自己的权力。最后，要么是首领专横地拒绝取消自己曾经被授予的战争权力，要么是（也许不太可能）最强大的首领来彻底征服临近村落，由此建立了第一批永久性的酋长国。[153]

长期以来，卡内罗一直提倡战争推动国家演进的理论。正如我们所看到的那样，他的理论认可或通过征服路线，或通过联盟路线，来达成权力的集中，但是他认为联盟路线的可能性更大。我同意这种看法，但是我将对他的解释进行两点补充。

首先，在战争结束之后，并不是只有一个人来决定保留权力。记住，一个傲慢自负者在睡觉的时候容易遭到暗杀（或者做爱的时候、如厕的时候，这些似乎都是警匪片里除掉一个坏人的最佳时刻）。做出这一决定的肯定是一个群体，很有可能是一个酋长与他的军事随员一起，还有一些对和平贸易毫无兴趣的职业武士，而酋长则与他的武士们分享统治成果。

其次，过渡到一个远古国家的过程是漫长的。其间肯定有很多的反复。谁会知道有多少傲慢自负者在因拒不放下战争权力而被追随者暗杀前，就已经得到了军事首领的地位？仅仅篡权是不够的，酋长还得做出合法取得权力的样子。必须要演变出将酋长权力合法化的新文化方式，而这需要时间。这就是为什么从农业的兴起到首批国家出现之间的过渡，实际上要花几千年时间。文化演进可能比基因进化更快速，但还是需要几代人的时间来完成。

让我们考虑一个历史上的例子，一个起先相对平等的社会演变为一个王位世袭的中央集权政体。我们的具体研究对象为日耳曼地区，这是铁器时代位于中欧和北欧的一片地区。这一地区居住着各种讲日耳曼语系语言的部落。这个特殊的例子不是考古学家所说的"原始国家的形成"，因为日耳曼部落可能从南欧的古罗马人和古希腊人那里模仿了国家层次的体制机构，因为那时日耳曼人已经与他们有了接触。然而，正如我们将会看到的那样，从一个平等的部落社会过渡到一个中央集权国家绝非易事。从现有的国家社会借用制度和机构，使这个过程更迅速，但是日耳曼地区新的中央集权政体仍需克服该地区99%的人不愿意在平等主义上妥协的问题。

在公历纪元开始的时候，日耳曼人居住在森林环绕的小村庄和农场里。日耳曼地区被划分为许多政治上独立的部落单位。一个部落通常被一个由自由的成年男性组成的机构所管理。铁器时代的日耳曼农民并不像在采猎社会那么平等。部落领导者在"贵族"中选出，"贵族"即社会地位显赫且富有的家族（财富是以拥有多少牲畜衡量的）。当冲突爆发时，公民大会就选出一个拥有相当权力的战时首领，但是这种权力仅仅限于战时。当战争结束时，他就不得不交出权力。此外，还有和平时期的领导者，叫作提乌丹（thiudans），他们主要是处理宗教事务和仪式，并主持公民大会。根据公元1世纪末古罗马历史学家塔西陀（Tacitus）的说法，在日耳曼人当中，"国王或领导者能得到倾听，更多的是通过他对公众说服力的影响，而不是他的指挥权"。因此，虽然在财富和地位方面有着不同的家族差异，铁器时代的日耳曼社会并没有多少我们在远古国家所看到的那些不平等现象。

这就是当古罗马帝国扩张到日耳曼地区时所处的情形。起先罗马人想要征服这一地区，但是他们在公元9年于条顿堡森林（Teutoburg Forest）战役中遭受痛击而失败。由普布利乌斯·奎因克提里乌斯·瓦鲁斯（Publius Quinctilius Varus）率领的三个罗马军团，被阿米纽斯（Arminius）率领的日耳曼人彻底摧毁。部分出于这一原因，罗马人放弃了进一步入侵日耳曼地区的计划。相反，他们在莱茵河沿岸建立了永久的边境线。

阿米纽斯的崛起和衰落很好地阐述了，在平等主义的部落中施加永久性的中央集权等级秩序所面临的困难。[154] 阿米纽斯属于其部落中比较显贵的切鲁西（Cherusci）家族。为了击败瓦鲁斯率领的 2 万名罗马军团士兵，他创立了一个强大的部落联盟，不仅包括他自己的部落人民，也包括其他几个部落：马西（Marsi）、沙提（Chatti）、布鲁特里（Bructeri）、乔茨（Chauci）和斯卡布里（Sicambri）。这种部落联盟在条顿堡森林战役后持续存在。起初这个联盟是与罗马人作战，罗马人为了瓦鲁斯军团的失败好几次发起复仇性攻击。然而，在与罗马人的敌对状态结束不久，阿米纽斯就卷入了与一个从东南方向向外扩张的部落联盟的战争。这个联盟就是苏维汇（Suebi），他们是由另一个即将登基的国王马洛波都斯（Maroboduus）率领的。

阿米纽斯和马洛波都斯的命运是相似的。他们都没有将战时领导者的地位转化为国王的地位。正如塔西陀所写到的，"苏维汇联盟不喜欢他们的领导者马洛波都斯拥有皇家称号"。被推翻后，他幸运地得以与妻子一起逃走。他越过多瑙河，向罗马人寻求庇护，罗马人将他安排到拉韦那（Ravenna），他过着舒适的流亡生活，18 年后终老。

阿米纽斯与他的支持者们陷入了同样问题。塔西陀写道："罗马人从日耳曼的撤离，以及马洛波都斯的衰落，让阿米纽斯想要成为国王，但是他那些热爱自由的同胞们却强烈抵抗。战争局势起伏不定，但是最终阿米纽斯败于自己亲属的背叛。"

这些故作勇武和众叛亲离的故事都是让历史如此有趣的一部分。但是当这些故事被放置于我们的理论框架中时，会如何呢？阿米纽斯和马洛波都斯本身都是战时被选为部落联盟领导人的，都是野心家。他们接着以罗马边境线上的持续战争为借口来扩大自己的权力，并巩固自己的地位。在一段时期内，这种办法很管用。但对他们来说，不幸的是，当来自罗马的军事压力消退时，他们拒绝放弃权力，就像平等社会里的傲慢自负者一样被处理：马洛波都斯，正如我们所见，逃走后过着流亡生活，但是阿米纽斯的结局与克里斯托弗·博姆在《森林中的等级秩序》所描述的尤为吻合。他在最意想不到的时刻被自己的亲戚杀死了。

在人类历史上肯定有成千上万的傲慢自负者都没能一跃得到永久的王权。让我们简单考虑下一个最著名的故事——盖乌斯·尤利乌斯·恺撒（Gaius Julius Caesar），他所处的社会正在向一个高度集权的大型国家过渡，同时又保留着一些平等主义的机制。

公元前 509 年，罗马贵族们推翻并流放了他们的最后一个国王——塔克文·苏佩布（Tarquinius Superbus），建立了共和国。塔克文的绰号意思是"高傲者"或者"傲慢者"，他就是我们所说的典型的傲慢自负之人。他通过谋杀前任国王而上台，并对那些反对他的贵族实行恐怖统治。至少，这就是罗马历史所告诉我们的——但是我们要带着质疑的眼光看待这些，因为胜利者倾向于重写历史来美化自己。

无论塔克文是否像传说中的那么糟糕，罗马的贵族们在经历了塔克文式的专制后变得明智了，发展出一种高度复杂的政治体系，这个体系的设计意图是防止其他傲慢自负之人的出现。罗马共和国绝对不是平等社会，但是贵族阶层（也就是元老院阶层的成员们）以一种集体性、共识性的方式来治理它。当然他们需要领导者。然而，这些领导者也就是执政官，选举产生后任期只有一年，而且有两个执政官互相约束彼此的官僚气息。在国家危急时刻，参议员们将会选举一个权力无限的独裁者，只不过在时间上会加以限制（不多于六个月，而且一旦紧急情况过去，独裁者就会引退）。

这种体系在近 500 年的时间里运行得很好。实际上，只是在公元前 1 世纪期间才开始解体。这一制度最终崩溃的原因之一是军团没有在战争结束时解散，这意味着随着时间推移，成功的将军们将建立起一支忠于他们个人的军事力量。经过公元前 1 世纪 90 年代与 80 年代期间一系列的战争，最成功的军事领袖卢修斯·科尼利厄斯·苏拉（Lucius Cornelius Sulla，公元前 138—前 78）击败了对手们，而且逼迫元老院委任他为无限期的独裁者。但令人吃惊的是，苏拉在一年之后竟然交出了独裁权力，平静地死于卧榻之上。

凯撒认为苏拉的卸任是一个错误。如果你已经赢得权力，为什么要放弃呢？当他发现自己处于同样情境的时候，他让元老院任命他为独裁者，而且尽可能长时间地保持这个职位。他在四年后被刺杀前一直保持着这个职位。

凯撒被刺杀这个事件也非常吻合博姆所描述的模式。在制止傲慢自负者方面涉及两个实际问题。首先，他可能是一个强大的对手，所以试图杀死他是一件危险的事情。因为这个原因，刺杀必须在此人出乎意料之时暗中策划并实施。第二，在刺杀完成后，存在其亲属可能会决定对刺客发起报复的危险。要解除这种危险，可以说服傲慢自大者的亲属，告诉他们此人必须被除掉。这显然就是阿米纽斯事件进展的方式。

另外，刺杀的责任可以在整个社区中进行分散，这样就没有人会针对一个人或亲属群体进行复仇。记住当图艾被杀的时候，社群的成员们"都将毒箭射向他，直到他的身体被射得像一头豪猪。然后，他便倒下了。男人们和女人们都围了上去，甚至在他死掉之后还用长矛刺他的身体"。

令人惊奇的是，凯撒的遇刺与此非常类似。他被元老们刺杀，他们自称为解放者。至少有20人，也许有60人参与共谋。凯撒被刺23刀之多，大多数都是在他已经受到致命伤害之后刺的。

最终，甚至他的死亡也没有阻止由共和国到帝国的过渡。在经历了又一个10年的内战之后，凯撒的养子和继承人屋大维成了罗马国家的最高统治者。屋大维在凯撒失败的地方做得很成功，主要是由于在20多年持续的内战后，普通罗马人都渴望和平与内部秩序。旧的共和体制已经自取其辱。元老院阶层已经不再能够提供社会和平与内部秩序。罗马人已经逐渐认识到只有政治集权，君主处于指挥权的顶端，才能保证和平。很久以后，托马斯·霍布斯在经历了17世纪英国内战之后，在其著作《利维坦》里对这一观点有着精彩的表述。

屋大维与凯撒的不同还在于，他对权力的实质比对其外在表象更感兴趣。他没有将自己打扮成独裁者或皇帝，而是仅仅自称为元首，也就是平等公民中的首要公民，而且在公元前27年给了自己"奥古斯都"的称号（意思是"神圣的"或"庄严的"，与拉丁语词根 augur 相同，augur 在拉丁语里的意思是一个负责解释预兆的宗教官员）。他没有积聚自己的权力职能，在巩固权力的同时放弃了很多。公元前23年，奥古斯都放弃了他自公元前31年就拥有的每年选举一次的执政官席位。有趣的是，罗马人害怕他权威的削弱会带来政治不稳定，他们发动了暴乱，试图让他接受执政官的职务。奥古斯都的统治是建立于广泛的民众共识之上的。

这就是傲慢自负者的成功方式：避免傲慢行为，培养谦虚品格。但更重要的是，他们需要向人民证明，社会等级秩序是更好的选择。就罗马而言，人民对长期内战的厌倦是导致君主制建立的原因。

君主制也可以在一些不停对外战争的条件下出现。这就是日耳曼尼亚最终发生的事情。我们可以基于古罗马人和古希腊人在公元前 100 年到公元 500 年间的一系列记载来重构王权社会的演进。公元前 100 年，当罗马人首次遭遇两个日耳曼部落——辛布里人（Cimbri）和条顿人（Teutones）时，他们的"军队"是一小群四处掠夺的武士，没有什么集权指挥结构。100 年后，我们看到了由阿米纽斯和马洛波都斯率领的暂时性部落联盟，他们指挥的军队更有凝聚力。根据塔西陀的记载，"旧有的没有系统的日耳曼战争秩序以及混乱的冲锋已经是过去的事情。与罗马人长期的战争教会了他们要服从规范，储备军队，服从命令"。然而，当战争结束时，部落联盟就解体了，联盟领导者就被免除了。

欧洲一个永久性的罗马边境的建立打破了这种模式。家门口的敌人激起连续战争。古罗马帝国是不可想象的财富来源——那里有可以掠夺或进行交易的上佳商品。在联盟与敌对格局的转变中，部落之间互相争斗以争取更顺畅地进入边境。到 3 世纪和 4 世纪，这些暂时的部落联盟已经成为永久性的联盟，例如哥特人、阿勒曼尼人和法兰克人。每个联盟都由许多部落汇集成一个统一的组织。

实际上，将这些政治单位称为"联盟"不是很恰当。在不断的战争和严格的群体间选择的条件下，它们演变成集权性质的酋长国，有着永久性的领导者，对武士、官兵有着强大的指挥权。铁器时代存在于军事和宗教领袖之间的劳动分工已经消失了。在那里，我们看到了世袭的神权国王，例如法兰克人的墨洛温家族（Merovingians）和东哥特人的阿迈勒家族（Amals）。在 5 世纪期间，几个日耳曼人的酋长国——法兰克人、东哥特人和西哥特人——经历了另一次向远古国家的转变。[155]

我们幸运地可以接触到一些追踪日耳曼王国演变的资料。但是它们提出了一个问题。这些远古国家在旧有的国家层次社会附近出现，这些社会急剧地加速了它们的发展。从农业的出现到"原始"国家的兴起，法兰克王国和哥特王国并没有用上 5000 年，而是在短短 500 年间就完成了过渡。显然，在这种相对迅速的演变中，一个很大的因素就是不需要从头开始发明所有必需的机构制度。

另外，国家发动战争，而且现存的国家会折射战争的"光环"，并在它们周围形成军国主义氛围。就像需要不停移动否则就会窒息的鲨鱼一样，大多数帝国不得不持续扩张。在帝国边境线上，那些没有形成国家的社会（部落）就长期生活在战争威胁之中。甚至在那些相对固定的边境上，例如那些介于罗马帝国和日耳曼部落之间的区域，也会有暴力延伸至此。除了所有那些精致的异域商品的诱惑之外，一个帝国还会产生对奴隶和原材料（金子、皮毛、象牙、鸵鸟羽毛）的需求。

帝国边境线周围的军事化地区很重要，因为激烈的战争是国家兴起的一个必要条件。这就解释了为什么一旦在某个地区出现了第一批国家，就会有更多国家出现。

但是那些周边没有国家的"原始"国家和"原始"社会

呢？我们对国家出现之前的战争发生率和强度有多少了解呢？

很多读者将会知道这是一个非常有争议性的问题。在学术界有非常激烈的"以战止战"的争论，这种争论会不定期地在博客圈与流行杂志里出现。因为我的结论非常依赖于这个问题的答案，所以我也需要进入这个颇有争议的领域。

有两个极端立场，它们对我来说都没有多大意义。第一种立场是热爱和平的"贵族野蛮人"这个神话，这一点我们前面讨论过。甚至当这种"野蛮人"作战的时候，他们的战争往往不是那么致命，后果也不严重，甚至有时有点滑稽（根据比较欧洲中心主义的"原始战争"看法）。

我们在第六章看到，这种神话在劳伦斯·基利的开创性著作《文明前的战争》中被打破。简单回顾一下，基利具体写的是考古学家如何通过拒绝检视史前战争的证据来"美化过去"，当这些证据"近在眼前"的时候，他们视而不见。他从考古学和民族学的资料中收集了证据，并证明了死亡率（换句话说，在战争中被杀的可能性）在国家出现之前的社会里要比我们现在的社会高一个数量级。

相反的极端立场是，遥远的人类历史是一种霍布斯所谓的无情的"所有人针对所有人的战争"。这种立场最近被心理学家和畅销书作家斯蒂芬·平克（Steven Pinker）所使用，在《人性中的善良天使：暴力为什么会减少》（*The Better Angels of Our Nature: Why Violence Has Declined*）一书中的第一章"陌生的国度"中，他写道：

如果过去是一个陌生的国度，那么它是一个令人震惊的暴力国度。人们很容易忘记过去的生活是多么艰险，残暴与我们的日常生活曾是多么息息相关。

平克这本书的大部分内容都致力于说明，从长远来看，所有形式的暴力，包括谋杀、内战和国际战争，都处于消退状态。虽有局部的起伏，但是暴力曲线起初很高继而慢慢降低。这是一个"不断下降的锯齿"。

平克的书引起很多争议，支持者和诋毁者都在分析他的结论所依据的数据（我会在第十章回到这一点）。与我们这里的目标尤其相关的，是学术界人类学家对于平克研究主题的评价。最为彻底的批评之一是《战争、和平与人类本性》(*War, Peace, and Human Nature*)，这是由道格拉斯·弗赖伊(**Douglas Fry**) 所编辑的一系列杰出考古学家、人类学家和灵长类动物学家的文章合集。

在对证据的总结中，弗赖伊提出了几个绝佳要点。他同意平克所说的，在大型国家兴起之后，或者大致在过去 5000 年里，暴力的总体趋势一直是下降的。但他强烈反对的是，平克所描述的在农业出现之后、国家出现之前的 5000 年间的轨迹，他认为暴力，尤其是战争，在它开始消退前，实际上是处于增长状态的。

我同意这种说法。多种证据表明，在过去一万年里，战争的曲线可以用希腊字母 Λ（英语表达为 lambda）表示。上升和下降趋势当然都是"锯齿状"，因为在长期的 Λ 趋势中都有局部的增减相叠加。峰值在世界不同区域也各有不同，而且通常与国家社会形成前后的节点相一致。

然而，弗赖伊和《战争、和平与人类本性》一书的其他撰稿人提出，一万年前，"人类存在的绝大多数地区根本没有战争"，这就太夸张了。

然而，在更新世气候混乱时期，战争可能是极其罕见的。人类那时被不断侵近的冰川灭绝的风险要比被另一个食物采集团体灭掉的风险更大。当冰川消退的时候，巨大的区域都得以空出来让人类重新居住。通过迁徙的方式来避免入侵者是合情合理的选择。然而肯定有一些气候相对稳定的时期，当地居住的人类就会比较充盈。游牧采集者们可以像农民一样有自己的土地，保护那些资源丰富的猎场和宝贵的植物资源。一旦一个群体诉诸暴力，战争就会蔓延开来：和平的团体将会被自然选择淘汰。这种战争事件可能在更新世时期是相对罕见的，在考古记录中就没有确凿证据。如果某个人被一块扔得很准的石头打死（或在被打伤后死去），我们如何将他与一个不幸死于打猎事故的人区分开来呢？无论如何，我们只有很少的来自更新世时期的骸骨，所以几乎没有什么可以进行数据分析的证据。

在史前战争争论中存在的另一个问题是，不同的人对战争有不同的定义。所以先让我澄清一下我使用的定义。我的首要兴趣是文化群体选择，因此我将战争定义为群体对群体的致命暴力，不管战争采取什么形式（战斗、偷袭、伏击走散的个体，等等）。

根据这种定义，黑猩猩和狼都会发生战争。以美国黄石国家公园为例，1995 年公园重新引入狼群，因为在 20 世纪早期狼群被猎杀到几乎灭绝。一旦狼群数量增加到所有领地都必须在狼群中划分的地步，狼群之间的争斗就会增加，最终成为导致狼群伤亡的主要原因。我们现在至少有一个例子，是关于一个狼群消灭另一狼群的情况。这不是发生在单独的一场光荣战役中，而是无数次袭击，这里清除一只，那里清除一只。胜利的狼群接着就会扩张领地，并且分成两个狼群。

当一群狼将另一群狼灭掉的时候，我称其为"战争"，因为这是以暴力手段进行的群体之间的竞争。其他学者有不同的定义。有些人坚持认为冲突应该"被组织"起来以便将其量化。有些人只考虑大型冲突而忽略"原始战争"。这些可供选择的定义可能跟我的定义一样有效，只是适用于其他调查研究者的问题种类和概念角度。但是我对战争的兴趣，在于其作为群体之间竞争的形式。

当我们尽力去评估史前社会战争的爆发频率时，我们会遇到进一步的困难。显然，我们需要区分人际之间的暴力和群体层次的战争。这可能会很困难。一个被钝物打击的头盖骨可能表示战争中的伤亡，也可能表示内部争执引起的谋杀。由于这个原因，很多人类学家想在认定这是战争前，看到更多的群体层次冲突的标志。这种考古标志可以是防御工事，也可能是人与人之间专门用以战斗的武器（棍棒、刀剑）。弓和箭，在打猎和战争中也同样有用。小型社会之间的很多战争，往往使用射程武器，依靠偷袭和埋伏，这对于考古来说是不可见的。

让我们从这种争论中后退一步，考虑一下它如何影响我们现在调查研究的问题，也就是战争在远古国家崛起中的作用。尽管层出不穷的定义引起混乱，而且对于证据及如何解释证据也有争议，但各方都同意一件事：在国家形成前的社会中，战争是尤其残酷的。有很多实证支持来证明我所说的过去一万年间 ∧ 形的战争曲线。从农业出现之后到国家出现之前，这一期间，很可能是人类历史上最暴力的时期。如果这是正确的（这是一个非常活跃的研究领域，我们应该很快就可以看到更多数据，尤其是随着法医人类学方法的不断提高），这将加强战争与国家演进之间的联系。关注这一领域吧。

将论点的不同流派集中起来，我看到了导致远古国家走向专制的一系列事件。在 12000 年前左右，更新世末期，气候变暖，更重要的是，气候变得稳定起来。各处的人口开始增加。迁徙和殖民使得新的宜居地区有人居住。在接下来的几千年里，地球上充满了采猎群体。最终，适合人类居住的地方仅剩下少数还处于闲置状态。在最后一次冰川世纪里已经有大量人口存在的地区，例如近东地区，首先住满了人口。

根据常规的考古模式，这就是接下来发生的事情。大约一万年前，人类开始栽培植物和驯养动物。这就让他们极大提高了食物产量，既而增大了人口密度，让生活没那么奔波，出现了村庄——然后有了城市、复杂社会、国家、文字书写——简而言之，使文明成为可能。接着，农业的出现又创造了一种资源基础，能够让高密度人口持续生存，而且有着更广泛的劳动分工。这也产生了能够供养手工业者、神父和统治者们的"盈余"。在这个阶段，常规理论就分化为几个不同模式，有些强调管理经济的需要，有些则关注战争，其他模式还强调仪式和宗教专家的作用。细节各不相同，但公约数就是，一个丰富的资源基础对于复杂社会的兴起不仅是一个必要条件，也是一个充分条件。

我将这称为社会复杂性演进的"自下而上"理论，因为它将社会复杂性视为一种基于物质资源之上的"上层建筑"。换句话说，如果你在进化的锅里加入足够的用料，那么社会复杂性就会不可避免地浮出水面。

自下而上理论的问题在于，在一些我们能确定这一过程中关键节点的地区，我们看到了不同的事件顺序。我们在第一章讨论的两个有着早期里程碑式建筑艺术的地点，哥贝力克石阵和波弗蒂角在农业出现前就存在。

所以，这里我们有着颠倒的事件顺序。首先，一个相当大型的社会出现了，它有着相当成熟的仪式活动和需要动员大量工人才能完成的建筑。其后才出现农业。常规理论将因果关系颠倒了吗？

其次，采猎社会分享食物。相反，存储食物你就会被视为反社会怪胎。这意味着第一个有点想法的农民会辛苦种植庄稼（清理田地、种植、除草），但是当庄稼成熟的时候，没有人会有偷盗的想法。或者你可以收获并储存这些食物，但是你社区里的其他人都会期待你能与他们分享。

第三，农业有着黑暗的一面——对人体健康有着明显的负面影响。有压倒性证据表明，在转换到农业生活方式后，人类的身高下降了，这是整体健康下降的一个可靠指标。因为更高的人口密度，许多病原体从家畜身上传到人身上，人们生病更加频繁。营养的质量下降了，正如出土的古代人骨头和牙齿所展示的那样。

但是确实转换到了农业社会，农业确实也传播开来，所以肯定得有一个有说服力的原因。

以下就是我所认为的原因。

回到后更新世时期的环境。土地上已经住满了很多固定的群体，每一个群体都有他们自己打猎和采集食物的领土。现在，假设该地区有什么事情发生，导致战争的程度加剧——譬如气候变化。在新仙女木时期（12800—11500 年以前），气候变得干燥凉爽，种植植物的社区生产力下降，导致依赖于这些资源的人的生存能力下降（猎物的数量也有所减少，因为它们的食物基础也缩小了）。由于每个群体都试图扩张领土来弥补其社区容纳人口的能力，稀少的资源使部落（民族—语言群体）之间的冲突大幅上升。或者，也许并不需要特别的气候原因，随着环境变得越来越拥挤，邻近的族群由于资源越来越难以找到而发生更多的冲突。[156]

激烈战争的新因素增加了战败群体被灭绝的可能性。这意味着现在有很大的压力来增加合作群体的规模，最容易的方式就是与其他文化上类似的群体进行联盟。

但是常言道，规模并非一切。将一个联盟凝聚成团结的力量需要额外的文化因素。让一大群人保持内部团结、有凝聚力是不容易的。你需要一种新的社会"胶水"。正如我们在第一章里看到的，那些举行大规模仪式、具有里程碑意义的场所——石阵和巨石似乎扮演着这一有着几千人口的社区凝聚起来的机制。在更新世时代后形成的战乱不休的环境下，这种内部团结的社会能够有更好的机会生存下来。但是这还不够。

很有可能，那些生活在新月沃地的人早已了解提高作物产量所需的技术（有零星的证据表明，阶段性的作物培植可以追溯到十万年前）。在此之前，人类没有理由转向一种更加辛苦而且不太健康的种植者生活方式。但是除了建立联盟之外，另一种增大群体规模的办法就是拥有更多武士。种植自己的作物使得人类群体能够培养更多武士，并将他们集中在更大的战争队伍里。另外，在有防御设施的居住地附近集中种植作物比派采集小队去收集分散的食物资源更加安全。

为什么文化群体选择是从食物采集者过渡到农民的关键因素呢？因为当你社区里的其他所有人都在采集食物的时候，你不可能转向种植业。整个群体需要一起转变。这需要一整套新的文化规范和所有人能够共享的制度。其中最重要的制度可能是对你所种植的食物的所有权。[157]

文化群体选择的逻辑也解释了为什么农业尽管有其巨大的健康代价，还是被人类采用。那些营养不良，也许患有慢性疾病的农民群体，仅仅通过人群数量就能消灭那些健康高大的食物采集者。所以个体健康（不仅是进化意义上，而且也是日常身体状况上）下降了，但是进化群体的适应性增强了，这就是驱动整个过程的要素。

那么这就是我解释的逻辑。猎猕的战争导致人们有强烈意愿选择大型社会规模。为了让这种过渡产生，一群看上去各不相同而实质上非常统一的文化特征需要进行共同演进。一套必要的文化特征是让农业成为可能的因素——不仅仅是种植植物和放牧牲畜的知识，还有诸如财产权利这样的新的社会制度。另一套文化特征是将合作型群体凝聚起来的大型仪式。因为农业和大型仪式都是由另外一个因素——战争——所驱动，所以一般而言，二者出现的顺序有各种可能。然而，我希望我们的祖先更容易接受新的仪式，因为他们所需要的一切只是扩大以前就已经存在的小型礼仪的规模而已。另一方面，转向农业需要私人财产方面的规范，而这与采猎社会的平等主义原则是背道而驰的。这就是为什么被一大群人用作仪式目的的纪念碑会在农业之前出现，在几个有翔实记录的例证下皆是如此。

种植食物而不是采集食物，需要更多劳作，而且有不小的健康代价，但是它让土地更有生产力。要塞附近的花园和田野都可以进行种植，这些要塞在面临突然袭击时得以提供更多保障。人们耕作过的田野比森林中的同等土地能够养活更多的武士。农业的军事价值很大，而且远远高于成本。当农民和采猎者产生接触的时候，最终总是农民胜利，而且农业得到传播（除非这个地区不适合农业）。有了农业也就有了私有财产。

一旦财产的所有权发展起来，财富上的差异也会随之扩大。这是不可避免的，社会科学家甚至给这种性质起了一个名字：马太效应。这可以追溯到耶稣在《新约·马太福音》里所说的话："凡有的，要加倍给他叫他多余；没有的，连他所有的也要夺过来。"（《马太福音》13章12节）。简而言之，富者越富，穷者越穷。[158]

这里有一个简单的模式可以说明除非财富被定期再分配，否则财富集中是不可避免的。想象一个由放牧者组成的社会。奶牛是他们主要的财富形式（拉丁语中，"财富"一词pecunia的本义就是牲畜）。因为在畜牧社会中总是男性拥有财产，就让我们研究两个男人的财富状况。一个是亚伯，起初有20头牲畜；另一个是该隐，只有10头。也许亚伯是独生子，继承了父亲的所有动物，而该隐有一个兄弟，所以只获得了一半的牲畜。

亚伯和该隐都结婚生子。他们需要为自己的家庭提供食物来源。我们假设供养一个家庭需要15头奶牛。幸运的是，奶牛会生小牛，所以每年动物的数量都会翻一番。亚伯的牲畜群从20头牛增加到40头牛，他们吃掉了其中15头，剩下25头。

来年，牛群翻一番增加到 50 头，他们又吃掉了 15 头，剩下了 35 头。每一年他的财富都在增加，20 → 25 → 35 → 55 →……

该隐的牲畜群也会翻一番，从 10 头增加到 20 头，但是他不得不杀死 15 只来为家庭提供食物。这样他就只剩下 5 头奶牛。来年牲畜群又翻一番到了 10 头。所以该隐的家庭就吃掉了所有的奶牛，而且开始挨饥受饿了。然而，亚伯自己照看不过来 55 头牛，所以他雇用了该隐当牧牛人。亚伯的牲畜现在需要养活两个家庭，但是至此，所有人都有了足够的食物。来年牲畜群翻一番达到 110 头，吃掉 30 头，还剩下 80 头。以此类推，从 80 头又到了 130 头。现在亚伯又需要雇用另一个帮手……你懂的。

当然，亚伯和该隐模式是一个缩影，但是就像任何好的缩影一样，它捕捉到了复杂现实的某个重要元素。在《21 世纪资本论》（*Capital in the Twenty-First Century*）一书中，托马斯·皮凯蒂（Thomas Piketty）使用数学模型和大型数据库展示了《马太福音》中那些话背后的经济真理（即使它们在福音书中的本意是一种精神隐喻）。正如奶牛会繁殖更多奶牛一样，财富也会产生更多财富。马太效应意味着经济不平等总是在加剧。除了一场破坏性的战争或一场没收富人财产的革命，经济不平等就只能通过某种形式的周期性再分配来进行约束制衡。

在小型社会里，财富差距从来就不会变得极端，即一个家族占据所有财产（这是纯粹的经济逻辑所导致的说法）。过去有多种机构来对财富进行再分配，防止失控的财富积累。人们期待那些积聚了巨大财富的人对社区工程做出更多贡献，也许是建造一个仪式场所或资助一场公共宴会。一个著名的例子就是美国西北部土著举行的夸富宴（potlatch）。

在这种宴会上，人们大吃大喝，载歌载舞，而且会送出很多礼物。地球的另一边，在印度阿萨姆省份的多山地区，我们在那些想要获得知名度的那迦人中也发现了类似的做法。一个男性可以通过积聚大量财富，变成一个 kemovo，也就是"神圣的人"，这可以让他有能力赞助一系列越来越奢侈的仪式庆典，最终以"拖石"活动为高潮——一百人从一个遥远的矿场拖着几吨重的石头纪念碑来到招待者的村庄。在工作完成后，资助者会提供一场盛宴，吃掉大量的肉，喝掉数百加仑的米酒。

在所有这些小型社会里，那些守财奴是得不到别人尊重的。他们会被别人嫉妒、嘲笑。而那些乐意将自己的财富拿出一半来促进社区发展的人会赢得声望和影响力。在小型农业社会里野心勃勃的人（以及部分生活在特别富裕地区的采猎者）之间的竞争鼓励他们积聚财富，然后把它捐赠出去，将财富转化为别人对他们的尊敬。

人类学家将这些社会中的领导者们称呼为"大人物"，他们本身并不能对其他人发号施令。大人物并不是傲慢自负之人。他们通过以身作则、劝服和外交手腕来领导人们。他们也不能将自己的地位传给孩子们。大人物的儿子如果也想取得类似的尊敬和影响力，就不得不自己去积聚财富，然后捐赠。所以大人物社会中的领导水平是基于个人成就之上的，而且领导地位是不能继承下去的。[159]

从大人物领导的社会过渡到权力由父亲传给儿子的集权性质的酋长国，并不是仅仅积累财富，将自己树立为酋长，然后对其他人有生杀予夺的权力而已。正如我本章前面所说的，部落里的其他人从来不会让这种事情发生（你会吗？）。

但是在那些战争非常激烈以至于威胁整个部落生存的地区，野心勃勃的人也会走军事路线来攫取权力。他们会通过谈判结成联盟，并在战争中领导战士们冲锋陷阵。如果他们成功了，他们就获得很大的声望和权力。在战时，他们甚至对官兵拥有生杀予夺的权力，因为他们需要这些权力，来使自己能够维持纪律并惩罚那些逃兵或叛徒。然而，在战后保留这些暂时性的权力实际上是极其困难的做法，正如古罗马帝国时期的阿米纽斯和马洛波都斯的处境和结局一样。一个成功的傲慢自负者想要成为国王还需要一点额外的东西。他的权威是不能仅仅通过武力来维持的，他还需要让别人接受他的权威是合法的。

奇怪的是，成为一个权力神授的国王要比仅仅成为一个国王简单得多。

要成为权力神授的国王，成功的傲慢自负者还需要几个条件。很明显，他必须处于军事指挥链的顶层，但是他也需要变成仪式领导者，这样他就可以控制宗教等级秩序——为巩固部落联盟而发展起来的大规模宗教仪式。最后，将要成为国王的人还需要一个绝对忠诚的随从，来不加质疑地执行命令，并迫使其他人也这么做。国王需要忠诚的武士来保护自己不遭暗杀，而且会处死任何显露出不敬和不服从迹象的人。基本上，国王和他的随从们是一个傲慢自负者联盟，国王是首领，追随者们是次一级的傲慢自负者，但是也从中获利颇多。

历史上有很多战争领导者将军事技术与非凡的魅力和运气结合起来的例子。想想亚历山大大帝，即使在寡不敌众的情况下也没有输掉一场战争。这样的领导者获得的不仅仅是凡人的光环，更是一种超自然存在的光环。例如，亚历山大声称自己是宙斯-阿蒙的儿子。实际上，他成功地变成了神，而且在他生命的最后几年，尤其是死后，也被人们当作神灵崇拜。对亚历山大的崇拜在古希腊世界里兴盛了几百年，直到基督教的传播才逐渐消失（或受到压制）。

尽管亚历山大大帝的生涯非常有启发性，但在短暂的一生中，他从一个马其顿酋长的儿子一跃成为统治一个巨大帝国的被神化的国王，这可能是独一无二的现象。在他之前的近东地区漫长的文化演进大大有助于亚历山大被"神化"（成为神灵）的过程，他只不过是踏进了一个已经预先演进好的角色而已。他建造帝国的成就也不应该夸大。他的帝国本质上只是一个波斯的范围，只有很少的领土扩张。

但是在史前历史上，肯定还有很多其他人将军事成功转化为某种神力——一种战无不胜且超自然的光环。宗教学者罗伯特·贝拉（Robert Bellah）是这样看待这种重要转变的：

越来越多的农业盈余允许形成更大的群体——规模远

远大于面对面生活的采猎小群体——在这种大型社会中，与傲慢自负者打交道的古老技巧也更难使用。但是对一个成功的傲慢自负者来说，突破口通常就是军事化。在普遍性战争的情景下，成功的武士就投射出一种神力或魅力，而且能使用这种神力来建立一种崇拜体系……正是当杰出的武士能够动员那些崇拜他的群体时，他才能够挑战往昔的平等主义，成为一个成功的傲慢自负者，并将这种想要统治一切的性情从过去施加其上的控制下解放出来。[160]

也许在远古社会晚期，日耳曼地区也发生了同样的事情。这花了几百年，但是最终日耳曼社会完成了从阿米纽斯和马洛波都斯这种纯粹的军事领导者到晚期日耳曼人的神圣国王的过渡，而这些国王的祖先可以追溯到超自然的神灵。墨洛温王朝和阿迈勒王朝的地位更加稳固，因为他们的权威是通过多种社会力量来支撑的：军事、政治和意识形态（仪式）。

甚至这些日耳曼人的王国也不是孤立发展出来的。古罗马帝国将战争辐射到其边境，但这也是日耳曼人在建立国家级机构方面进行借鉴或模仿的来源。那些需要独自寻找发展道路的国家，其演变的过程就缓慢得多。在近东地区——美索不达米亚和埃及——农业已有 1 万年的历史，第一批祭司酋长大约出现在 7500 年前，而第一批被神化的国王则出现在 5000 年前。

远古国家之所以能够传播这种制度，是因为与酋长国和部落相比，它们是更加有效的军事机器。统治这些国家的贵族和国王的权力不会受到道德考量的限制。相反，当时占主导地位的意识形态抬高了统治者的地位，并将其与剩余的 99% 的人之间的鸿沟合法化。从专制独裁的程度来说，远古国家远远超过人类祖先大猩猩、黑猩猩的社会。大猩猩和黑猩猩并不会神化它们的雄性首领，进行猿类祭祀，或奴役猩猩群体里的其他成员。

如果我的看法是正确的，那么所有这一切的主凶就是战争。在 Λ 曲线上升的那一段中，战争将那些最糟糕的预期变成了现实。不仅战争的强度在增加，而且还产生了非常不平等的专制社会。

接着就发生了奇怪的事情。战争作为文化群体选择的力量在不断增强。三千年前，由于更强大的军事技术，这种力量又上了一个台阶，然而，这种轨迹并没有继续造成更多的残杀和专制，社会出现了转折。社会之间的军事竞争成了争取更多平等、更少暴力和最终让所有人过上更好生活的力量。这怎么可能呢？

第九章　历史的支点

轴心时代的灵魂觉醒

　　神灵钟爱者如是说：达摩（Dhamma）戒律是在我加冕二十六年后写成的。我的地区法官们是在人民中工作，在成千上万的人民中工作。倾听人民的请愿和司法行政的任务都交给了他们，以便他们能够自信而且无畏地履行职责，能够为国家里人民的福利、幸福和利益而工作。但是他们应该记住是什么引起幸福和难过，应该致力于达摩，应该鼓励国人也这么做，那么他们就可能获得此生和来世的幸福。这些法官都非常真诚地想为我服务。他们也服从其他知晓我想法的官员，正是这些官员指导他们以便他们能够取悦我。就像一个人将自己的孩子自信地托付给一个专业的护工，会这么想，"这个护工会照顾好我的孩子"，即使如此，我还是委派了这些法官，为国民谋求福利和幸福。

倾听人们的请愿和司法行政工作已交给了这些法官，以便他们能够不受干扰、无畏而且自信地履行职责。我的愿望就是在法律和判刑方面应该一致。我甚至还更进一步，给那些已经受到审判并被判死刑的囚犯们三天缓刑时间。在这段时间内，他们的亲属可以上诉来赦免囚犯。如果没有人代表这些囚犯进行上诉，那么囚犯们可以通过送礼为来生积福，或者斋戒。确实，我的愿望就是这样，即使一个囚犯的时间是有限的，他也能为来生做准备，而且人们的达摩修行、自律和慷慨或许可能增长。[161]

这些让人惊叹的表述被称为阿育王的第四石柱法令，刻在一个 15 米（50 英尺）高的巨大砂岩柱上，现在矗立在德里〔是由 14 世纪统治德里苏丹国的菲鲁兹·沙阿·图格鲁克（Firuz Shah Tughlaq）从印度北部的托尔帕（Torpa）移过来的〕。第四石柱法令是在印度很多巨大石块和石柱上发现的古代石刻之一，有些石刻至今还矗立着，已有两千多年的历史。这些碑刻是在第三代孔雀王朝皇帝阿育王大帝（公元前 268—前 239 年在位）的命令下雕刻而成的。阿育王一共留下了 33 块石柱碑刻。它们为我们了解古代最为强大的统治者之一的思想提供了突出的观察视角。

因为很多段落是非正式性的，甚至有点聊天的性质，学者们认为这些石刻是由国王口述给书记官的。例如，第一篇刻在石头上的法令，以禁止人们宰杀动物为食或祭祀开始。然后阿育王说，"以前，在神灵钟爱者、毗亚大喜王（King Piyadasi，阿育王的自称）的厨房里，每天都有成千上万的动物被杀掉来做咖喱食物。但是现在随着达摩法令的颁布，每天只杀三只动物，两只孔雀和一头鹿，而且并不总是杀鹿。最后，甚至这三种动物都无需死去了"。这听上去当然不像是一个官方委员会做的草案。正如佛教学者理查德·贡布里希（Richard Gombrich）所写："这里，通常，非常笨拙的风格似乎恰恰有着未经修改的口授的那种自然。"[162]

孔雀王朝的正式开始时间是公元前 322 年，这一年阿育王的祖父旃陀罗笈多（Chandragupta）推翻摩揭陀王国（Magadha）的统治者并自立为王。摩揭陀是恒河岸边一个强大的王国。旃陀罗笈多以这个王国为大本营，征服了印度北部大部分地区，包括现在的巴基斯坦和阿富汗部分地区。他的后继者们继续扩张领土，直到帝国包罗了几乎所有印度次大陆，并有大约五千万人口。

孔雀王朝有着新的国家形式——大型帝国，控制着几百万平方公里的领土和数以千万计的人口。在公元前的最后一千年里，欧亚大陆所有地区都突然出现了大型帝国。孔雀王朝是在波斯和中东地区的阿契美尼德王朝（公元前 550—前 330）之后，统治欧亚大陆东段的汉王朝（公元前 206—公元 220）之前出现的。这些帝国都是人类史上史无前例的帝国——不仅仅是由于它们巨大的规模，而且因为它们引进了一种与远古国家非常不同的社会模式，以及关于人类生命本质尊严的根本思想。

在阿育王统治伊始，他的作为跟典型的国王大致一样。他通过征服羯陵迦国（Kalinga）而扩张帝国领土，在此之前，这个国家一直在抵抗孔雀王朝的不断进攻。羯陵迦国做出了顽强抵抗，这一征服过程如此血腥，以至于改变了阿育王的生活：

> 神灵钟爱者，毗亚大喜王，在加冕八年后征服了羯陵迦国。15 万人被驱逐，10 万人被杀，还有更多的人死于其他原因。在羯陵迦国被征服后，神灵钟爱者渐渐觉得有研习达摩的倾向，热爱达摩和达摩的教导。现在神灵钟爱者对征服羯陵迦国深深痛悔。确实，当一个未被征服的国家被征服时，所导致的屠戮、死亡和驱逐，令神灵钟爱者深感痛苦。[163]

这段经历让阿育王的灵魂备受煎熬，他皈依了佛教，采取了非暴力的政策——"通过达摩取得胜利"。

那么到底是什么让阿育王对达摩如此关注？现代学者通常将其翻译为"正义"或"美德"。阿育王是这样解释这一概念的："神灵钟爱者，毗亚大喜王如此说道：达摩是好的，达摩包括什么呢？达摩包括很少的邪恶，很多的善，仁慈，慷慨，真实而且纯粹……对父母尊重是好的，对朋友、熟人、亲戚、婆罗门阶层和禁欲主义者慷慨是好的，不杀生是好的，在支出和积蓄方面有节制是好的。"

阿育王不仅劝诫他人来研习达摩，也实践着自己所说的话。他废除了用人类和动物祭祀的旧习。他"改善了两种医疗的条件：动物医疗和人类医疗"。

> 凡是没有用于人和动物的医用草药的地方，我都已经让人运输到那里并进行种植。凡是没有医用植物根或水果的地方，我都已经让人运输到那里并进行种植。为了便于人和动物生活，在路两边我都让人挖了水井，栽了树。

这种对动物的关注特别让人感动。他是第一个发布保护动物名单的统治者："鹦鹉、迈纳、阿鲁纳、红鹅、野鸭、欢喜鸟、狒狒、蝙蝠、蚁后、淡水龟、无骨鱼等等。"他委任了特别达摩官员，他们的工作就是传播美德并帮助弱者——老人和孤儿，甚至还有囚犯。他敦促所有人都好好对待奴隶、仆人和穷人。他还竭力提供公正有效的司法制度，通过他的"专业护工"，也就是法官们，来做到这一点。

在我们看来，阿育王是一个真诚的人，真的想做好事，为所有的臣民谋福利。

> 我在想："人们的福利和幸福如何能得到保障呢？"我关心我的亲人，以及那些住得或远或近的人们，所以我可以带领他们取得幸福，而且我可以因地制宜、因人而异地去做。我为所有群体做同样的事情。我用各种不同的荣誉让所有宗教都得以荣光，但是我认为最好是亲自跟人们

接触。

在碑文中逐渐浮现的阿育王形象非常契合柏拉图在《理想国》里所想象的"哲学家国王"。阿育王汲取的是印度理念的营养，而不是古希腊理念的养分。当他说"在支出和积蓄方面有节制是好的"时，他阐述的是佛家理念。而且正如贡布里希注意到的，"他不仅敦促他人勤奋，他也以身作则：他任何时候都在处理公务，不管是进餐时，还是在后宫，在卧室，在轿子里，还是花园里，或者甚至——如果我们的理解是正确的话——如厕的时候，都在处理公务。'因为我从来不满足于自己的努力程度以及解决事务的能力，因为我认为我必须为全世界的福利而工作。'"[164]

这其中有多少是事实，多少是宣传呢？即使仅仅是宣传，这也意味着从像亚述国王（第八章）以来的古代国家统治者的宣言，在语气和内容上发生了明显的变化。这种浮夸之风，是远古被神化国王的典型特征，雪莱在诗句里捕捉得颇为到位：

我乃奥西曼迭斯，王中之王，
看看我的伟大功业，会令你感到绝望！

顺便说一下，奥西曼迭斯（Ozymandias）是埃及法老拉美西斯二世（Ramesses II）的希腊语名字，而且也被称为大帝（公元前1279—前1213年期间统治埃及）。我们对他有很多了解，这主要归功于很多从他的统治时期流传下来的石刻。最长的一篇，是伟大的阿比多斯石刻，发现于上埃及地区阿比多斯一座寺庙的墙上。在其中一段碑文里，拉美西斯二世阿谀奉承的朝臣们以如下方式赞扬他：

> 你就是拉（埃及的太阳神），你的身体就是他的身体。从没有像你这样的统治者，因为你独一无二，就像奥西里斯的儿子一样，你已经取得了像他一样的成就……自从有了神灵以来，自从国王们戴上王冠以来，从没有像你这样的王，既没有人看见过，也没有人听说过……每个城市都知道你就是所有子民的神灵，他们一醒来就在你父亲阿图姆的命令下给你进香；埃及以及红土地区（也就是尼罗河谷地两侧地区）都会崇拜你。[165]

相比之下，阿育王的话听上去已经非常谦虚，甚至有些自我贬低了。他对虚荣最大的让步是把自己称为"神灵钟爱者"，但是不像拉美西斯二世那样，他没有声称自己是神，也没有声称自己是神的儿子。

阿育王的石刻不仅仅代表着皇家宣传语气上的转变。在阿育王20多年里口授的那33篇石刻，有足够的材料让学者们（和我）相信他是真诚的。大量的佛教纪年史料所描述的，如果有什么不同的话，那就是一个比他在自己法令中描绘得更美好的现象。而且历史学家们承认，在征服了羯陵迦国之后，在他长久的统治时间里再也没有过战争。这是令人惊讶的繁荣阶段。文化和艺术在同时代的其他帝国都无法比拟的广阔疆域繁荣发展。

我认为，这足以表明阿育王是一个非常特别的国王，尤其是根据我们先前看到的，以远古专制国家的标准来判断的话。很难想象出一个不像远古国王的统治者，因为那些统治者们贪婪傲慢，只想要权力和财富，如果能够改变这些，他们就会成为众人崇拜的活神。不过，阿育王尽管在为臣民谋福利方面做得非常好，但也不是独一无二的。实际上，他代表了一种趋势：在欧亚大陆所有地区，统治者们都在对我们今天可能称之为社会正义的东西感兴趣。

从某种程度上说，我们可以将这种新的态度追溯到阿育王本人的影响力。东南亚地区的国王不断地援引他为榜样，佛教于公元纪年早期几个世纪在这一地区得以传播。高棉帝国的阇耶跋摩七世（Jayavarman VII，1181—1218）在建立医院和在道路两侧修建休憩房屋方面学习了阿育王，而且他的石刻表达了一种想要增加其臣民福利的愿望。蓝坎亨王（King Ramkhamhaeng，1279—1290）也有类似于阿育王的表达，他特别命令，在有紧急公务时，即便他在洗浴，也应该打断他。[166]

但是一个关心人民、善良公正的统治者的理念也在犹太教、基督教传统中出现，而这不确定是阿育王的影响。先知撒母耳写道："那些统治人民的人必须公正，以畏惧上帝之心来进行统治。"（《撒母耳记下》23 章 3 节）。

在基督教统治者中，最像阿育王的肯定是法国的路易九世国王（1226—1270 年在位），我们在第一章中曾简短地谈及过他。但是路易国王的美德不只是捐赠了彩色玻璃窗：在他长久的统治时间里，法国享受着中世纪时期最美好的阶段。两败俱伤的冲突停止了，经济得以增长，壮观的哥特大教堂在全国各地不断出现。路易九世死后被封圣。

在公元 96 年到 180 年间，罗马在"五贤帝"的统治下，也出现了内部和平繁荣的类似时期。爱德华·吉本将其视为黄金时代，在这个时代里"罗马帝国是在智慧和美德的指引下由绝对权力所治理"。而且在中国的朝代更替中，那些"仁君"出现的阶段里也有类似的黄金时代。

这并不是否认过去 2500 年间有很多的邪恶君主。他们很可能占大多数。然而，新的趋势是，统治者至少应该是仁君。很多人确实试图以造福普通民众的方式来治理国家，而不是仅仅服务于统治阶层。这种显著的转折在地中海地区、近东、印度和中国几乎是同时发生的。为什么？

简单来说，答案是宗教。是宗教加上很多的战争。这些因素的结合通常不被认为有利于人类的繁荣。纵观历史，这些因素实际上造成了很可怕的破坏，而且现在仍然如此。当然，大型帝国的出现本身就几乎不是和平的事情。然而，在耶稣诞生前的几个世纪里，战争和宗教一起给旧世界带来了有史以来暴力浪潮中最大的逆转趋势。下面就是具体过程。

在上一章，我们看到农业社会之间的战争如何产生了拥有忠实随从的军事酋长。这些聪明的傲慢自负者成功地从人民那里攫取了权力，并且将自己确立为贵族和国王。他们在社会中发号施令，并从赤裸裸的统治中获得果实。

这些暴君在战场上可能是非常英武的。然而，当在和平时期治理国家时，一个集中的军事等级秩序就有其缺陷了。一个复杂的社会不可能仅仅通过武力来维系。更重要的是，当贪得无厌的军事酋长们对穷人巧取豪夺且疏远人民的时候，就产生了极大的不平等，让这个社会躁动不安。早期的酋长国和远古国家因此就非常脆弱。很常见的现象就是，这些国家的寿命不会超过建国者的寿命。历史上著名的例子就是祖鲁（Zulu）王国。即便其创始者夏卡·祖鲁（Shaka Zulu）非常杰出，而且还设立了革新性的军事和社会改革制度，他也仅仅统治了 12 年而已。夏卡被他同父异母的兄弟丁冈（Dingane）杀死，而丁冈在位 12 年后又被另一个同父异母的兄弟姆潘德（Mpande）所杀。

罗伯特·贝拉，我曾引用过他的话，[167] 他对"统治"和"等级秩序"做过非常有用的区分。他将"等级秩序"定义为"合法的权威"（也就是说，被认为是正确而且适当的权威）。为了确保更大程度的永久性，大规模社会需要从军事酋长统治过渡到"一种新形式的权威，一种新形式的合法等级秩序……这涉及君主与人民之间的新型关系，一种组织社会的新方式，一种能在对人民的爱护与统治之间寻求平衡的新方式"。贝拉认为，宗教演进的一个主要驱动力就是，一种调合等级秩序与合法性、平等之间紧张关系的需求。[168]

当酋长们将军事指挥与仪式活动结合起来的时候，他们朝着这个方向迈出了尝试性的一步，变成了神父—酋长。但是那时他们的权力不受任何限制，他们就将自己夸大为君权神授的国王，摧毁了残存的任何平等——因此也就摧毁了他们自身的合法性。

这一突破发生在大约公元前 800 年到公元前 200 年期间——轴心（或"重要"）时代。轴心时代这个说法出自德国哲学家卡尔·雅斯贝尔斯（Karl Jaspers）1949 年出版的《历史的起源与目标》（*The Origins and Goal of History*）一书。雅斯贝尔斯注意到，在公元前 1000 年的中间世纪是旧世界令人印象深刻的一段知识动荡时期，其时，精神的觉醒引起了一种新宗教的产生。令人称奇的是，这种同时期的轴心变化影响了从地中海东部到中东，再到印度北部和中国的广大疆域。

轴心时代一个最重要的发展是中东地区一神论的兴起。当然，现在世界上最重要的一神论宗教——基督教是后来发展而来的，但是它追随了轴心时代的前驱——拜火教和犹太教——的步伐。

然而，这仅仅触及了轴心时代灵魂改革的表面。印度北部是佛教起源的地方，而佛陀是一个与犹太教很多重要先知同时代的人物。中国产生了儒学（教）和道教。同时在希腊疆域内，从安纳托利亚（今天的土耳其）到意大利南部，是哲学诞生的地方。今天我们将哲学和神学当作不同的领域，但是古人并没有将二者如此区分。苏格拉底只是古希腊众星闪耀的哲学家群体中一个最为突出的人物，他是一个非常有宗教情怀的人。在他被审判期间（最终致使他饮毒而死），苏格拉底告诉陪审团他并不能许诺不去实践哲学，因为"这就是神灵命令我去做的事情，而且我认为这个城市的最大福音莫过于我对神的服务"。[169]

值得思考的是，中国北部的孔子（儒学创始人）和老子（道学创始人），印度北部的乔达摩·悉达多（佛教创始人）和大雄（耆那教创始人），伊朗的查拉图斯特拉（拜火教创始人），在安纳托利亚的古希腊哲学家赫拉克利特以及意大利南部的巴门尼德，都是同时代的人。[170] 但是这些先知和哲学家在严格意义上是不是同时代的人并不重要。比较明显的是，在公元前 500 年左右，欧亚大陆的大部分地区都发生了不同寻常的事情。轴心时代之前远古社会的特点是，统治者本人权力的极大融合。他们可能有某种神圣的王权，而且通常大规模地进行人祭，这两者都是极端不平等的标志。在这个阶段，我们也观察到了"神灵"的表象，这些神灵与其他强大的超自然主体的显著区别在于他们被人们所崇拜。根据贝拉的说法，崇拜表明人与超自然主体之间的关系在我们进化的这个阶段也变得更加不平等。正如宗教研究所展示的那样，天堂的安排往往反映了世俗的忧虑。

远古社会的酋长国和国家持续了几千年（首批酋长国在大

约 7500 年前出现于中东，而且首批远古国家可以追溯到 5000 年前）。它们的通常模式就是不断的兴起与崩溃。简单的酋长国（一个酋长通常统治几个村落）不断被统一到复杂的酋长国（一个至高无上的酋长凌驾于其他次一级酋长之上），然后这些复杂的酋长国又会退回到原先比较简单的社会规模。同样的方式下，复杂的酋长国也会退回到远古国家和更原始的社会形式。

大约 2000 年前左右，我们从质的层面看到新形式的社会组织——更大更持久的大型轴心帝国，政治权力方面采用了新的合法化形式。这种合法化形式源于轴心时代的宗教，或更广泛意义上的意识形态，例如拜火教、佛教和儒教（以及后来的基督教和伊斯兰教）。在这段时间里，神灵从人类欲望反复无常的投射（通常内部也不断纷争）演进为超越一切之上的说教者，首要关注的是所有人有利于社会的行为，包括统治者的行为。

轴心时代所有宗教最吸引人的特征是普遍性平等主义伦理的突然出现，被贝拉阐述为"那些像先知一样的人物冒着对自身很大的风险，让现存的权力结构去追求一种显然他们没有达到的道德标准"。贝拉将这些鄙视财富、针砭时弊的人物称为"否认者"（或者用更深层次的话来说，"谴责者"）。[171]

否认者们放弃了作为工作者和丈夫的世俗角色，去追求禁欲和流浪的生活。最著名的例子当然是佛陀。佛陀是出生在皇室的悉达多王子，他放弃了娇妻和三个宫殿的舒适生活（一个宫殿对应一种季候：寒冷、炎热和潮湿）。他在街上乞讨，与瑜伽修行者和冥想大师们一起学习，试着每天只吃一片树叶或一个坚果，差点将自己饿死。在获得大彻大悟后，他成为佛陀（觉醒者）而且开始接收僧侣和普通人为信徒。信徒越来越多。他的教义得以传播并渗透到社会的各个层面。摩揭陀国（孔雀王朝的未来核心）的国王频婆娑罗（Bimbisara）成为其门徒（正如 200 年后的阿育王一样）。佛教最终在印度消退，但是在斯里兰卡、中亚、东南亚、中国和日本，则以一种更持久的方式生根。

佛陀教义的一个重要层面就是，通往大彻大悟的道路对所有人都是敞开的，不管你来自什么阶级和民族。佛教是一种普世宗教，任何人都可以信仰。这就是贝拉所说的"普遍性的平等主义伦理"。佛教摒弃了远古宗教狭隘的部落偏见，成为一种世界性宗教。同样的平等原则也可以在《新约》中发现："在耶稣基督那里，没有犹太人和希腊人的区别，没有奴隶和自由人的区别，没有男人和女人的区别。"（《加拉太书》3 章 28 节）

如果我们去看基督教的轴心之源，就会发现一系列的希伯来先知在统治者和普通人不能达到他们相当严格的道德行为准则时，会对他们做出尖锐的批评。很多这样的"谴责者"并不会掩饰自己对当权者的愤怒。公元前 8 世纪时，传教的先知阿摩司写道：有钱有势的人"见穷人头上所蒙的灰也都垂涎，并阻碍谦卑者的道路"（《阿摩司书》2 章 6—7 节）。我们在希腊

（柏拉图的《理想国》）和中国（从儒家那里，最明显的是孟子）都听到了类似的批评。中国的道家学派既是否认者，又是谴责者。

远古国家有谴责者吗？他们可能不得不做到非常勇敢。如果他们真的存在，那我们对他们不了解的原因也许是他们被草率处死，而且他们传达的信息也被压制。甚至在轴心时代，很多谴责者也遭遇了悲惨下场。古代的《先知生平录》（*Lives of the Prophets*）可能写于公元前与公元纪年之交。据其记载，在犹大的玛拿西国王的命令下，先知以塞亚的身体被锯成两段。阿摩司本人也遭遇了这类可怕的结局。他先是被亚玛谢神父折磨，然后又被亚玛谢的儿子棍击而死（根据故事的另一个版本，阿摩司只是受了皮肉伤，回到家后才死去）。撒迦利亚是耶何耶大的儿子，他因为谴责犹大地区的约阿施国王而被石刑处死。耶利米和以西结也是被石刑处死。

应该提到，很多现代学者怀疑《先知生平录》的历史真实性。至少有些可怕的细节很有可能是编造的，其写作的时代是2000年前，目的是支持复兴的传统，那就是先知们以殉道作为他们批判社会的代价。但是很显然，有些触怒当权者的谴责者可能被处死。毕竟没有人质疑来自拿撒勒地区的耶稣被钉死在十字架上的事实，而且很多早期基督教圣徒都会殉道，有些死于非常不人道的方式。甚至现在，谴责当权者也可能是一件有风险的事情。

然而，即便根据《先知生平录》，《旧约》里的大多数先知都活到比较老的年纪，因为他们已经不再是孤立的声音。有些先知得到了不少社会支持。佛陀、孔子及后来的圣徒保罗也是如此。"似乎很显然，对世界状态某种程度的不安肯定已经很普遍了，甚至在精英阶层里也是如此。"贝拉如此说道。[172]轴心时代的某个东西肯定已经导致了社会环境的变化，将这一领域的天平向先知和哲学家们宣传的主张倾斜。但它到底是什么呢？

答案就在古代世界文明的北部——欧亚大陆平原上。

巨大的欧亚大陆干草原实际上是一片连续的草原地带，从西部的乌克兰绵延到东部的满洲里。在西部的干草原，公元前第二个千年期间，在黑海和里海北部居住着讲伊朗语的牧民，包括波斯人、米提亚人、西米里人和赛西亚人的祖先。在公元前1000年左右，这些居住在干草原的人发展了一种新的军事技术，这是改变了历史进程的少数技术之一。

我应该在这里暂停一下，来说一说这种划时代发展的性质。它们的源头都是非常神秘的。思想是不可预测的，因为如果能预测一种思想，那么这种思想此时就已经存在了。从文化演进的角度来看，将革新仅仅看作纯粹的随机变化可能更有帮助——就像分裂细胞里，一个复制错误而毫无动机的基因，是命运的一种离奇转变。当然，这并不完全正确：人类的创造性从某种方式来说是有意为之的，而生物进化永远不可能达到这一点，但是它保留了很大一部分随意性。决定一个想法是否可行并非人类的私欲。想法需要被其他人、社会整体所接受，这样灵感才能转变为技术，而且对于骑兵技术来说，恰恰是公元前第二个千年间欧亚大陆干草原的游牧民族为此做好了准备。

马早就是生活中熟悉的一部分。在公元前3500年左右，马在现在的哈萨克斯坦被人类驯化。然而，起初它们只不过和牛一样——人类挤马奶，吃马肉。只是到了公元前2000年左右，欧亚大陆哈萨克斯坦境内属于辛塔什塔（Sintashta）文化的牧民才弄清楚了如何将这些动物用于军事目的。他们发明并完善了马拉战车——由两个冲锋者驾驭的两个轴轮的轻型战车。很快，这种革新就传播到近东、中国北部、印度次大陆和欧洲。

战车让古代世界的战争发生了革命性的变化。首先，它促进了辛塔什塔牧民从干草原扩张到伊朗和印度。我们知道这些人是雅利安人。接着，那些农业国家也非常急切地采用了这种技术。到青铜时代末期，近东帝国就有了成千上万的战车。最大的战车战争是公元前1274年在卡叠什（Kadesh，在今叙利亚境内）埃及人和赫梯人之间展开的。一共有五六千辆战车交战——就像1943年的史上规模最大的坦克战库尔斯克战役中的坦克数量一样。

对于弓箭手来说，战车的合理使用是将其作为一个移动平台。每辆战车都有一个驾驶者，一个或两个向敌人发射箭雨的弓箭手。在青铜时代，这种装置成为大规模杀伤性武器：它完美地将射程武器的威力跟移动性结合起来。它与人类战争方式的本质颇为契合。尽管这些青铜时代的战车都是绝佳的战争机器，但是人类的创造力却能够做得更好。骑兵使用马力是战争中更有效率的方式。

又过了一千年，欧亚大陆的游牧民族才弄清楚如何驾驭马匹。主要的问题不是骑马本身，而是如何控制马匹。有零星的图像资料证明，人类在公元前 1000 年前就试图骑马，但是早期骑手的骑位都过于靠后，显得很危险，而且没有任何控制坐骑的有效手段。在一个可以追溯到公元前 2000—前 1750 年间的美索不达米亚徽章上，骑手坐在一根马肚带后面，这是一条环绕在马身上的腰带，他用左手抓住腰带以及缰绳，缰绳就穿过马鼻环系住，就像控制公牛那样。他右手拿着一个棍子或尖棒。鼻环和尖棒可能在驾驭一个驮运货物的牲畜时很有作用，但是对于战争中驾驭马匹是完全不合适的。[173]

最重要的突破是系带笼头。马嚼可以引导马匹转向骑手想要去的方向，骑手对马嘴比较软的部分用缰绳施加压力即可。青铜马嚼突然在公元前 1000 年左右大量出现。

有效率的马术，好到足以在战争中驾驭马匹的马术，需要非常巨大的技术演进。缰绳和马鞍都是非常复杂的装置，需要由很多部件组成。让这些部件更完善实际上要花几千年时间，以累积的方式不断改善。仅马镫就在首批骑兵出现 1000 年之后才被发明出来。

伊朗游牧民族将骑马能力与其他两种技术结合了起来。第一个是复合弓，用数层的角、木头和筋黏合在一起制作而成。一支像百年战争中英国弓箭手有效地用来对付法国人的那种木弓，需要做得很长，以便积蓄足够的能量将弓箭射穿敌人的盔甲。这样的长弓在马背上施展不开，而复合弓则做得较小，但与长弓一样有杀伤力。制作这种弓的技术在青铜时代晚期早已成熟，干草原游牧民族将其与骑马技术结合起来是非常自然的。

另一种技术就是冶铁，在公元前1200年左右发展而成。在青铜器的成分中，铁比铜和锌都更多。一旦人类掌握了冶铁技术，他们就开始大规模生产铁以及钢铁的武器和盔甲。一个铁弓箭头比青铜弓箭头更能保持锐利。这种将马术、复合弓和冶铁术结合起来的做法产生了非常有效的军事技术，从而保证了草原骑手2500年的统治力量（直到火药淘汰了他们的骑射术）。[174]

没多久，伊朗游牧民族就能将这种新的军事优势用来对付农业社会。到公元前8世纪末，两拨入侵者，也就是古典作家所称的西米里人和赛西亚人，越过高加索山脉侵入了中东地区。西米里人摧毁了亚美尼亚的乌拉尔图王国，然后继续往西进入安纳托利亚。安纳托利亚中部的佛里吉亚王国被征服，而其首都戈尔迪乌姆被完全摧毁。西米里人的袭击让安纳托利亚的另一个王国吕底亚俯首称臣。吕底亚王国首都萨迪斯被洗劫一空，但位于安纳托利亚地区的希腊化城市则情况稍好。以弗所虽然屈服了，但是避免了被严重摧毁的厄运，只有在城墙之外矗立的阿尔忒弥斯神庙被烧毁。然而，来自草原的入侵者摧毁了几个较小的城市，其中就有锡诺普和马格内西亚，也许是因为这两个地方缺乏坚固的城防。[175]

同时赛西亚人也在阿塞拜疆建立了一个强大的超部族联盟，以此为基础，他们的偷袭行动深入近东，南至埃及。[176] 希罗多德曾写道：

> 28 年来，赛西亚人统治着亚洲，他们在无耻的傲慢中摧毁了一切。他们不仅向所有被征服地区征收贡品，还骑马四处打劫，掠夺他们所能掠夺的一切。[177]

骑兵战术成功的秘密是什么呢？马匹的主要军事优势不仅在于其"震慑"意义（虽然骑兵冲锋已经赢得了许多战争），更重要的是它赋予骑手的机动性。骑在马上的军队可以随时选择与敌人交战或撤退——这是一个巨大的战术优势。但是机动性在战略层面也非常重要，那些能够更好地集中兵力、取得局部优势的军队往往会获得全面的胜利。

对于文明的农业帝国来说，击退游牧民族的骑兵是非常困难的。当文明国家将军力集中在一个地方的时候，游牧军队则偷袭其他没有防御的村庄和城镇。当国家军队被分散开去防御城镇的时候，游牧军队则集中兵力，击败农业社会临时组成的散兵游勇——军事术语叫作"各个击破"。文明国家不需要花很长时间就会理解战马的重要性。很明显，他们需要拥有自己的骑兵队伍，所以从干草原民族那里购买马匹或建立养马项目，是欧亚大陆帝国一直延续到 19 世纪的发展要务。不管是乌拉尔图人还是亚述人，那些第一批经历新型机动战争的国家，都立即采取措施来建立自己的骑兵队伍。这就是为什么即使骑马术是在干草原上发明的，然而对早期骑兵最有画面感的记载却是在亚述王国浮雕上发现的（在干草原上，没有什么神庙来雕刻浮雕）。

亚述人所做的第一件事，就是将他们的战车转变成骑兵队伍。这只是取消了战车，将两个武士分配到马背上。驾驭马匹的人就负责引导两匹马，而弓箭手则负责搭弓射箭。正如 17 世纪的浮雕所描绘的那样，两个骑手都坐得很靠后，他们是不能用膝盖来操纵马匹的。一百年后，我们看到了更有作战能力的亚述骑兵队伍。每一个人都有一把弓，而且坐在马背的适当位置以保持最佳的控制力和稳定性。最终，骑手们能够在战斗中脱离缰绳，完全依靠自己的身体和双腿来操纵马的方向，他们的手就得以解放出来向敌人射出大量的箭。

这种技术的完善持续了很长时间。在马术发明后的两千多年间，战马的使用无一例外地成为最重要的军事技术。足够的马匹供应甚至在 19 世纪都是重要的，尽管这时火器已经取代了弓箭。你有没有想过为什么拿破仑到 1812 年为止赢得了所有战役，但是在 1813 年和 1814 年却不断输掉战争，导致自己的失败和退位呢？令人惊讶的答案是：战马。这就是英国历史学家多米尼克·利芬（Dominic Lieven）在他的杰出著作《俄国与拿破仑的决战》（*Russia against Napoleon*）里所提到的：

马匹实现了现代坦克、卡车、飞机和机动火炮的功能。换句话说，这是一种集震慑、追逐、侦察、运输和机动火力于一体的武器。马匹是关键因素——也许甚至是俄国击败拿破仑的唯一决定性因素。俄国轻骑兵有着巨大优势，使拿破仑从莫斯科撤退的时候得不到粮草供应和安定休息，从而摧毁了拿破仑的军队。1812年，拿破仑不仅失去了所有士兵，而且几乎失去了他入侵俄国使用的全部马匹。1813年，他能够而且确实重新补充了兵员，但事实证明，找新的马匹是更加困难的事情，而且最终成为灾难性的问题。最重要的是，1813年春天，正是由于缺乏骑兵，拿破仑才没有赢得关键性战役，并使他同意了致命的两个月的夏季停战协议，这造成了他的最终溃败。1814年，最后一次同盟军进攻导致巴黎陷落，拿破仑政权被推翻。这次进攻的直接原因就是，俄国的轻骑兵截获了法国的秘密文件，暴露了拿破仑皇帝所有的计划以及首都的不堪一击。

有一句军事名言："业余的人谈战术，职业军人则研究后勤。"击溃敌人阵形的骑兵冲锋是让人兴奋的事情，历史故事中充满了这样的英雄事迹。而如何为军队供应食物和军火的复杂细节，以及怎么在泥地里把它们运送到战场上则更让人感到无聊，而且很少有畅销书花工夫来描述这些（利芬的书是比较令人欣喜的例外）。然而，从长远来说，正是运输能力决定了一个社会是否对另一个社会构成优势。事实是，在内燃机出现前，穿越国界给军队运送补给和火炮设备，或侦察敌人位置及敌军动向的唯一实用方式，就是骑马。

欧亚大陆干草原的居民是机动战争的高手。"蒙古人有能力在各种地形上以高度分散的阵型进行移动，而同时在不同的队伍之间保持通讯，以便确保在关键的时间和地点集中所有兵力，"威廉·麦克尼尔（William McNeill）在《西方的兴起》（*The Rise of the West*）一书中如此写道。"速不台是 1241 年负责西征的将军，对他来说，协调在波兰行动的军队与逼近匈牙利的军队不是什么难事，尽管他们之间有喀尔巴阡山山脉的阻碍。而直到 18 世纪晚期，欧洲军队才取得这种远程协调军队的成就。"[178]

那么，骑兵的发明就为欧亚大陆的战争带来了革命性的变化。来自干草原的马上弓箭手能够碾压文明国家，将它们的军队各个击破，摧毁那些没有城墙保护的城镇。他们不能对那些有城墙保护的城市发起猛攻，但是能够通过阻断对手使用乡下的资源而使得他们弹尽粮绝。

骑兵作为一种较为平衡的军事力量，效果更好。一旦战马被引进到那些与干草原毗邻的定居农业地区，文明国家就能开始将战马、步兵以及围城机械结合起来。然而，并不是其中的某个文明国家首先学会了如何将其他战斗武器与骑兵结合起来的，而是一个有着干草原起源背景的群体：米提亚人。

基亚克萨雷斯一世（Cyaxares I）带领米提亚人，与赛西亚人和巴比伦人结成联盟，摧毁了亚述王国，并建立了一个从安纳托利亚绵延到阿富汗的帝国。朝代更替也不能阻碍他们的扩张。新的统治者们被称为阿契美尼德王族（Achaemenids）。他们是波斯人，与米提亚人关系密切。第一个阿契美尼德皇帝实际上声称自己是基亚克萨雷斯之孙。后人称他为居鲁士大帝（Cyrus the Great）。

阿契美尼德帝国（公元前550—前330）完全是一种新的运作规模。在其鼎盛时期，帝国覆盖超过800万平方公里的领土（约300万平方英里），有2500万到3000万臣民。为了让你理解它代表的进化飞跃，请想一下：在阿契美尼德帝国之前，最大的国家是埃及和亚述帝国，波斯帝国征服了埃及和亚述，以及邻近的其他地区。在西部，波斯人兼并了安纳托利亚的希腊化城市，将马其顿变成了属国，而且还试图征服希腊本土。在东面，帝国延伸到印度次大陆，把印度河当作边境。

来自干草原的马背上的弓箭手们对亚洲西南部的入侵，引起了一连串互相关联的军事、政治和宗教动荡。公元前500年左右的世纪里，人类见证了军事革命和战争的激烈化，这让农业国家更容易消亡。同时，我们也看到了本质上全新的轴心宗教的传播，以及史无前例的大型轴心帝国的兴起。

很难相信这些发展都是纯粹的巧合而已。轴心时代开始于欧亚大草原。[179]

这里我们再次发现破坏性创造在起作用。新形式的战争使得社会之间的竞争加剧。有些社会——乌拉尔图、佛里吉亚、亚述——都崩溃了。其他社会都以疯狂的革新进行回应。首先，他们做了最明显要做的事情，那就是试图确保有战马的供应并训练骑兵。但是毗邻干草原的农业地区，通常来说，并不是很有利于饲养马匹，因为他们缺乏放牧所需的草地。农业社会必须弄清楚步兵如何应对骑在马背上的弓箭手的威胁。

为了做到这一点，他们需要满足两件事。首先，要有针对弓箭的防护。其次，要反击骑兵冲锋。罗伯特·德鲁（Robert Drews）在2004年出版的《早期骑兵》（*Early Riders*）一书中提出，古希腊和意大利经典的重装备步兵，就是为了应对波斯突袭者而发展的一种作战方式。巨大的木盾（大圆盾）和青铜盔甲是抵御弓箭手的最佳防御装备。在步兵战役中，你实际上不需要巨大而沉重的盾牌，但是当利箭对着你和战友们如暴雨般落下的时候，你就会非常庆幸有盾牌的保护。一个6世纪的古希腊饮水杯上刻画了一名蹲伏的重装备步兵，用圆盾覆盖着整个身体，只有头部（有青铜头盔保护）露出盾牌。

一个长矛林立的防御方阵是对骑兵进攻的绝佳反击。大多数马匹甚至并不会朝着站在原地的步兵冲锋。而且如果身披轻甲的武士确实与方阵短兵相接，重装备步兵只要守住阵形就会占据优势。

虽然重装备步兵及其战争在2004年的电影《特洛伊之战》（*Troy*）中得以描绘，但这是完全不符合时代的。特洛伊是在青铜时代被摧毁的，而经典的重装备步兵确定无疑是铁器时代的产物。他们只是公元前 7 世纪出现在古希腊，而且这种战争方式很可能都不是希腊人发明的。德鲁所检视的证据表明，重装备步兵首先由卡里亚人（Carians，非希腊人群体，居住于当时的希腊化城市米利都东部）在安纳托利亚西部使用。而且卡里亚人可能是在受到西米里人突袭的压力时，偶然发现了大盾牌、盔甲和长矛的结合使用。在我们掌握的材料里，没有提到任何无防御的卡里亚中心点被烧杀抢掠。也许卡里亚的步兵能够将干草原的突袭者们驱逐出去。

尽管重装备步兵是与干草原突袭者交锋的相对有效方式，但在进攻方面是不能够与骑兵对抗的，因为骑兵具有更大的机动性优势。重装备步兵不能解决农业国家的战略困境。如果他们想保护所有的居住地，就会有被各个击破的风险。还是说他们应该集中所有兵力，并放弃乡村给那些入侵的掠夺者呢？

只有一种方式可以走出这种窘境：大力增加国家规模。更多的人口意味着可以招募到更多的军队，有更大的纳税基数来支撑军队。有了更多的战士，国家既可以驻守要塞，又可以有足够的军队来将突袭者赶走。更大的国家还能够建造"长长的围墙"来保护自己不受游牧部落的侵袭（中国的长城就是一个非常精彩的例子）。

这就是为什么我们在轴心时代看到了国家规模的质的飞跃。有着 2500 万到 3000 万臣民的阿契美尼德波斯帝国（公元前 550—前 330），只是新的大型帝国中的第一个。后面就出现了孔雀王朝（公元前322—前185），处于汉朝统治下的中国（公元前206—公元220）和罗马帝国（公元前27—公元476），每个帝国的人口都有5000万到6000万。

一旦那些被骑兵直接威胁的帝国在规模和力量上已经增大，他们就对干草原之外更远的区域构成威胁，例如印度。有些农业国家雇用干草原游牧部落作为震慑军队。其他国家则建设了自己的骑兵队伍。他们也扩张了步兵规模，因为在草原有限的地方很难获得马匹。有着庞大的军队，第一批帝国自然会使用他们征服更多的内陆领土。他们的扩张欲望肯定会在邻国引起防御反应。激烈战争起源于干草原，但是在欧亚大陆地区的战争并不需要干草原骑兵的真正出场，而且在激烈战争形式扩散一段时间后，就出现了大型国家的发展。[180]

但是我们再次看到，规模并不是一切。协调、凝聚力和合作也同样重要。新的轴心帝国的空前规模产生了对新国家机制的迫切需求，这种新机制能让这些巨大联合帝国相对有效运行而不会解体。实际上，第一批轴心帝国是设计相对松散的国家形式。阿契美尼德帝国几乎不断受到叛乱和内战的折磨。居鲁士本人就是通过成功反叛最后一个米提亚国王阿斯提亚格斯（Astyages）而成为皇帝的。而居鲁士大帝的继任者，冈比西斯二世（Cambyses II）在巴迪亚 [Bardiya，或是冈比西斯的弟弟，或根据一些关于刺杀他的传闻，是一个叫高玛塔（Gaumata）的会巫术的人] 的叛乱里死去（或被暗杀）。巴迪亚的继任者是大流士（Darius），他是一个省级长官（总督）

的儿子。大流士的儿子薛西斯（Xerxes）又被他的保镖头领暗杀……诸如此类，不一而足。

随着时间的流逝，这类情况有所改善。随着一个帝国的崩溃，下一个帝国倾向于更加团结稳定。我们很容易在中国看到这种进步带来的稳定，中国有着超过两千年的帝国历史。华裔历史学家许田波（Victoria Tin-Bor Hui）估算，随着每一次朝代更替，相连两个朝代之间的间隔时期、分裂时期和内部战争的时段也会逐渐缩短。每个朝代都建立在前朝治理大型帝国的经验基础之上，并将其完善。经过几百年、几千年的演进，这种帝国管理的经验已经变得更加成熟有效。

轴心时代的宗教是管理帝国的一个重要部分。轴心时代，大型帝国内部冲突的一个重要来源，就是其民族的多元化。在阿契美尼德波斯帝国，只有一小部分居民讲波斯语。帝国的主要官方语言实际上是阿拉姆语（Aramaic）。

所有前现代帝国都是一些跨国组织，依赖于多个民族团体的合作，很多群体对帝国统治中心提供关键性的服务。以下就是英国杰出历史学家亨利·卡门（Henry Kamen）对西班牙帝国的描述，它在 16 世纪是一个真正的世界霸主。

征服的作用是很有欺骗性的。西班牙力量的崛起，实际上是通过国际商业利益的联合而达成的，这包括意大利金融家、德国技术专家以及荷兰贸易商，其任务就是在各大洋之间都建立起贸易网络。在西班牙权力的巅峰时期，帝国实际上是一个非西班牙人组成的全球性企业，包括葡萄牙人、巴斯克人、阿兹特克人、热那亚人、中国人、佛兰德人、西非人、印加人和那不勒斯人，这些人都扮演着重要角色。正是这种资源和人群的多样性让西班牙的霸主地位如此强势。[181]

那么将这种由混合体组成的帝国凝聚起来的东西是什么呢？是天主教（这是一个宗教派系，在 16 世纪晚期迅速发展，并使帝国解体）。当然，西班牙帝国是出现相对较晚的。它得益于 2000 多年的后轴心时代的文化演进成果。但是一个全球性帝国的模式以一种全球性宗教的名义进行管理，则出现在轴心时代期间。阿契美尼德波斯帝国推动了拜火教的传播。孔雀王朝的阿育王皈依了佛教。汉朝统治下的中国有儒学。罗马帝国皈依了基督教。

这些宗教的兴起起了推波助澜的作用。更加关键的是与之相关的平等主义伦理的出现。正如我们在第三章看到的那样，不平等会腐蚀合作。在由轴心时代军事革命产生的新的危险竞争环境中，国家不能像夏威夷酋长国或远古被神化的国王那样摧残自己的人民。国家的生存现在取决于能否建立平民武装部队。如果你想要自己的士兵勇敢作战，你就不能压迫他们，而且如果你一直压迫自己的人民，给他们武器就是非常愚蠢的做法。

简而言之，专制国家不能在新的军事环境中生存下来，很多就从地图上消失了。而其他国家，其精英阶层里肯定有很多人有些不安，这促使他们更能接受谴责者所宣扬的信息。在这样的国家里，新的平等主义思想的传播就有了良好的土壤。

战争的压力会如何迫使精英阶层为了集体生存而放弃他们的特权，其中一个例子是铁器时代的意大利。在公元前500年左右，意大利居住着很多经常互相作战的"民族"。文化群体灭绝的现象非常普遍。例如，我们知道罗马人清除了维爱（Veii）的伊特鲁里亚城邦（Etruscan city-state）和阿乌基（Auequi）的讲意大利语的部落。除了罗马人之外，其他扩张性的民族，有萨莫奈人（Samnites），这是意大利中南部的意大利民族，还有高卢人（凯尔特人），他们从欧洲大陆移民而来，并征服了意大利北部。

对这些文化群体来说，生活是非常不稳定的。罗马自身就好几次到了亡国的边缘，最主要的是公元前390年，由布伦努斯（Brennus）率领的凯尔特人击败了罗马军队，并将罗马攻陷。当然，最终是高卢人和萨莫奈人灭亡了。

早期共和制下的罗马社会（公元前5—前4世纪）分为精英阶层——"长老阶层"，和普通人——"平民阶层"。长老阶层是一群富有的贵族，他们垄断了政治和宗教职位。他们通过禁止在长老阶层和平民阶层之间通婚，形成了唯一有继承权的世袭阶层。平民阶层是一个更加多元化的群体。有些人跟长老阶层一样富有，而且想要获得自己的那份政治权力。然而，大多数平民是贫穷的，想获得土地和减免债务。在这些问题上，长老阶层和平民阶层之间的斗争被称为阶层斗争（Conflict of the Orders）。

平民们用了一个聪明的战术来推进他们的索求。尽管富人也服役于骑兵军队，但他们是士兵群体中的少数。罗马军队的大部分人是平民，他们是重装备步兵的主力。好几次当罗马面临入侵威胁的时候，平民就罢工，拒绝为保卫国家出力。这些事件被称为"分裂"事件，因为当平民被召集去军团服役的时候，他们却去了圣山（Sacred Mount），而圣山离罗马城有三英里远。这些分裂事件起始于公元前494年，当时罗马正在与埃魁人（Aequi）、萨宾人（Sabines）和沃尔西人（Volsci）作战。

公元前4世纪，罗马的陷落和高卢人几乎连续不断地在意大利中部的突袭，吓坏了长老阶层，而且使得他们相信为了克服外部威胁，他们必须与平民阶层合作。在每一次分裂事件后，平民阶层都会通过推进立法来逐渐削弱长老阶层的特权，而且最终使得长老阶层和平民阶层在政治上达到平等。可能也有一些债务减免。然而，最重要的发展，真正有助于解决平民贫困问题的，是帝国的扩张。罗马平民参与了对罗马人所征服土地的划分。

自从第一批大型集权社会——轴心时代前的远古国家出现以来，现代国家已经经历了很多变化，不仅限于有更成熟的技术和更多的财富。现在即使是最具压迫性的政体，例如有些世袭制的国家，也是"后轴心时代"国家。毕竟，其现任最高领导人并没有声称自己是神灵或神灵的儿子（他只是前任最高领袖的儿子）。这些国家并没有施行人祭。至少从理论上来说，这些国家的人都是平等的。

这意味着，在过渡到农业社会之后出现的社会不平等加剧的趋势，在后面某个阶段被逆转了。那么是什么时候呢？

大多数人会想起那些关键性的历史文件，譬如《权利法案》（1689）、《独立宣言》（1776）以及《人权宣言》（1789），这些文件是英国、美国和法国在革命后由国家立法机构颁布的。这些宣言都植根于欧洲启蒙运动，这一时代也被称为理性时代（17 世纪和 18 世纪）。[182]

因此，现代的人权观念是比较近期的事情，但是如果认为欧洲启蒙运动之前人类历史就是毫无减缓的专制时代，就错了。正如我们在这一章节看到的，不平等和专制的极端形式在更早，也就是轴心时代，就开始消退了。我们在轴心时代的思想家那里，从古希腊哲学家、《旧约》中的先知到印度的谴责者和中国的圣贤那里，都可以看到大量证据。而且，孔雀王朝国王阿育王的统治展示了这些思想是如何影响轴心时代大型帝国的统治者和精英阶层的。

驱动这些变化的思想起源于从地中海东部到中国的欧亚大陆地区。这些区域首先采用了新形式的骑兵战争，这种战争方式是在欧亚大陆干草原上发明的。西欧是后来者——它的轴心时代的思想是二手的或三手的。法兰克人是后来法国人和德国人的祖先，在公元 500 年左右皈依了基督教（而基督教本身就是一个分支性的发展，基于早期起源于近东一神论的轴心时代思想）。大不列颠群岛和斯堪的纳维亚国家，当今的人权堡垒，更晚一些才放弃了奥丁神教而皈依基督教（最后一个坚守的国家是瑞典，在12世纪前，一直被欧洲人认为是异教徒国家）。

虽然启蒙时代的思想加速并深化了人类走向更高程度平等的步伐，但这种宏观历史性趋势的来源可以追溯到轴心时代。而且在这种趋势背后的驱动力不是理性，而是信仰。像理查德·道金斯这种新无神论者，认为宗教只不过是恶毒的欺骗，他们将不会喜欢这个结论。然而，这个结论是正确的。

轴心时代的终结引入了几个革新措施，让后轴心时代国家能够增加社会合作的规模。在这一章节里，我主要关注的是轴心时代的宗教如何限制统治者和精英阶层，让他们以不太自私且专制的方式行事，从而减少不平等现象，促进合作。另一个轴心时代的革新就是，宗教从部落的、以民族为基础的形式转向全球的、具有使人皈依之力量的形式。你不需要生下来就是某个宗教的信徒。这些宗教欢迎——实际上是寻找——要皈依的人。成功使人皈依的宗教产生了庞大的信众社会，他们有着不同的民族背景，讲多种语言。换句话说，全球性宗教扩大了合作圈子，超越了民族语言群体；它们就是将多民族帝国里的不同群体凝聚起来的黏合剂。当然，不利的一面是，通过产生一种更加强烈的"我们"的情感，宗教加深了"我们"与"他们"之间的分歧，"他们"是指那些有对立信仰的信徒们。

然而，仅仅增大潜在合作者的圈子是不够的。合作的关键前提之一是信任。在我们祖先的小型社会里，知道谁是可以信任的是很容易的事情。大家都认识彼此。你甚至不需要只依赖自己的经验去跟人们打交道，你要做的就是让耳朵尖一点，听听大家在说啥。我并不是说在小型社会里建立信任是琐碎小事。毕竟，我们巨大而耗费能量的大脑是作为社会记忆和计算的机器发展而来的。即使如此，信任问题在小型社会里更容易通过面对面的交流得以解决，而在我们现今生活的人口上百万计的大型匿名社会里就没有那么容易。

而且根据 2013 年出版的阿拉·洛伦萨扬（Ara Norenzayan）所著的《巨神：宗教如何改变合作和冲突》（*Big Gods: How Religion Transformed Cooperation and Conflict*），这就是另一个关键的宗教革新之处。"巨神"们是那些有三种重要能力的超自然神灵。首先，他们能够进入你的大脑发现你在想什么。具体来说，他们知道你是否真的打算履行你的职责，或者你是否打算作弊。其次，巨神关注你是否想成为一个有美德的人。再次，如果你是一个坏人，那么他们就能够（而且会）惩罚你。[183]

现在，即使你不是像我一样的无神论者，也让我们为了论述来假设神并不存在。那么对神灵们的信仰是如何传播的呢？而在大型匿名社会里的一个问题就是，我们必须不断地决定是否要相信一个与之没有什么私交的人，甚至都不了解他的名声。你就是不能简单地信任任何陌生人。然而，如果陌生人真诚地相信巨神们，那么他就不会骗你，因为他不想在焦热地狱里永生被火烧，或者转世为一只蚯蚓。所以，对一个道德至上的、全知全能的惩罚者有根深蒂固之信仰的庞大群体，要比无神论群体更容易进行合作。在小型社会里，人们的行为是亲社会的，因为他们被熟人和邻居注视着。在大型匿名社会里，他们不得不做善事，是因为神灵在注视着他们。

一旦对超自然、道德至上的惩罚者的信仰在一个群体中蔓延开来，从个体角度来说，非信仰者就要付出代价。人们可能不会跟你交易，因为你不值得信任。你可能也会因为不服从群体信仰而遭到迫害。你最好至少公开信仰，而且遵循证明这种信仰存在的必要仪式（参加祈祷、斋戒等等）。实际上，成为一个真正的信徒是有优势的，因为大多数人并不擅长撒谎。

以洛伦萨扬的话来说，"被注视的人是好人"。注视者是否是你的朋友、邻居或超自然神灵并不重要（或者就像我们现代社会里的"老大哥"一样）。只要有人注视，他们的行为就会很规矩，而且那些行为规矩的群体要比不规矩的群体更加成功。

对超自然、道德至上的惩罚者的真诚信仰非常重要，因为它可以约束权力。中世纪，一个君主可能不是很在乎农民怎么评价他，但是他在一个全知全能的神灵面前可能会思考再三。在古代社会，如果一个统治者不信神，他会冒有被精英阶层联合推翻的风险，这些精英宁愿被一个信仰神灵的人统治。这是一个真的很古老的偏见——它的根源可以追溯到轴心时代。但是这种偏见在中世纪竟然行得通。正如我们所看到的，宗教已经被证明是帝国的绝佳意识形态基础。

第十章　人类进化的曲曲折折

以及历史科学

从人类祖先居住的村庄和部落过渡到现代超级社会的道路并不是笔直的（正如我在第一章——旅途开始时指出的那样）。尤其奇怪的是，人类平等演进中的曲曲折折。

我们伟大的类人猿祖先生活在等级秩序社会中。我们相信这一点，因为我们的近亲，黑猩猩、倭黑猩猩和大猩猩都生活在有着很强的统治等级秩序的社会里（虽然具体来说各不相同[184]）。正如我们在第五章所看到的，早期人类打破了这种模式，演变出一种逆向统治等级秩序，其目标是压制潜在的雄性首领。这在几万年的时间里都颇为管用——直到人类采用农业生产为止，而且随着第一批集权政体的兴起，就允许雄性首领重新浮现，在远古国家有着不受约束的权力，这类国家是人类曾经生活过的最不幸、最专制的社会。

人类学家布鲁斯·克瑙福特（Bruce Knauft）将这称为人

类社会演进的"U 形"。[185] 克里斯托弗·博姆所著的《森林中的等级秩序》以及罗伯特·贝拉所著的《人类进化中的宗教》（*Religion in Human Evolution*）都是关于这个话题的著作。但是正如贝拉本人在书中所说的，第一个 U 形转折后就是第二个转折。这两个转折一起形成了"Z 形"。

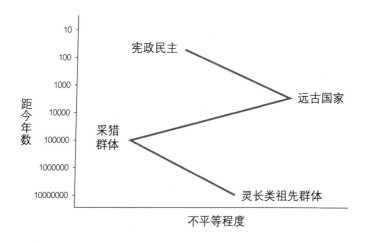

第二个转折点，远离专制的远古国家，要比我们想象的更加远古——出现于轴心时代，而不是启蒙时代。在第九章中我们看到，公元前 1000 年，开始于欧亚大陆干草原的军事革命引发了从地中海东部延伸到中国的农业社会地区的重大进展。新的意识形态——轴心时代的宗教——引入了一系列的文化革新，促进了我们以大型群体进行合作的能力。这些革新包括统治者以不那么自私和专制的方式进行统治的社会规范和制度，对"我们"的新定义扩大了合作的圈子，超越了单个的民族语言群体，而且"巨神"们提供了一种在百万人口的大型匿名社会中建立信任的解决方案。

虽然我的关注点在于轴心时代的巨大转折，但我并非意在贬低欧洲启蒙运动的成就。正是在现代，我们看到了像废除奴隶制和农奴制、人权革命、民主的传播、福利国家的兴起、女性和少数民族的平等待遇，以及合作范围扩大到全人类等重大进展。然而，这些都是宏大的话题，处理这些话题需要写另一本书。

读者知道有这样一本书正在酝酿之中，可能也不会感到惊讶，而且也不会对破坏性创造再次被称为正面因素感到惊讶。然而，我们探索的不是公元前1000年的军事革命，而是公元1500年军事革命的意义。根据弗朗西斯·培根（Francis Bacon）的一句名言：火药、指南针和印刷术造就了现代世界。[186] 我的计划是去追溯这些有革新力的技术如何改变了社会之间竞争的本质，以及它们可能会如何塑造未来。这些话题就是那本书的内容，但是我们在这里还要讨论一件事。战争作为破坏性创造力量的角色是如何在人类进化历史的长河中发生改变的呢？实际上，问题就是战争和社会进化的关系有多紧密呢？这种关系会不会受到损害呢？

我们在第八章讨论历史进程中暴力的长期趋势时，提及过斯蒂芬·平克的《人性中的善良天使》。这本书从每一种意义来说都是一本巨著：不仅仅是因其篇幅，它实质上也是不可忽视的。它影响了很多读者，而且加上贾雷德·戴蒙德的《枪炮、病菌与钢铁》一书，这可能是漫长以来大多数读者了解漫长人类历史的主要来源。但是具体来说，我不能绕开这本书的原因是，它声称暴力在历史长河中已经出现减少趋势，而且这种减少是非常巨大的，至少是一整个数量级。

虽然你拿到的这本书的主题是合作，但我们已经看到，如果我们不理解战争和专制——最丑陋的暴力形式，就无法解释合作。因此，我们需要深入探究《人性中的善良天使》一书。平克做对的和做错的都有哪些呢？让我们首先讨论他对暴力的经验主义说法——历史上暴力究竟如何，然后再去处理理论性的问题——为什么事情会这样发展。我必须立即强调的一件事是，笼统地谈论"暴力"是没有用处的。暴力的各种不同形式——战争、专制、凶杀——都遵循着不同的历史轨迹，由不同的原因所驱动。让我们从战争开始，我所说的战争就是人类群体及社会之间的暴力。

在第八章我们看到，平克对于战争消退的主张需要被验证。战争所遵循的线性轨迹远比《人性中的善良天使》一书里所提到的少。在过去 1 万年期间，战争的曲线与希腊字母 Λ 相似，先上升后下降（然而，要记住上升和下降的过程都是曲折的，局部的波动加上总体的趋势构成了这一轨迹）。

更新世时期，也就是开始于 260 万年前，延续到公元前 1 万年的地质时代，这一时期的气候混乱并不会造成早期人类团体的任何持续性人口增长。采猎群体之间一定有一些零星的冲突导致暴力，但是群体之间主要的选择动因可能一直是严酷的环境。那些解决了集体行动问题（譬如猎捕大型动物、抵御危险的掠食者、应对食物短缺等）的群体，会繁荣起来——或者至少会继续生存下去。他们生存策略的一个重要部分，就是积累关于其所处环境的文化信息并将其传递给后代的能力。[187] 那些没有进行持续合作的群体或没有保留其文化信息积累的群体会消失灭绝。在更新世时期，人类社会之间的竞争通常不是直接的。成功群体的规模不断扩大，分化成子群体并在那些不成功群体消失的地方进行殖民。

当更新世时期结束的时候，冰川世纪以及间冰期期间的气候波动已经稳定下来，人类群体迅速地散布到地球上可以居住的区域。新的稳定性使人口得以增长，而不受环境的制约，这在短期内是好的。[188] 但是随着环境逐渐被占据，人口就不可避免地因宝贵的资源又起了冲突，比如因一片好的渔场，或一片坚果树林。

在这之前很久，人们就已经学会了如何打仗。例如投掷长矛、发射弹弓和弓箭这样成熟的武器，使远距离杀伤变得有效率。这些武器已经存在了几万年之久。在更新世时期，这些武器首先用于打猎（而且的确，也用来镇压那些令人憎恶的傲慢自负者）。群体之间暴力的总体水平是比较低的，因为当受到威胁的时候，有足够充足的未居住区域可以撤退，或者不用跟相邻部落作战而直接去占领这些未居住区域。然而，进入全新世时期新的稳定环境几千年后，人类开始占尽了那些能够居住的空余区域。例如，地中海和近东这些在更新世时期就已经有人类居住的区域，是首先住满人的地方。正是在这些地方，战争首次变成了一种生活方式，只是后来才传播到世界上的所有可居住区域。

因此过去 1 万年里的战争趋势并不是线性的。一开始，首批集权社会的兴起与日益增长的冲突是齐头并进的。只是在更大规模社会出现的时候，一个人被别人杀死的可能性才开始降低。这一章的后面，我会回到为什么会发生这种现象这一问题。

但是首先，让我们讨论在人类平等主义演进中那些奇怪的曲曲折折。这很重要，因为不平等，尤其是极端形式（让我们称之为专制）的不平等是暴力的另一个来源：不是社会之间的暴力——战争，而是社会内部的暴力，是那些有权力的人施加于没有权力之人身上的暴力。在《人性中的善良天使》中，平克给出了很多例子：用人祭祀，猎杀女巫，迫害异端，虐待，残酷且不寻常的惩罚，奴隶制以及专制。[189]

更加仔细地查看一下过去 1 万年的 Z 曲线。就不平等导致的暴力来说，这一部分告诉了我们什么呢？在高度平等的采猎群体里，与不平等有关的暴力实际上是针对那些拥有权力并且还要更多权力的人：也就是傲慢自负者。那些有权有势的人对没有权力的人——被献祭的受害者、奴隶、农奴，以及被迫害的少数群体，包括女性、少数民族和被社会遗弃的人——施加的暴力先是增加，然后下降。还有就是这种轨迹当然不是像《人性中的善良天使》一书里所提到的线性下降。实际上，它总体的形状看上去很像关于战争的 ∧ 曲线——但这只是出现在过去 1 万年里。在这之前，战争和专制是沿着不同的轨迹运行的。

最后，让我们简要地考虑一下另一种暴力——杀人——个人为了利益或一时冲动而杀害其他个体。谋杀率运行的轨迹也不同于战争轨迹。个体对个体的暴力趋势很像《人性中的善良天使》描述的那样——在狩猎采集者中先是比例很高，然后渐渐下降，虽然这些暴力往往是由于冲动。这里的证据是站在平克一边的。斯蒂芬·平克和他的批评者（例如道格拉斯·弗赖伊及布莱恩·弗格森）之间的主要分歧在于战争曲线，而不是人与人之间的犯罪行为。在 2013 年发表的一篇文章中，弗赖伊和帕特里克·索德伯格（Patrik Söderberg）提出，在采猎社会中，一半以上的致命暴力是由单独的个体导致的。所以看上去好像平克做对了一件事情。

但是更广泛的意义在于，不同种类的暴力在人类社会的历史进程中都有着不同的轨迹。这可能是由于战争、专制和谋杀等现象的增加与减少是由不同起因造成的。

奇怪的是，平克的解释性理论一直没有受到与他那些经验主义论述同等的密切关注。部分原因在于作者采取的方式。虽然他的副书名——暴力为什么会减少——许诺给读者一个解释，然而这个问题只是在书的最后一章（最短的一章）才谈及。

但是研究历史上的暴力究竟是如何运行的，应该仅仅是第一步。我们真正需要理解的是，到底是什么让暴力增长和消退。当然，我们可以从暴力在过去几千年里已经下降这个观察中找到慰藉。不过，在这一长期趋势中一直存在着很多波动。例如，在美国，刑事谋杀和其他暴力犯罪的比例在20世纪60年代猛增。平克将这种猛增称为"20世纪60年代的去文明化"（而将随之而来的下降称为"20世纪90年代的再文明化"）。

甚至更重要的是，谁能保证长期的——千年间的趋势不会逆转呢？正如投资顾问警告我们时说的那样，"过去的表现并不保证未来一定有回报"。

让我们从《人性中的善良天使》中的阐释开始，来探索为什么暴力会减少。平克提出了使暴力减少的五种因素：

> 利维坦，一个对武力的合法使用有垄断权力的政府和司法体系，能够消解剥削性攻击的诱惑，压制复仇的冲动，而且避免自私自利的偏见。这种偏见让各方都觉得自己站在天使那一边。商业，一种正和游戏（Positive-sum game），各方都可以是赢家；当技术进步让货物和思想能够在更长距离、更多贸易伙伴群体中得以流通，他人的生命也更有价值，而且他们不大可能变成妖魔化和非人性化行为的目标。女性化（Feminization）是一个文化日益尊重女性的价值和利益的过程。由于暴力很大程度上是男性

的游戏，那些给予女性权力的文化倾向于远离对暴力的美化，而且更不可能在无所寄托的青年男性中滋生危险的亚文化。世界主义的力量，诸如识字率、人口流动性和大众传媒都促使人们接受他人的视角，扩大同情范围，善待他人。最后，理性的自动扶梯，一种将知识和理性大力用于人类事务的应用，能够迫使人们认识到暴力循环的毫无意义，减弱自身利益优于他人利益的想法，并重新将暴力定义为一个要解决的问题，而不是一场要赢得的比赛。[190]

如果这听上去像一些原因的大杂烩，那么确实如此。对平克来说，暴力的减少是人类历史进程中很多几乎偶然的发展结果（正如他的表述："外在因素"）。他说："我们不应该期待这些因素会从一个宏大统一的理论中消失。"[191] 但是为什么不呢？

当然，本书的主题恰恰是提出这样一个理论，也就是这些因素的确共有一个起因。暴力减少的关键进程一直是人类合作规模的上升。记住，和平不仅仅是没有战争；持久稳定的和平需要很多管理。而能达到这一状态的方式就是合作。随着过去一万年间合作范围的增大，越来越多的人发现自己生活在大型的超级社会中。随着时间的推移，超级社会演进出更加好的制度来维持内部的和平和秩序。这些有效的制度用来压制犯罪行为以及内部政治暴力的爆发，例如起义和内战。

然而，制度只是事情的一部分而已。同样重要的是大多数人所持有的价值观。人们可以设计出完美的司法体系，但是只要大多数人觉得贿赂警察和法官没什么大不了的，而且这些官员本身也觉得行贿、受贿是做事情的正常方式的话，这种体系并没能给人们以正义。制度要有效运行，就应该有相应的道德价值观来支撑。帮助亲戚朋友这种倾向是一种适合小型社会的亲社会价值观。但是在大型社会里，就需要服从一种反对裙带关系和任人唯亲的倾向。所以，在现实中，正是制度和价值观的共同演进才让超级社会中的合作成为可能，而一个统一的理论必须能够兼顾二者。

确实，随着社会规模变得越来越大，社会内部越来越有凝聚力，国与国之间的战争也就变得更加有破坏性。战争的规模随着社会规模的增大而增大，最终在1914年到1945年间的悲惨三十年中达到顶峰，发生了两次世界大战。但是即便伤亡数字从绝对意义上来说是上升的，从相对角度来看却是下降的。对于普通公民来说，死于战争的可能性由于政治单位的增加而下降。绝对数字是有欺骗性的。人们可能会认为第二次世界大战对于美国的打击比美国独立战争的打击更严重。毕竟，20世纪的这次冲突让40万美国人丧生，而18世纪的那场战争才死了25000人。然而相对于人口数字来说，死亡率在二战中是0.3%，在独立战争中则是0.9%。总人口从250万到1亿300万的上升，"稀释"了战争的死亡比率。相对死亡率的三倍差异意味着，生活在20世纪40年代的美国人在战争中死去或失去挚爱的几率要比生活在18世纪70年代的美国人小三分之二。

我们这里所说的是一个自相矛盾的结论。正是暴力——社会之间的互相交战——驱动了超级社会的演进，而且正是超级社会最终使暴力减少。这种动态关系可不是什么"外在因素"。

斯蒂芬·平克是演进心理学（Evolutionary Psychology）[192] 这个相对新兴的学科的先驱之一。现在，演进心理学和文化演进虽然在名字里都有"演进"一词，但它们对于人类行为的研究采取了不同的方法。具体来说，平克在人类个体心理中寻找暴力减少的原因。他在书的前言中解释他的书要达到的目标时，写道：

> 本书大部分内容是在探讨暴力和非暴力的心理。我将大量援引的心智理论是一种综合性科学，涵盖认知科学、情感和认知神经科学、社会和演进心理学，以及我在《心智探奇》（How the Mind Works）、《白板》（The Blank State）和《思想本质》（The Stuff of Thought）这些书里探索的与人类本质有关的其他科学。根据这一理解，心智是一个由大脑实施的具有认知和情感能力的复杂系统，而大脑对这些能力的基本设计要归功于人类进化的过程。这些能力的有些部分让我们倾向于做出各种暴力行为。其他部分，用亚伯拉罕·林肯的话来说，"我们本性中的善良天使"使我们倾向于合作和和平。解释暴力减少的方式，是为了识别我们的文化和物质环境中有哪些变化让我们和平倾向的动机占了上风。

平克并没有提到我们文化环境中的变化，但他强调的是这种环境是如何塑造个体心理的。对他来说，文化是一种"在不同时间以不同方式影响着我们心智的外部因素"。他对文化演进具有强烈的批判态度，尤其是批判"社会演进的主要动力是社会之间的竞争"这种思想。在一篇发表于 2012 年、名为《群体选择的错误诱惑》（*The False Allure of Group Selection*）的文章里，他写道："你越仔细思考群体选择，就越觉得这个理论并不能讲得很通，也越觉得它对人类心理和人类历史来说并不是很适合。"[193] 平克构建的这个观点是用来反对文化多层选择理论的，这与理查德·道金斯的理论不谋而合，我们在第三章就提到过这些。像道金斯一样，平克也将亲缘选择理论、互惠利他主义和声誉管理理论作为合作演进的替代解释。

由于平克有效地沿用了社会合作理论的"副产品"，他的分析中缺乏对文化变革在现代社会和平化中所扮演角色的理解。简而言之，斯蒂芬·平克和其他演进心理学家思维的问题在于，他们忽略了文化，即与基因和环境一起塑造着人们行为的社会传播的信息。因此，他们的写作中都缺失了对这一关键的历史动态关系的讨论，即制度和价值观的共同演进让超级社会中的合作成为可能。

所以，斯蒂芬·平克的"五个历史性因素"是如何在文化演进的情景下叠加在一起的呢？

利维坦。毫无疑问，国家的兴起是通往现代社会和平化进

程的重要步骤之一。国家机构，例如司法体系和警力，显然
对于维持内部和平和秩序是重要的。我们也不要忘记制定法律
的立法机构和征税的行政机构，没有了这些，国家也就不复存
在。

然而，平克并没有解释为什么国家会兴起，以及国家如何
随着时间的推移变得更有能力。对他来说，一个正常运行的
国家是另一个"在不同时间以不同方式影响着我们心智的外部
因素"。然而正如我们所看到的那样，国家并不是"碰巧出现
的"。国家之所以演进，是为了应对战争的压力。正如历史社
会学家查尔斯·蒂利（Charles Tilly）的名言："国家制造战争，
而战争塑造国家。"国家是对不断升级的冲突的一种调整适应，
而它们也会让冲突进一步升级。

商业。这里的情况更为复杂。虽然商业从总体来说确实是
一个正和游戏，但总是有一些人会赚得更多，而其他人会亏
损。因此，就很可能使用武力来改变贸易流向而让本国受益。
在缺少抑制战争的国际机构和规范的情况下，有什么能够阻止
一个强大的国家予取予求呢？什么都不能阻止，这就是为什么
欧洲殖民主义的历史提供了如此多的例子来证明这个原则的实
际运用。上一场殖民扩张仅仅发生在一百年前，也就是对非洲
的争夺混战（1881—1914），到后期，除了埃塞俄比亚之外，
整个非洲大陆都被欧洲势力所瓜分。

另一方面，"经济发展有助于减少暴力"这个说法有一定
道理。在《人性中的善良天使》第十章里，平克考虑到了财富

的改善作用，但只把它视为一般的解释而加以忽视。他将重点放在了个体行为上，而不是社会的演进上。让我们来看一下财富的增长是如何重塑社会之间的竞争形式的。

我们看到，尽管战争仍然是社会之间最重要的竞争，但暴力本身实际上在轴心时代期间和之后都在减少，这仅仅是由于在大型帝国里较小比例的人口是在前线作战的。这并不是说剩余的人口都与战争形势无关。社会必须大规模生产军事设备和补给，并将它们有效率地运送到需要的地方。换句话说，物质财富变得比战争武力更重要。后轴心时代的帝国可能还会用它们的财富来贿赂野蛮人，或者雇用他们来攻击敌对国家。从中我们看到，破坏性创造不仅塑造了人类社会，也重新塑造了其本身。

基于财富基础之上的竞争形式，在下一场公元1500年的伟大军事革命之后变得更为重要。到20世纪为止，作战能力肯定让位于工业组织和生产能力。在第二次世界大战期间，德国士兵比美国和苏联士兵作战能力更强。[194] 然而众所周知，美国的生产力就是比德国更强大。我们不太熟悉的是，苏联的生产力实际上也比德国强大。虽然红军的作战行动得到了美国物资供应的支持，但是红军之所以胜利是由于苏联比纳粹德国生产了更多的坦克、火炮和飞机。

第二次世界大战结束之后，社会之间的竞争从军事转向经济和意识形态领域的迹象更明显。幸运的是，苏联和美国从来没有进行过正面战争。然而，苏联输掉了这场关于人民生活水平和其他方面的竞争。不像战后日本，胜利者在没有与失败者进行过任何商讨的情况下，实施了新的制度，而苏联人则不同，他们改变了自己的政治和经济体系——苏联解体了。这个过程很混乱，而且结果让很多人失望，但无可否认的是，俄罗斯社会在 20 世纪 90 年代与 20 世纪初相比有了极大的改变。

我想要表达的是，战后日本和战后苏联都是由于社会之间的竞争而导致迅速文化演进的例子。但是尽管在日本，战争——热战——是占主导地位的选择因素，而在俄罗斯，主要的因素从本质来说是经济方面的。

女性化。这里的情形要比斯蒂芬·平克描述的更加复杂。我同意"文化日益尊重女性的价值和利益的过程"在暴力的减少中扮演了重要角色，但是我将这视为争取更大平等中更广泛趋势的一部分，在轴心时代的道德革命之后，接着就发生了这种变化。所有形式的不平等都会使得暴力增加。被神化了的统治者需要用人来祭祀，奴隶主能够不受惩处而处死或折磨奴隶，杀害农民的贵族比对贵族发起反击的农民更有机会逃脱诉讼。但这些形式的歧视（包括对女性的歧视）消退的时候，就会对暴力有直接的影响。男性和女性之间平等程度的提高已经废止了男性殴打甚或杀死其妻女的权利。

然而，同样重要的影响是不平等降低了合作程度的方式。贵族和农民之间的不平等降低了 99% 的人与 1% 的人合作的意愿。男性和女性之间的不平等降低了处于弱势的性别群体与其他 50% 的人合作的意愿。士气对于合作来说是非常重要的，而不平等会削弱士气。

世界主义。 平克本人在书的第十章里使用了一个更好的名称来描述这种因素：扩大的同情范围。但是他的视角太窄，他只是针对 18 世纪的人道主义革命做了一些论述。实际上，同情范围的扩大伴随着合作规模的扩大。确实，它是贯穿我们人类物种进化史的一个重要因素。

在我们那些仅仅以面对面交流合作的遥远祖先当中，同情范围只包括亲戚和朋友。任何你不认识的人都是一个潜在的敌人。一个重要的进化突破就是用语言和方言、穿衣和装饰风格（包括纹身），以及行为（例如参与集体性仪式）这些象征性标志来划定合作群体。通过象征意义来划定的合作群体，或部落与民族，允许我们增加合作规模，超越我们个体的人际圈子。当然，在一个部落和民族内部增大合作范围的缺点就是，会与其他部落和民族发生更强烈的冲突。

另一个重要的指示因素，是轴心时代宗教的兴起，这促进了那些共享一种世界性信仰的多民族社会的合作。再一次，其缺点就是更激烈的"圣战"，在以宗教界定的多民族和多国家的社会之间的冲突，但是这又是一种结局比看上去要好的权衡。

尽管民族主义和宗教已经引起了很多人类惨剧——这一说法是正确的，但我们也不应该忘记它们的积极性成就。这些意识形态为演进出大型社会提供了一些基础性要素。民族主义和宗教（或轴心时代性质的民族主义和宗教）允许"想象的共同体"的发展，在这种社会中，人们互不相识，但愿意与那些有相同信仰的人进行合作。而且再次，尽管战争随着社会规模的扩大而加剧，但是暴力的相对程度降低了。所以民族主义和宗教同时增加了内部合作，并且增加了群体之间的冲突。关键是，在使得大型社会有能力进行合作的同时，它们也降低了相对伤亡率。

通过象征性符号划定合作群体的另一个好处是，它提供了操控这些象征性符号来扩大合作范围以包括全人类的可能性。这最后一步（至少从智力上来说），是在 18 世纪人道主义革命期间完成的，但是这只是许多人的第一步而已。而且，有必要正确看待这种发展。从理论上来说，所有"好人"都认为所有人的生命是同等宝贵的。而实际上，即便最开明国家的政府都往往更重视本国士兵的生命和公民的福利，这远远超越他们对其他国家公民和士兵的态度。他们当然会争辩说，他们对自己的人民有着特别的责任，但无论如何，要将法国和苏格兰启蒙思想家们的思想在国际范围内达到内化，我们仍然任重道远。

理性的自动扶梯。解释暴力下降的第五个也是最后一个因素，是平克论据中最薄弱的环节。平克争辩说："因为迷信而杀人，例如用活人祭祀……在更具智慧的民众的监督下会解体。"[195] 但是在时间轴上，这是完全错误的。因迷信而杀人在更具智慧的民众监督之前就已经不成气候了。实际上，人祭是很多早期人类集权社会的共同特点。当社会规模发展为更大更成熟的国家时，这种行为就消失了。驱动这种变化的不是理性，而是宗教，那些在轴心时代兴起的新宗教。

在欧洲内部，活人祭祀的行为在斯堪的纳维亚半岛停留的时间最长。例如，多亏中世纪的史实记录者不来梅（Bremen）的亚当（Adam），我们可以了解到在维京时代，乌普萨拉古城（Gamla Uppsala）举行过活人祭祀。这种异教徒做法最终被基督教清除——远在理性时代到来之前。很难说这些发展是与任何单独的知识增长同步的——斯堪的纳维亚地区是在8世纪到12世纪之间被基督教化的，这一时期也被称为"黑暗时代"，是理性退居幕后的时代。

当然，活人祭祀仅仅是平克列出的"因迷信而杀人"的框架下许多种暴力的一种。但是这种具体的事例带出了一个他观点上的总体问题。听上去可能很奇怪，尽管在《人性中的善良天使》一书里引用了很多图表和一长串科学研究，但平克并没有将科学方法运用到极致。他的方式是归纳性的：他在前九章对大量的经验主义材料进行筛选，在最后一章里寻找"共同线索"。当我们在发展一个新兴科学学科的初始阶段，这么做是可以的。但是当科学在发展出理论并开始用广泛的数据进行系统性测试时，它就成熟了。文化演进这一新兴学科做的就是这些事情。它有着成熟的理论，而且我们已经开始用历史和考古的大型数据库对这个理论进行测试了（我会在这一章的末尾部分详谈）。

《人性中的善良天使》讲了一个关于人类历史的故事，在某种程度上与本书中一直在拓展的主题重合。但是平克的版本不仅从理论角度来说不如我的强有力，而且在实证支持方面也不够充分。这是一个尝试用"科学"的方式来研究历史的有趣例子，我本人完全支持这种方式，但是我认为我们可以做得更好。如果我们想确认暴力是减少的，我们就需要理解为什么它会减少。

让我们回到社会间竞争的本质不断变化的问题。即使在过去，破坏性创造也不仅仅是以战争形式体现出来的。世界性宗教只有在胜利者强力迫使失败者皈依时才会得以传播（当然有很多这样的例子）。佛教在没有战争和征服的情况下传入东南亚。基辅罗斯这个中世纪早期的帝国于988年接纳基督教，因为旧有风格的宗教已经无法把基辅王公们统治的巨大领土上那些多元化的民族凝聚起来。

现在的世界绝对不是已经没有战争。然而，破坏性创造的非暴力形式已经变得比其暴力形式更加重要了。前面我们看到，基于财富基础之上的竞争形式，尤其是在过去500年里已经变得更加重要。文化演进的另一种模式是，在社会应该如何组织这个问题上，各种思想不断斗争。民主和自由市场是否是促进经济增长和社会福利的最好方式呢？还是说，由国家的威权和国家对经济的指导所支撑的政治稳定是未来的出路呢？换句话说，华盛顿共识是否会优于北京共识呢？哪一种民主政府运作得更好，总统制还是议会制？税率应该定高还是定低？国家追求鼓励生育的政策是否是个好主意，或者家庭是否应该自己决定想要几个孩子呢？

所有这些"思想"都是文化元素。它们是文化演进的养料，因为它们彼此不断竞争（总统制还是议会制）。当一种文化特征以另一种文化特征的削弱为代价而增加频率时，这就是文化演进。有很多原因可以解释为什么有些思想会在竞争中击败其他思想。有些思想可能看上去比其他思想更能讲得通，而且在经过公众讨论后就可以付诸实施。在其他情况下，声誉和时尚可能会起到某种作用，也可能是纯粹的偶然。然而，思想的命运最终取决于实践后是否有成效。

　　想一下一夫一妻制，这是对一个丈夫只能有一个妻子和一个妻子只能嫁一个丈夫的限制。自从农业出现之后，一夫多妻制（在第五章里简短提到过）在大多数人类社会中都是很正常的事情，这种一夫多妻的婚姻形式尤其在那些能够养得起多个妻子的精英阶层中非常普遍。根据斯坦福大学历史学家沃尔特·沙伊德尔（Walter Scheidel）的研究，对一夫多妻制的明确禁止首先出现在古典时期的希腊人和罗马人社会里。一夫一妻制通过希腊、罗马文化的影响而成为基督教的一部分（相比之下，直到很久之后的公元 1000 年，犹太人才禁止一夫多妻制）。直到大约 1900 年，基督教都是将一夫一妻制传播到更广泛世界的引导者。

　　然而，在 20 世纪，这种习俗在那些历史上没有基督教传统的国家里迅速传播——一夫一妻制 1935 年在泰国，1953 年在中国，1955 年在印度，1963 年在尼泊尔成为现实。

　　用文化演进的术语来说，一夫一妻制传播到非西方国家的主要机制是"基于声望之上的文化传播"。[196] 换句话说，欧洲社会和它们在新世界新兴的殖民地如此成功，以至于其他国家开始从总体上模仿它们的文化特征。例如，在 1868 年明治维新之后，日本模仿了西方的经济组织方式、教育体系以及着装风格。日本还对婚姻采取了西式的态度，在 1880 年就宣布一夫多妻制为非法。

日本崛起为强国的一个重要因素是模仿了 19 世纪西式的着装风格，这值得怀疑。毛纺三件套不太适合日本的湿热气候。而另一方面，一夫一妻制被证明是一个真正有益的思想。约瑟夫·亨里奇（Joseph Henrich）、罗伯特·博伊德和彼得·里彻森的研究表明，一夫一妻制社会在竞争中会击败那些一夫多妻制社会。当有些男性娶了多个妻子后，其他人就没有配偶。一夫一妻制降低了选择配偶方面的竞争，而且增加了男性之间的平等。这种制度也降低了男女之间的性别不平等。在一夫一妻制的社会里，包括强奸、谋杀、袭击、抢劫和欺诈在内的犯罪率也下降了。男性不再追求拥有更多妻子，而是在他们的孩子身上进行更多的投资。一夫一妻制增加了积蓄，而且提升了经济生产力。[197]

这不应该是什么让人惊奇的事情。就像在团队体育中（第四章里提到的），群体内部竞争和不平等的减少会让群体成为更强大的竞争者。这一总体原则对足球队伍和整个社会来说都适用。

第四章的主要结论值得重复一下：加剧群体内部竞争通常

导致群体表现更糟糕。根据个人主义预言家（例如安·兰德和杰夫·斯基林这些人）的逻辑，一夫多妻制应该能促使男性付出更大努力来致富，以便养得起一个妻子，然后变得更加富有，以便能养得起许多妻子。如果情况如此，那些有勤劳的男性人口，而且实行一夫多妻制的国家，应该比一夫一妻制的国家享有更大的经济增长。

但是情况恰恰相反。对热带地区发展中国家的比较显示，一夫一妻制国家的人均 GDP 是一夫多妻制国家的三倍。[198] 个别国家间的差异可能是惊人的。比较一下禁止一夫多妻制的博茨瓦纳与允许一夫多妻制的布基纳法索（在那里，超过一半的已婚妇女属于一夫多妻制家庭），博茨瓦纳的人均 GDP 是布基纳法索的 10 倍。

文化演进是一门年轻的学科，我并不是说这门学科已经准备好开出具体药方来改善我们的社会。另一方面，我们已经有了许多具体文化习俗产生社会利益的例子，譬如一夫一妻制。而且关于不同类型的竞争对合作的不同影响（无论是群体内部还是群体之间的竞争），也有了总体的理论结果。这些理论和经验主义方面的远见已经能够帮助我们"推动"社会朝着正确的方向行进。

我曾说过，社会之间竞争的本质一直在变化。竞争的本质越来越非军事性。经济竞争的非暴力方式最初是为履行军事职责而发展起来的，现在也有了其自身存在的意义。社会之间的竞争不仅是为了构建最令人叹服、最具有破坏性的军事机器，而且是为了为其公民提供更好的生活条件。世界各地的人们都开始要求政府在生活质量方面为他们提供可持续的改善。那么，这就是人类的伟大希望：战争最终可以消失，而代之以更具建设性的竞争。

这本书的核心问题就是，为什么在过去 1 万年里，大型复杂社会取代了小型社会。就如我们所见，今天大型社会构建可行性政体的能力和培育生产性经济体的能力，是因各国而异的。如果我们将所有国家按照它们给普通民众所提供生活的质量来进行排名的话，我们会看到，一端是丹麦和法国这样的国家，经济富有成效，不平等程度低，政治稳定性高，犯罪率低；而另一端是像阿富汗和海地这样的发展中国家。

为什么有些国家没有满足其国民的基本需求呢？为什么经济会下降，而不再增长呢？社会学家们对这些问题的争论无休无止，而且到目前为止还没有得出共识。问题是，在他们寻找答案的过程中，大多数经济学家和其他社会学家都只关注当前或近期的情形。然而，现代社会并不是 10 年、30 年或 100 年前突然出现的，它们是逐渐从数千年前的早期人类社会演变而来的。在本书中，我们已经总结了从农业革命时代到轴心时代的轨迹。正如我们已经看到的那样，实行农业并没有立即导致复杂社会的兴起——通常，文化演进要导致复杂社会的产生，但这需要几千年时间。现在文化演进的步伐加快了，但是研究表明，现代国家的经济发展和政治稳定取决于几十年甚至几百年前所做出的文化革新和政治决定。[199]

如果我们想要世界各地的人们生活得更好，我们就需要了解如何来挽救那些失败国家以及重启它们的失败经济。正如我们所看到的那样，关键就是合作。在几百万陌生人可以彼此合作的地方，我们会看到强盛的国家和繁荣的经济。在合作失败的地方，国家和经济也会遭遇失败。这就是为什么解决超级社会之谜如此重要，为什么理解人类在大型去个性化社会中合作的能力如何演进如此重要。

我不会假装我有所有的答案。然而我确信，解决我们书中涉及的这些大问题——合作的演进、战争破坏性和创造性的两面，以及人类平等主义的奇怪轨迹——将会是制定有效政策建议的关键一步。我们现在需要做的事情是发展合作科学，直到我们可以利用这种科学来改善人民的生活。

而这就引出了本书的最后一个话题：我们如何发展合作科学？正如我们一再看到的那样，研究者们几乎对本书提及的所有问题都没有一致意见。我这里要提出并阐释的理论只是众多理论中的一个而已。为什么你们就应该相信我的解释是正确的呢？

实际上，我并不想让你们相信这个理论。首先我是一个实践科学家，而且我非常清楚，科学中没有任何理论可以成为最终**真理**。在我的科学生涯中，我已经看到几个模式的急剧变化（文化演进是一个迅速发展的领域，这一点很有帮助）。重要的不是一个人的思想是否正确，而是这些思想是否有成效。

有成效的思想会产生新的理论和数据，以此可以对抗假想。数据会摧毁一些假想，而且迫使我们修正其他假想。然后我们重复这一过程。正如德国社会学家爱德华·伯恩斯坦（Eduard Bernstein）在 1898 年所说："终极目标是虚无；运动就是一切。"而尽管终极目标确实是虚无，但运动（变化）确保了我们以越来越好的理论不断接近真理。这就是我们对人类社会如何运作和变化的理解。我们最终可以利用科学来进行理论排除。

你可能会问，是什么阻止了我们让科学方法在此前所有现存的理论中大行其道呢？简单的回答是，数据的缺乏。其实，数据是存在的。知识就分散在无数已经发表和未发表的文章之中。相当一大部分知识存在于那些专门研究具体地区和时代的考古学家与历史学家的大脑里。让这些材料在系统理论检验中唯一有用的办法，就是把它们从人脑和论文中翻译转录到计算机可读的电子媒介上。成千上万的历史学家和考古学家共同告诉了我们很多过去的事情。如果我们能够有办法将他们的知识汇集到一起，我们就拥有了非常令人惊奇的、丰富的历史画卷。尤其重要的是，这些知识将允许我们拒绝很多理论，并构建新的且有所改进的理论。

杰出的美国考古学家和历史学家詹姆斯·亨利·布雷斯特德（James Henry Breasted），在美国埃及学和东方历史研究方面首屈一指，并在 1928 年成为美国历史协会主席。他在 1919 年写道：

这是一项宏大而全面的任务——系统性地从古迹、书面记载和实际居住地收集事实性材料，并将这些事实组织成庞大的历史档案。人类故事的分散性片段从来没有被集合起来。然而，它们必须通过某种有效率的组织汇集在一个屋檐下，这样历史学家才能够从这些事实中提取材料，并向现代人展示人类自身生涯的故事。在这个故事中，最重要的缺失章节，将向我们展示人类文明最早的过渡——从史前狩猎者的野蛮状态到我们自己的文化祖先在早期文明社区中的社会和伦理的发展，而来自近东地区的大量有组织的材料将能够让我们找回这些章节。[200]

近一个世纪以来，布雷斯特德的宏伟愿景还是没有实现。但是情况正在发生变化。我与一群很有天赋的社会学家、历史学家、考古学家和计算机科学家一起协作，一直在努力让这变成现实。我们在构建一个新的工具，这个工具将会改变我们对于过去社会的理解。我们将其称为塞丝哈特全球历史数据库。这个名字取自埃及掌管书写之神的名字，他实际上就是数据库的书记官：古埃及人在编纂记录的过程中描述过塞丝哈特，例如在记录每个国王的在位年数时。[201]

我们的项目目标是，系统地组织由成千上万的历史学家和考古学家所持有的关于过去人类社会的大量知识，而且通过互联网让所有人都能接触到。一旦成功（在2015年我写这本书的时候，我们正准备开始分析塞丝哈特数据的第一批材料），我们将能够把关于人类社会演进的一些不同理论进行一次史无前例的实证研究。我预计，先前的绝大部分阐释将不会在这种破坏性创造的过程中存活下来，而且破坏性创造理论本身都不能保证不受任何批评。

正如我们在全书中所看到的，虽然很多实证工作已经进入到文化多层选择理论，但与塞丝哈特这样一个庞大的历史数据库进行正面交锋的将是一个更高规模的挑战。就科学理论而言，易于被排斥当然是好处。科学家们不是预言者，而且我们并不声称自己知道终极真理。相反，科学是一个逐渐接近真理的过程，即使科学永远都到达不了终极真理。我们提出可检验的解释，然后用数据来对证。我们排除并修正思想，并让它们再经历一轮检验。最后出现的并不是任何意义上的终极真理，但是这已经很好了。科学已经使我们能够构建各种各样美妙的东西，向这个星球之外的太空进发，治愈以前无法治愈的疾病。同样，把对人类社会的研究转变为一种真正的科学，我们将学会如何治愈更多的社会弊病。

这种研究方式和通常的历史研究方式的区别在于，我们将把这些理论——不仅是我支持的理论，还有其科学意义上的竞争对手——置于严格的数据挑战之下。我认为破坏性创造将会发展得很好，但是我们在接下来的几年里才会知晓答案。毕竟，就我们独特的科学竞争方式的本质而言，我们不可能完全正确，但愿最好的思想能够胜出。

致　谢

这本书已经酝酿多年，在写作中，我受到了很多人的帮助——知识上的、专业上的以及生活上的。让我从感谢那些影响过我的主要思想家开始。首先是彼得·里彻森和罗伯特·博伊德，他们是现代文化演进理论的创始者。我在1983年遇到了大卫·斯隆·威尔逊，他是多层选择理论的早期提倡者，在20世纪80年代和90年代这一理论受到最大挑战，但在这20年里，他依然如故。大卫也一直是进化研究所不错的同事，下面我们会谈及更多。罗伯特·贝拉，《人类进化中的宗教》一书的作者，让我走上这条最终通向人类平等的Z曲线的研究道路。我喜欢和罗伯特在与《宗教、大脑和行为》（*Religion, Brains, and Behavior*）杂志特刊上交流，专门讨论他不朽的著作，我非常感激他对我的批评文章做出的亲切回应。由于他在2013年去世，没能见到他本人成了我人生中永远的遗憾之一。很多年前，我在圣塔菲遇到克里斯·博姆，他对我在理解Z曲线里的第一个"拐点"方面有着重要影响，也就是我所说的从有等级秩序的大猩猩种群到非常注重平等主义的人类采猎社会这个节点。

我还想感谢我的许多同事，与他们的讨论帮助我理清了我对书中所探讨问题的思考，他们是：斯各特·艾特蓝、吉姆·本内特、斯韦特兰娜·柏林斯卡娅、罗伯特·卡内罗、克里斯·蔡斯–邓恩、劳拉·福尔图纳托、赫柏·金蒂斯、杰克·戈德斯通、乔恩·海德特、汤姆·哈勒、乔·亨里奇、迈克·霍赫贝格、邓·约翰逊、蒂姆·科勒、安德雷·科罗塔耶夫、尼古拉·科拉丁、理查德·麦克尔里斯、伊恩·莫里斯、赛尔吉·奈弗多夫、彼得·佩里格林、杰瑞·萨布罗夫和保罗·萨布罗夫、沃尔特·沙伊德尔、保罗·西布赖特、迈克·史密斯、桑德·冯德尔·莱乌、蒂姆·韦林、道格·怀特和乌尔里希·维特。

感谢凯文·科内芬帮助我了解了体育运动中的那些合作隐喻；感谢延斯·诺特洛夫给我解释了哥贝克力神庙考古学中的那些细枝末节；感谢德博拉·戈登和马克·莫菲特跟我分享了蚂蚁社会生活的知识；感谢泰德·辛格兰德帮助我解释了《诗经》中那首晦涩的诗歌（就是第七章里关于硕鼠的那首诗）。多年来，我一直非常喜欢格里高利·本福德的科幻小说，它们对我探究国际空间站也颇有启发，他还非常热情地为本书代言。我与赛尔吉·加福里勒和汤姆·库里在几个建模项目上的协作帮助我加深了对这一理论的理解。

我与乔·曼宁一起吃过很多次晚餐，我们在晚餐时交流思想，他教会了我很多关于古埃及的知识，并且将我的注意力转向詹姆斯·亨利·布莱斯特德的名言，他在一个世纪前，当历史数据库还不可能成为现实时，就指出了它的必要性。

在写作本书的过程中，我幸运地得到了稳定的机构支持。首先，我想感谢我的雇主，康涅狄格大学。当我从人口动力学转向历史动力学的时候（在我获得终身教职之后不久），他们非常友好，没有决定解雇我，而且我自从那时以来一直受到大学的仁慈对待。

其他的机构支持是由进化研究所提供的，这是由大卫·斯隆·威尔逊、杰瑞·利伯曼和我在 2010 年发起的一个公益性智库。机构里的员工们给予了我强力支持，包括杰瑞·米勒、布里塔尼·赛尔斯和吉尔·勒文。进化研究所还为塞丝哈特全球历史数据库提供了一个家（见第十章）。我希望感谢哈维-怀特豪斯，他从这个项目一开始就跟我一起工作，一起管理董事会的其他成员：皮耶特·弗朗西瓦斯、汤姆·库里、凯文·菲尼，我的博士后职员丹·霍伊和丹·穆林，以及我现在的研究助手，爱德华·特纳和阿加特·杜培伦，以及我以前的助理鲁迪·塞萨勒迪。

塞丝哈特数据库的工作受到约翰·坦普尔顿基金会给予进化研究所的基金支持，这个基金项目名为"轴心时代宗教与人类平等主义的 Z 曲线"，还有特里卡斯特基金会给予进化研究所的基金支持，项目名为"现代世界的深刻根源：经济增长和政治稳定的文化演变"，以及对牛津大学的 ESRC 基金支持，项目名为"仪式、社会和冲突"（项目立案号为 REF RES-060-

25-0085），还有来自"欧盟视野 2020"研究和革新项目的基金支持（第 644055 号基金协议）。我们的团队感谢那些研究助理们、博士后科研人员以及顾问和专家们的贡献。另外，我们还受到来自我们协作者们价值连城的协助。请关注塞丝哈特项目网站 (www.seshatdatabank.info)，您可以获取一份个体捐赠者、合作者、专家和顾问的综合名单，以及对他们各自专长领域的介绍。我想特别提一下已故的伯纳德·维诺格莱德，他在很多交流谈话中挑战了我的想法，并通过他的特里卡斯特基金项目资助了"根深计划"。我们怀念他。

一旦我决定以独立出版商的身份发行《超级社会》，我就需要搭建一个有能力的团队来保证这本书完全是以专业化的方式来制作的。我做得最好的一件事就是跟《万古杂志》的副主编艾德·拉克（Ed Lake）获得了联系。当艾德邀请我在《万古杂志》上写一篇关于美国不平等现象的长期动态影响的文章时，我就跟他见过面。我非常敬佩他将我最初有些组织混乱的思想整合起来的能力，以及将这些思想转化为精简而严密的文章的能力。我那时并不知道他的建议会迫使我完全重新构建这本书，并且要额外再写两个章节以及无数段落。这是非常辛苦的工作，但是我希望你们都会同意最终的结果是值得付出这么多努力的。艾德也是给本书主、副书名命名的人。

通过艾德，我找到了另一个文字技艺炉火纯青的专业人士——文字大师，我毫不夸张地使用这个词语——西蒙·雷诺德（Simon Reynolds）。西蒙和我对本书的每一行字都进行了两轮校对。作为我自己书的出版商，一个出乎意料的好处就是，除了要做更多工作（这在我意料之中），我还很享受对于本书制作的亲自参与。我从这两位"锐利文笔骑士"那里受益良多，而且我认为在这个过程中，我成为了一名更好的作家。

本书制作的技术层面是由两个颇有天赋的波兰人处理的（他们都来自同一个国家，这是个巧合——是我通过 Elance 网站挑选过程的巧合结果）。马尔塔·黛珂设计了书的封面，并且不知疲倦地跟我一起检查了很多遍修改稿。在这项任务中，一个临时委员会帮助了我，委员会成员包括艾德·拉克、乔·布鲁尔、丹·穆林、丹·霍伊和罗伯特·克鲁兹鲍尔。哥泽高兹·拉斯茨基克用三种格式将手稿进行了排版，适合作为平装本在 Createspace（直译名为"大空间"）上出版，还可以以电子书的方式在亚马逊和 Smashwords（直译名为"智能文本"）上销售。

皮特·里彻森、乔·布鲁尔和丹·穆林阅读了第一稿，并提供了大量宝贵反馈。如果你能理解我在第四章里的价格公式，那么你应该感谢丹（如果你不理解，那么错误在我）。

转向那些更加现实的问题，我想感谢迈克尔·罗斯在 2011年 5 月一场令人难忘的晚宴上对我的劝说，他劝我改变饮食结构，采用旧石器食谱（paleo diet）。如果我的生活方式中没有这种改变，我就永远不会有精力或健康的身体来写作并出版这本书。

当然，和往常一样，我最衷心地感激我的妻子奥尔加，没有她持之以恒的鼓励——其中不乏明智的批评——不仅这本书会更糟糕，我的生活也会黯然无光。

注　释

1. Nancy Atkinson, "It Turns Out Some Borders *Are* Visible from Space," *Universe Today*, September 8, 2011, http://www.universetoday.com/88740/it-turns-out-some-borders-are-visible-from-space/

2. Lydia Smith, "United Nations Day 2014: Five Greatest Achievements of the UN Since 1945," *International Business Times,* October 24, 2014

3. Seabright, P. (2004). *The Company of Strangers*. Princeton, Princeton University Press.

4. Pieter François, Joseph Manning, Harvey Whitehouse, Robert Brennan, Thomas Currie, Kevin Feeney, and Peter Turchin, "A Macroscope for Global History. Seshat Global History Databank: A Methodological Overview," *Cliodynamics*, Vol. 6 (2015), pp. 77–107 (forthcoming).

5. Emile Mâle, *The Gothic Image: Religious Art in France of the Thirteenth Century,* New York: Harper and Row, 1972, pp. 322–4.

6. Oliver Dietrich, Manfred Heun, Jens Notroff, Klaus Schmidt, and Martin Zarnkow, "The Role of Cult and Feasting in the Emergence of Neolithic Communities. New Evidence from Göbekli Tepe, South-Eastern Turkey," *Antiquity*, Vol. 86 (2012), pp. 674–95.

7. 参见他的网站：http://megalithmovers.org/

8. Jens Notroff, Oliver Dietrich, and Klaus Schmidt, "Building Monuments, Creating Communities: Early Monumental Architecture and

Pre-Pottery Neolithic Göbekli Tepe," in *Approaching Monumentality in Archaeology*, James F. Osborne (ed.), Stony Brook, NY: State University of New York Press, 2014, pp. 83–105.

9. 引自 Jens Notroff, Oliver Dietrich, and Klaus Schmidt, "Building Monuments, Creating Communities: Early Monumental Architecture and Pre-Pottery Neolithic Göbekli Tepe," in *Approaching Monumentality in Archaeology*, James F. Osborne (ed.), Stony Brook, NY: State University of New York Press, 2014, pp. 83–105.

10. 超级社会性这个术语是社会心理学家 Donald T.Campbell 引入的："The Two Distinct Routes Beyond Kin Selection to Ultrasociality: Implications for the Humanities and Social Science," in *The Nature of Prosocial Development: Theories and Strategies*, D. Bridgeman (ed.), New York: Academic Press, 1983, pp. 11–39. [应该注意的是，E.O. 威尔逊使用了真社会性 (eusociality) 这个词语来形容昆虫和人类群体，但这不是一个规范术语。]

11. Edward O. Wilson, *The Social Conquest of Earth*, New York: W. W. Norton, 2012, p. 112.

12. Nriagu, J. O. (1983). *Lead and Lead Poisoning in Antiquity*. New York, Wiley.

13. Alexander Demandt, *Der Fall Roms: Die Auflösung Des Römischen Reiches Im Urteil Der Nachwelt,* Munich: Beck, 1984.

14. 参见 Turchin, P. (2003). *Historical Dynamics: Why States Rise and Fall.* Princeton, NJ, Princeton University Press; and Turchin, P. (2008). "Arise 'cliodynamics'." *Nature* 454: 34-35.

15. Barr, Daniel P. *Unconquered: The Iroquois League at War in Colonial America.* New York: Praeger, 2006, pp. 29–34.

16. Thomas Wentworth Higginson, *A Book of American Explorers*, p. 307. 又见 *Annals of New Netherland* by A.J.F. van Laer: http://www.newnetherlandinstitute.org/files/1213/5067/2997/1999.pdf.

17. 也就是说，从文化上来说灭绝了——人们可以在威斯康星州的斯托克布里奇—蒙西社区发现莫西干人的现代后裔。

18. Ferguson, B. R. and N. L. Whitehead, Eds. (1992). *War in the Tribal*

Zone. Santa Fe, New Mexico, School of American Research Press; and more recently Ferguson, R. B. (2013). *Pinker's List: Exaggerating Prehistoric War Mortality. War, Peace, and Human Nature: The Convergence of Evolutionary and Cultural Views*. D. P. Fry. Oxford, Oxford University Press: 112-131.

19. Milner, G. R. (1999). "Warfare in Prehistoric and Early Historic Eastern North America. " *Journal of Anthropological Research* 7: 105-151.

20. Milner, G. R. (1999). "Warfare in Prehistoric and Early Historic Eastern North America." Journal of Anthropological Research 7: 105-151. 关于小规模战争中有代表性的死亡率的探讨，可参见 Keely, L. H. (1997). *War Before Civilization: The Myth of the Peaceful Savage*. New York, Oxford University Press. Bowles, S. (2009). "Did Warfare Among Ancestral Hunter-Gatherers Affect the Evolution of Human Social Behaviors? " *Science* 324: 1293-1298. Fry, D. P., Ed. (2013). *War, Peace, and Human Nature: The Convergence of Evolutionary and Cultural Views*. Oxford, Oxford University Press.

21. Maschner, Herbert, and Owen K. Mason. "The Bow and Arrow in Northern North America. " *Evolutionary Anthropology* 22, no. 3 (2013): 133-38.

22. Chatters, James C. "Wild-Type Colonizers and High Levels of Violence among Paleoamericans. " In *Violence and Warfare among Hunter-Gatherers*, edited by Mark W. Allen and Terry L. Jones, 70-96. Walnut Creek: Left Coast Press, 2014.

23. David Keys. "Saharan remains may be evidence of first race war, 13,000 years ago." *The Independent* (July 14, 2014).

24. Kelly, Raymond C. "The Evolution of Lethal Intergroup Violence. " Proceedings of the National Academy of Sciences 102, no. 43 (October 25, 2005 2005): 15294-98.

25. Walker, Phillip L. "A Bioarchaeological Perspective on the History of Violence. " *Annual Review of Anthropology* 30 (2001): 573-96.

26. Gat, Azar. "Proving Communal Warfare among Hunter-Gatherers: The Quasi-Rousseauan Error. " *Evolutionary Anthropology* 24 (2015): 111-26.

27. Thomas, E. *The Harmless People*. New York: Knopf, 1959; Briggs, J. *Never in Anger*. Cambridge, MA: Harvard University Press, 1970.

28. Gat, Azar. "Proving Communal Warfare among Hunter-Gatherers: The Quasi-Rousseauan Error. " *Evolutionary Anthropology* 24 (2015): 111-26.

29. Childe, V. G. 1950. "The Urban Revolution." *Town Planning Review* 21:3-17.

30. White, L. 1959. *The Evolution of Culture*. McGraw-Hill, New York.

31. Service, E. R. 1962. *Primitive Social Organization: an Evolutionary Perspective*. Random House, New York. 参见 Robert Wright 对所谓 "拉动"（经济，包括农业）和 "推动"（战争）的社会合作理论的讨论：Wright, R. 2001. *Nonzero: The Logic of Human Destiny*. Vintage, New York.

32. Wittfogel, Karl August. *Oriental Despotism: A Comparative Study of Total Power*. Oxford: Oxford University Press, 1957.

33. Oppenheimer, Franz. *The State: Its History and Development Viewed Sociologically*. New York: Free Life Editions, 1975.

34. Richerson, Peter J., and Robert Boyd. "The Darwinian Theory of Human Cultural Evolution and Gene-Culture Coevolution." In *Evolution since Darwin: The First 150 Years*, edited by M.A. Bell, D.J. Futuyma, W.F. Eanes and J.S. Levinton, 561-88: Sinauer, 2010.

35. Richerson and Boyd, "The Darwinian Theory of Human Cultural Evolution and Gene-Culture Coevolution."

36. Lumsden, Charles J., and Edward O. Wilson. *Genes, Mind, and Culture: The Coevolutionary Process*. Cambridge, MA: Harvard University Press, 1981. Cavalli-Sforza, Luigi L., and Marcus W. Feldman. *Cultural Transmission and Evolution: A Quantitative Approach*. Princeton: Princeton University Press, 1981. Boyd, R., and P. J. Richerson. *Culture and the Evolutionary Process*. Chicago, IL: University of Chicago Press, 1985.

37. Richerson, Peter J., and Robert Boyd. "A Dual Inheritance Model of the Human Evolutionary Process I: Basic Postulates and a Simple Model." *Journal of Social and Biological Structures* 1, no. 2 (1978): 127-54.

38. Richerson, Peter J., and Morten H. Christiansen, eds. *Cultural Evolution: Society, Technology, Language, and Religion* (Strüngmann Forum Reports): MIT Press, 2013.

39. Tocqueville, A. de (1984). *Democracy in America*. Garden City, NJ, Anchor Books, Chapter 5.

40. Barfield, Thomas. *Afghanistan: A Cultural and Political History*. Princeton, NJ: Princeton University Press, 2010, p. ix.

41. Barfield, T. (2010). *Afghanistan: A Cultural and Political History*. Princeton, NJ, Princeton University Press.

42. Turchin, P. (2006). *War and Peace and War: The Life Cycles of Imperial Nations*. NY, Pi Press, Part II

43. 引自 Reinert H. and E. S. Reinert. "Creative Destruction in Economics: Nietzsche, Sombart, Schumpeter." In Friedrich Nietzsche (1844–1900). *The European Heritage in Economics and the Social Sciences*. Volume 3., edited by Jürgen G. Backhaus and Wolfgang Drechsler, 55-85. New York: Springer, 2006.

44. 引自 Reinert and Reinert (2006).

45. Reinert, Hugo, and Erik S. Reinert. "Creative Destruction in Economics: Nietzsche, Sombart, Schumpeter." In Friedrich Nietzsche (1844–1900). *The European Heritage in Economics and the Social Sciences*. Volume 3., edited by Jürgen G. Backhaus and Wolfgang Drechsler, 55-85. New York: Springer, 2006.

46. Eichenwald, Kurt. *Conspiracy of Fools*. New York: Broadway Books, 2005, p. 28.

47. Bryce, Robert. *Pipe Dreams: Greed, Ego, and the Death of Enron*. New York: Public Affairs, 2002, p. 48

48. Zellner, Wendy. "Jeff Skilling: Enron's Missing Man." *Businessweek* (February 10, 2002).

49. Bryce, Robert. *Pipe Dreams: Greed, Ego, and the Death of Enron*. New York: Public Affairs, 2002, p. 128–9.

50. Johnson, Eric M. "Survival of the Kindest." *Seed* Magazine (September 24, 2009).

51. Zellner, Wendy. "The Fall of Enron." *Businessweek* (December 16, 2001).

52. Peter Cohan. *Why Stack Ranking Worked Better at GE Than Microsoft.* Forbes Magazine (July 13, 2012).

53. Fraser, Douglas. "Resignation Letter from the Labor-Management Group. July 17, 1978."

54. McCarty, Nolan, Keith T. Poole, and Howard Rosenthal. *Polarized America: The Dance of Ideology and Unequal Riches.* Boston: MIT Press, 2006; Turchin, Peter. "Modeling Social Pressures toward Political Instability." *Cliodynamics* 4 (2013): 241-80.

55. Putnam, R. D. (2000). *Bowling Alone: The Collapse and Revival of American Community.* New York, Simon and Schuster.

56. Bishop, B. (2008). *The Big Sort: Why the Clustering of Like-Minded America Is Tearing Us Apart.* Boston, Houghton Mifflin.

57. 出自 *The Fountainhead.*

58. 来源：http://www.americanrhetoric.com/MovieSpeeches/movies peechwallstreet.html

59. Phillips, Kevin. *Wealth and Democracy: A Political History of the American Rich.* New York: Broadway Books, 2002, especially Chapters 7 and 8.

60. "The Strange Disappearance of Cooperation in America," by Peter Turchin, Social Evolution Forum (June 21, 2013).

61. Richard Conniff. "Animal Instincts." *The Guardian* (May 27, 2006)

62. Dawkins, Richard. 1976. *The Selfish Gene.* New York: Oxford University Press (p. 3).

63. Williams, George C. (1988). "Reply to Comments on 'Huxley's Evolution and Ethics in Sociobiological Perspective'." *Zygon* 23 (4): 437–438.

64. Dawkins, Richard. *The God Delusion.* Mariner Books: New York, 2008.

65. Dawkins, Richard. *The God Delusion.* Mariner Books: New York, 2008, pp. 219–220.

66. Dawkins, Richard. *The God Delusion.* Mariner Books: New York, 2008, p. 221.

67. Buchanan, J. M. (2000). "Group Selection and Team Sports." *Journal of Bioeconomics* 2: 1-7.

68. 当然大学篮球队员并不领薪水，所以，这只是一种思维实验。

69. Wiseman, F. and S. Chatterjee (2003). "Team payroll and team performance in Major League Baseball: 1985-2002." *Economics Bulletin* 1(2): 1-10.

70. Bucciol, A. and M. Piovesan (2012). "Pay Dispersion and Work Performance." Harvard Business School Working Paper 12-075. Yamamura, E. (2012). "Wage Disparity and Team Performance in the Process of Industry Development: Evidence From Japan's Professional Football League." *Journal of Sports Economics* 1: 1-102.

71. Annala, C. N. and J. Winfree (2011). "Salary distribution and team performance in Major League Baseball." *Sport Management Review* 14: 167-175.

72. Wiseman, F. and S. Chatterjee (2003). "Team payroll and team performance in Major League Baseball: 1985-2002." *Economics Bulletin* 1(2): 1-10, Table 3.

73. Lazear, E. P. and K. L. Shaw (2007). "Personnel Economics: The Economist's View of Human Resources." *Journal of Economic Perspectives* 21(4): 91-114.

74. Boning, Brent, Casey Ichniowski, and Kathryn Shaw. "Opportunity Counts: Teams and the Effectiveness of Production Incentives. Nber Working Paper 8306." (2001).

75. Bucciol, A. and M. Piovesan (2012). "Pay Dispersion and Work Performance." Harvard Business School Working Paper 12-075.

76. https://en.wikipedia.org/wiki/Association_football_league_system_in_Italy, https://en.wikipedia.org/wiki/FIFA_Club_World_Cup_records_and_statistics, 均访问于 November 7, 2015.

77. Steward, J. H. (1955). *Theory of Culture Change: the Methodology of Multilinear Evolution.* Urbana, University of Illinois.

78. Dawkins, Richard. *The Selfish Gene*. New York: Oxford University Press, 1976.

79. Dawkins, Richard. *The Selfish Gene*. New York: Oxford University Press, 1976, pp. 206–7.

80. Henrich, J., et al. (2008). "Five Misunderandings about Cultural Evolution." *Human Nature* 19: 119-137. 又见于 Joe Henrich 关于文化演进的新著，就在我的书即将出版之际：Henrich, J. (2016). *The Secret of Our Success: How Culture Is Driving Human Evolution, Domesticating Our Species, and Making Us Smarter*. Princeton University Press.

81. 关于这一主题的更多细节见于 Tomasello, M. (2008). *Origins of Human Communication*. Cambridge, MA, MIT Press; Carey, S. (2009). *The Origin of Concepts*. New York, Oxford University Press; and Laland, K. N. and G. Brown (2011). *Sense and Nonsense: Evolutionary Perspectives on Human Behaviour*. 2nd Edition. Oxford, Oxford University Press.

82. Fukuyama, F. (1995). *Trust: The Social Virtues and Creation of Prosperity*. New York, Free Press.

83. Gambetta, D. (1988). *Trust: Making and Breaking Cooperative Relations*. Oxford, Basil Blackwell; Putnam, R. D. (2000). *Bowling Alone: The Collapse and Revival of American Community*. New York, Simon and Schuster; and Uslaner, E. M. (2002). *The Moral Foundations of Trust*. Cambridge, Cambridge University Press.

84. Uslaner, E. M. (2002). *The Moral Foundations of Trust*. Cambridge, Cambridge University Press.

85. Fukuyama, F. (1995). *Trust: The Social Virtues and Creation of Prosperity*. New York, Free Press.

86. 有人反对说，如果懦夫受到性排斥的惩罚，而幸存英雄受到性奖励，那么这种趋势可能会被抵消。对此，我想指出的是，这是一个二级合作者困境。惩罚懦夫和奖励英雄是通过群体选择进化而来的群体层面的文化特征。这样想：如果你是一个女人，嫁给了英雄，那么你的儿子将继承英雄的基因站在前线，很可能牺牲。

87. 如果你对价格公式感兴趣，可参见下列书目：Gintis, H. (2000). *Game Theory Evolving: A Problem-Centered Introduction to Modeling*

Strategic Interaction. Princeton, Princeton University Press; Bowles, S. (2004). *Microeconomics: Behavior, Institutions, and Evolution*. Princeton, Princeton University Press; McElreath, R. and R. Boyd (2007). *Mathematical Models of Social Evolution*. Chicago, University of Chicago Press. McElreath 和 Boyd 也阐释了价格公式的推导。一位哲学家对多层选择有着很好的讨论：Okasha, S. (2007). *Evolution and the Levels of Selection*. New York, Oxford University Press.

88. 举个例子，如何将一个语言性理论转化为一个数学模式，展现了语言性推理分析会让我们误入歧途，参见 Chapter 2 of Turchin, P. (2003). *Historical Dynamics: Why States Rise and Fall*. Princeton, NJ, Princeton University Press.

89. Richerson, P. J. and M. H. Christiansen, Eds. (2013). *Cultural Evolution: Society, Technology, Language, and Religion* (Strüngmann Forum Reports), MIT Press.

90. Richerson, P. J. and R. Boyd (2005). *Not by Genes Alone: How Culture Transformed Human Evolution*. Chicago, University of Chicago Press, Chapter 4; Richerson, P. J. and M. H. Christiansen, Eds. (2013). *Cultural Evolution: Society, Technology, Language, and Religion* (Strüngmann Forum Reports), MIT Press.

91. 在最抽象的层面，合作的演进所需要的条件是合作者的积极组合，换句话说，合作者彼此之间的互动比与其他人的互动更加频繁。

92. http://en.wikipedia.org/wiki/Aroldis_Chapman, 访问于 July 16, 2014.

93. Roach, N. T., et al. (2013). "Elastic energy storage in the shoulder and the evolution of high-speed throwing in Homo." *Nature* 498: 483-487.

94. 观看"为什么大猩猩不打棒球"这个自然类视频，可访问 http://bcove.me/zp88wwj2.

95. Roach, N. T., et al. (2013). "Elastic energy storage in the shoulder and the evolution of high-speed throwing in Homo." *Nature* 498: 483-487.

96. Gintis, H. and C. van Schaik (2013). "Zoon Politicon: The Evolutionary Roots of Human Sociopolitical Systems." *Cultural Evolution: Society, Technology, Language, and Religion*. P. J. Richerson and M. H. Christiansen, Eds. Cambridge, MA, MIT Press: 25-44.

97. When Did the Human Mind Evolve to What It is Today? by Erin Wayman, *Smithsonian Magazine* (June 25, 2012).

98. Pobiner, B. (2013). "Evidence for Meat-Eating by Early Humans." *Nature Education Knowledge* 4(6): 1.

99. Brown, K. S., et al. (2012). "An early and enduring advanced technology originating 71,000 years ago in South Africa." *Nature* 491(7425): 590-593.

100. Gintis, H. and C. van Schaik (2013). "Zoon Politicon: The Evolutionary Roots of Human Sociopolitical Systems." *Cultural Evolution: Society, Technology, Language, and Religion.* P. J. Richerson and M. H. Christiansen, Eds. Cambridge, MA, MIT Press: 25-44.

101. 这样的反叛行为曾经被视频录像捕捉到。2011 年在皮穆 (Pimu) 这个地方，在坦噶尼喀湖 (Lake Tanganyika) 附近的一个大猩猩群体的雄性首领被四个雄性大猩猩联合殴打致死。参见 "Gang of chimpanzees kills their alpha male," by Rowan Hooper (*The New Scientist*, March 7, 2013).

102. Walker, P. L. (2001). "A Bioarchaeological Perspective on the History of Violence." *Annual Review of Anthropology* 30: 573-596.

103. Boehm, C. (2001). *Hierarchy in the Forest: The Evolution of Egalitarian Behavior.* Harvard, Harvard University Press.

104. 参见 "Gang of chimpanzees kills their alpha male," by Rowan Hooper (*The New Scientist*, March 7, 2013).

105. 引自 Boehm, C. (2001). *Hierarchy in the Forest: The Evolution of Egalitarian Behavior.* Harvard, Harvard University Press, p. 179.

106. 西班牙瓦伦西亚北部莫拉雷米格拉的第五区。

107. Waal, F. B. M. d. (2007). *Chimpanzee Politics: Power and Sex among Apes.* Baltimore, MD, Johns Hopkins University Press.

108. Byrne, R. W. and A. Whiten (1988). *Machiavellian Intelligence: Social Expertise and the Evolution of Intellect in Monkeys, Apes, and Humans.* Oxford, Clarendon. Alexander, R. D. (1990). *How Did Humans Evolve? Reflections on the Uniquely Unique Species.* Ann Arbor, Museum of Zoology, University of Michigan. Gavrilets, S. and A. Vose (2006). "The

dynamics of Machiavellian intelligence." PNAS 103: 16823-16828. Dunbar, R. I. M. and S. Shultz (2007). "Evolution in the social brain." *Science* 317: 1344-1347.

109. 语言与合作之间的联系，参见 Tomasello, M. (2008). *Origins of Human Communication.* Cambridge, MA, MIT Press; and Richerson, P. J. and R. Boyd (2010). "Why Possibly Language Evolved. Submitted for Special Issue of Biolinguistics on Explaining the (in)variance of human language: Divergent views and converging evidence."

110. Boehm, C. (2001). *Hierarchy in the Forest: The Evolution of Egalitarian Behavior.* Harvard, Harvard University Press, p. 8.

111. Fehr, E. and S. Gächter (2000). "Cooperation and Punishment in Public Goods Experiments." *American Economic Review* 90: 980-994. Henrich, J. (2008). "Cooperation, Punishment, and the Evolution of Human Institutions." *Science* 312: 60-61.

112. 关于蚂蚁战争，请参阅 Mark Moffett 这篇图文并茂的文章：Moffett, M. W. (2011). "Ants and the Art of War." *Scientific American* December: 84-89.

113. Meggit, M. (1977). *Blood is Their Argument: Warfare Among the Mae Enga Tribesmen of the New Guinea Highlands.* Palo Alto, CA, Mayfield Publishing Co. Wiessner, P. (2006). "The impact of egalitarian institutions on warfare among the Enga: An ethnohistorical perspective." *Warfare and Society: Archaeological and Social Anthropological Perspectives.* T. Otto, H. Thrane and H. Vandkilde, Eds. Aarhus, Aarhus University Press: 167-185.

114. Wiessner, P. (2006). "The impact of egalitarian institutions on warfare among the Enga: An ethnohistorical perspective," p. 172.

115. Meggit, M. (1977). *Blood is Their Argument: Warfare Among the Mae Enga Tribesmen of the New Guinea Highlands,* p. 36.

116. 后者的观点，见于 antiwar.com.

117. Richardson, L. F. (1960). *Statistics of Deadly Quarrels.* Pacific Grove, CA, Boxwood Press.

118. Lieberman, V. (2010). *Strange Parallels: Southeast Asia in Global*

Context, c.800-1830. Volume II: Mainland Mirrors, Europe, China, South Asia, and the Islands. Cambridge, Cambridge University Press., pp. 355–6.

119. Nettle, D. (1999). *Linguistic Diversity*. New York, Oxford University Press.

120. Nichols, J. (1992). *Linguistic Diversity in Space and Time*. Chicago, University of Chicago Press.

121. 例如，Mervyn Meggitt 对马艾·恩加战争的研究，见于：Meggit, M. (1977). *Blood is Their Argument: Warfare Among the Mae Enga Tribesmen of the New Guinea Highlands*. Palo Alto, CA, Mayfield Publishing Co., p. vii.

122. Turney-High, H. H. (1971). *Primitive War: Its Practice and Concepts* (2nd edition). Columbia, SC, University of South Carolina Press, p. 255.

123. Keely, L. H. (1997). *War Before Civilization: The Myth of the Peaceful Savage*. New York, Oxford University Press.

124. Keely, L. H. (1997). *War Before Civilization: The Myth of the Peaceful Savage*. New York, Oxford University Press. p. 74.

125. Turney-High, H. H. (1971). *Primitive War: Its Practice and Concepts* (2nd edition). Columbia, SC, University of South Carolina Press, p. 7.

126. 这不同于非战争死亡，例如那些因为疾病感染引起的死亡。在 20 世纪前，疾病是造成伤亡最重要的一个因素。例如在美国独立战争中，死于疾病和饥饿的士兵远多于死于子弹和炮弹的士兵。参见 Holmes, R., Ed. (2001). *The Oxford Companion to Military History*. Oxford, Oxford University Press.

127. Holmes, R., Ed. (2001). *The Oxford Companion to Military History*. Oxford, Oxford University Press.

128. O'Ryan, J. F. (1921). *The Story of the 27th Division*. New York, Wynkoop Hallenbeck Crawford Co.

129. Parker, G., Ed. (2005). *The Cambridge History of Warfare*. Cambridge, Cambridge University Press.

130. 这是由 Parker 编辑的前一卷书的副标题，*The Cambridge Illustrated History of Warfare: The Triumph of the West* (1995).

131. Parker, G., Ed. (2005). *The Cambridge History of Warfare*. Cambridge, Cambridge University Press, 见书中描述。

132. King, J. (1809). *The Voyages of Captain James Cook Round the World*. Volume 7, Book 5. Captain King's Journal of the Transactions on Returning to the Sandwich Islands. London, Richard Phillips, p. 3.

133. King, J. (1809). *The Voyages of Captain James Cook Round the World*. Volume 7, Book 5. Captain King's Journal of the Transactions on Returning to the Sandwich Islands. London, Richard Phillips, p. 138-140.

134. King, J. (1809). *The Voyages of Captain James Cook Round the World*. Volume 7, Book 5. Captain King's Journal of the Transactions on Returning to the Sandwich Islands. London, Richard Phillips, p. 116.

135. 下列记录紧随其后, Chapter 2 of Kirch, P. V. (2010). *How Chiefs Became Kings: Divine Kingship and the Rise of Archaic States in Ancient Hawai'i*. Berkeley, University of California Press.

136. Kirch, P. V. (2010). *How Chiefs Became Kings: Divine Kingship and the Rise of Archaic States in Ancient Hawai'i*. Berkeley, University of California Press, p. 38.

137. 引自 Kirch, P. V. (2010). *How Chiefs Became Kings: Divine Kingship and the Rise of Archaic States in Ancient Hawai'i*. Berkeley, University of California Press, p. 39.

138. Kirch, P. V. (2010). *How Chiefs Became Kings: Divine Kingship and the Rise of Archaic States in Ancient Hawai'i*. Berkeley, University of California Press, p. 41.

139. Trigger, B. G. (2003). *Understanding Early Civilizations*. Cambridge, Cambridge University Press, p. 484.

140. Kirch, P. V. (2010). *How Chiefs Became Kings: Divine Kingship and the Rise of Archaic States in Ancient Hawai'i*. Berkeley, University of California Press, p. 41.

141. Singh, U. (2008). *A History of Ancient and Early Medieval India: From the Stone Age to the 12th Century*. New Delhi, Pearson Eduction, p. 201.

142. Shijing (1998). *Shi Jing: The Book of Odes*. 中国最古老的诗歌总

集，包括风、雅、颂共三百多首，由 James Legge 翻译：I. 9. (113). 我这里擅自在翻译中将"硕鼠"由复数改为单数，因为无论如何翻译都可以读懂。

143. 我真诚感谢 Edward Singlerland 理清这一点。

144. Kirch, P. V. (2010). *How Chiefs Became Kings: Divine Kingship and the Rise of Archaic States in Ancient Hawai'i.* Berkeley, University of California Press, p. 128.

145. Bellwood, P. (2005). *First Farmers: The Origins of Agricultural Societies.* Oxford, Blackwell, Figure 7.4.

146. 参见图表，如 Table 2.1 of Morris, I. (2013). *War! What is it Good For?*

147. 参见 Scott, J. C. (2009). *The Art of Not Being Governed: An Anarchist History of Upland Southeast Asia.* New Haven, CT, Yale University Press.

148. van der Leeuw, S. E. (1981). *Information Flows, Flow Structures, and the Explanation of Change in Human Institutions. Archaeological Approaches to the Study of Complexity.* S. E. van der Leeuw. Amsterdam, Cingula 6: 229-329. 2012 年 2 月，冯德尔在国家数学与生物合成研究所举行的社会复杂性模式化调查工作坊会议上也提出了这一点。

149. Flannery, K. and J. Marcus (2012). *The Creation of Inequality: How Our Prehistoric Ancestors Set the Stage for Monarchy, Slavery, and Empire.* Cambridge, MA, Harvard University Press, p. 191.

150. Haidt, J. (2006). *The Happiness Hypothesis: Finding Modern Truth in Ancient Wisdom.* New York, Basic Books.

151. Oppenheimer, F. (1975). *The State: Its History and Development Viewed Sociologically.* New York, Free Life Editions, p. 8.

152. Beliaev, D. D., et al. (2001). "Origins and Evolution of Chiefdoms." *Reviews in Anthropology* 30: 373-395, Table 1.

153. Carneiro, R. L. (2000). *The Muse of History and the Science of Culture.* New York, NY, Kluwer Academic, P. 184.

154. 参见 Turchin, P. (2006). *War and Peace and War: The Life Cycles of Imperial Nations.* NY, Pi Press, 第四章，进一步阅读关于条顿堡森林战役以及这一战役对后来的日耳曼王国的兴起所扮演角色的具体讨论。

155. 参见 Turchin, P. (2006). *War and Peace and War: The Life Cycles of Imperial Nations*. NY, Pi Press，第四章。

156. 我与我的同事 Andrey Korotayev 一起以数学方式将这种影响模式化：Turchin, P. and A. Korotayev (2006). "Population Dynamics and Internal Warfare: a Reconsideration." *Social Science and History* 5(2): 121-158.

157. Bowles, S. and J.-K. Choi (2013). "Coevolution of farming and private property during the early Holocene." Proceedings of the National Academy of Sciences 110(22): 8830-8835, 为这种种植业与私人财产的共同演进提出了一个数学模型。

158. 马太效应：参见此书第四章：Turchin, P. (2006). *War and Peace and War: The Life Cycles of Imperial Nations*. NY, Pi Press. 托马斯·皮凯蒂解释了为什么在现代资本主义社会中财富能够带来更多财富：Piketty, T. (2014). *Capital in the Twenty-First Century*. Cambridge, MA, Belknap Press.

159. 参见 Flannery, K. and J. Marcus (2012). *The Creation of Inequality: How Our Prehistoric Ancestors Set the Stage for Monarchy, Slavery, and Empire*. Cambridge, MA, Harvard University Press, 第二部分，关于以成就为基础的领导阶层所处的大人物社会的讨论。

160. Bellah, R. N. (2011). *Religion in Human Evolution: From the Paleolithic to the Axial Age*. Cambridge, MA, Harvard University Press, p. 261.

161. 阿育王第四石柱法令：Dhammika, S. (1994). *The Edicts of King Asoka*. A Theravada Library. 我把 Rajjuka 翻译为"法官"。

162. Seniviratna, A., Ed. (1994). *King Aśoka and Buddhism: Historical and Literary Studies*. Kandy, Sri Lanka, Buddhist Publication Society. 接下来关于阿育王的讨论在很大程度上都归功于 Gombrich 的文章。

163. 阿育王第十三石柱法令：Dhammika, S. (1994). *The Edicts of King Asoka*. A Theravada Library.

164. Gombrich in Seniviratna, A., Ed. (1994). *King Aśoka and Buddhism: Historical and Literary Studies*. Kandy, Sri Lanka, Buddhist Publication Society.

165. Breasted, J. H. (1919). "The Oriental Institute of the University of Chicago." *American Journal of Semitic Languages and Literatures* 35(4), pp. 110-112.

166. Gombrich in Seniviratna, A., Ed. (1994). *King Aśoka and Buddhism: Historical and Literary Studies.* Kandy, Sri Lanka, Buddhist Publication Society.

167. 参见第八章。

168. Bellah, R. N. (2011). *Religion in Human Evolution: From the Paleolithic to the Axial Age.* Cambridge, MA, Harvard University Press, p. 261.

169. Plato's *Apology.*

170. 为这些历史人物追溯生卒时间是非常冒险的事情。但是下面是大多数历史学家所接受的事实：孔子（前551—前479），老子（前6世纪），乔达摩·悉达多（前563—前483；或前480—前400），大雄（前540—前468），赫拉克利特（前575—前435），巴门尼德斯（前515/540—前450),查拉图斯特拉（前6世纪）。最后的查拉图斯特拉的生卒年是非常不确定的。

171. Bellah, R. N. (2011). *Religion in Human Evolution: From the Paleolithic to the Axial Age.* Cambridge, MA, Harvard University Press, p. 573.

172. Bellah, R. N. (2011). *Religion in Human Evolution: From the Paleolithic to the Axial Age.* Cambridge, MMAA, Harvard University Press, pp. 262, 573–575.

173. Drews, R. (1993). *The End of the Bronze Age: Changes in Warfare and the Catastrophe ca. 1200 BC.* Princeton, Princeton University Press, pp. 38–41.

174. David Christian, *A History of Russia, Central Asia, and Mongolia,* Oxford: Blackwell, 1998, p. 125.

175. Drews, R. (2004). *Early Riders: The Beginnings of Mounted Warfare in Asia and Europe.* New York, Routledge: Chapter 5.

176. Christian, *A History of Russia,* p. 134. Vogelsang，主张斯基泰人通过帕提亚和希尔卡尼亚这种更加传统的游牧部落移动路线进入中东地区，参见 Willem J. Vogelsang, *The Rise and Organisation of the Achaemenid Empire: The Eastern Iranian Evidence*, Leiden: Brill, 1992.

177. Herodotus 1.106.1. 引 自 Drews, R. (2004). *Early Riders: The Beginnings of Mounted Warfare in Asia and Europe.* New York, Routledge, p. 106.

178. 关于蒙古人是移动战争大师的讨论，参见 Note 16 on p.492 of McNeill, W. H. 1963. *The Rise of the West.* New American Library, New York.

179. Karl Jaspers 提出了轴心时代的说法，他还认为欧亚大陆的游牧部落在这个时代的形成过程中扮演着关键性角色：Jaspers, K. (1953). *The Origin and Goal of History.* New York, Routledge & Kegan Paul.

180. 参见此书中展示大型国家形式传播的地图：Turchin, P., et al. (2013). "War, Space, and the Evolution of Old World Complex Societies. PNAS, published online Sept. 23, 2013. PDF." PNAS 110: 16384–16389.

181. Kamen, H. (1971). *The Iron Century: Social Change in Europe in 1550-1660.* London, Weidenfeld and Nicholson, 见此书护封上的描述。

182. Ishay, M. R. (2008). *The History of Human Rights: From Ancient Times to the Globalization Era.* Berkeley, CA, University of California Press.

183. Ara Norenzayan (2013). *Big Gods: How Religion Transformed Cooperation and Conflict.* Princeton University Press. 也 可 参 见 Johnson, D. (2016). *God Is Watching You: How the Fear of God Makes Us Human,* Oxford University Press（恰好在我的书交给出版社时，此书出版）。

184. 倭黑猩猩的社会生活是以强有力的雌性等级制度为特点的，黑猩猩群体则有着强有力的雄性等级制度，而大猩猩则生活在雌性和幼崽由银背雄性统治的群体中。

185. Knauft, B. M. (1991). "Violence and Sociality in Human Evolution." *Current Anthropology* 32(4): 391-409.

186. Turchin, P. (2011). "Warfare and the Evolution of Social Complexity: A Multilevel Selection Approach." *Structure and Dynamics* 4(3), Article 2, p. 29. Gat, A. (2008). *War in Human Civilization.* New York, Oxford University Press, p. 445.

187. 参见 Boyd, R. (2012). "Culture: the Engine of Human Adaptation: Social Learning Leads to Our Greatest Achievements and Worst Errors." *Being Human* (12.09.2012).

188. Tallavaara, M., et al. (2015). "Human population dynamics in Europe over the Last Glacial Maximum." Proceedings of the National Academy of Sciences.

189. Pinker, S. (2011). *The Better Angels of Our Nature: Why Violence Declined.* New York, Penguin Books, Chapter 4.

190. Pinker, S. (2011). *The Better Angels of Our Nature: Why Violence Declined.* New York, Penguin Books, p. xxvi.

191. Pinker, S. (2011). *The Better Angels of Our Nature: Why Violence Declined.* New York, Penguin Books, p. 672.

192. 此处我使用首字母大写是为了标示出科学流派。类似的还有文化演进，它是一门研究人类社会文化演进的科学学科。如果想对演进心理学了解更多，请阅读 *How the Mind Works* by Steven Pinker 及 *The Adapted Mind* by Jerome Barkow, Leda Cosmides, and John Tooby.

193. 参见 Pinker S. (2012) *The False Allure of Group Selection*, Edge 6.18.12. http://edge.org/conversation/steven_pinker-the-false-allure-of-group-selection.

194. Dupuy, T. N. (1987). *Understanding War: History and Theory of Combat.* Falls Church, VA, Nova; 又见 Turchin, P. (2006). *War and Peace and War: The Life Cycles of Imperial Nations.* NY, Pi Press, Chapter 12.

195. *The Better Angels,* p. 690.

196. Richerson, P. J. and R. Boyd (2005). *Not by Genes Alone: How Culture Transformed Human Evolution.* Chicago, University of Chicago Press.

197. Henrich, J., et al. (2012). "The puzzle of monogamous marriage." Phil. Trans. R. Soc. B 367: 657-669.

198. Henrich, J., et al. (2012). "The puzzle of monogamous marriage." Phil. Trans. R. Soc. B 367: 657-669, Table 1. Data from Tertilt, M. (2005). "Polygyny, Fertility, and Savings." *Journal of Political Economy* 113(6): 1341-1371.

199. Spolaore, E. and R. Wacziarg (2013). "How deep are the roots of economic development?" *Journal of Economic Literature.*

200. Breasted, J. H. (1919). "The Oriental Institute of the University of Chicago." *American Journal of Semitic Languages and Literatures* 35(4): 196-204. 我很感谢 Joe Manning 让我注意到这篇文章。

201. 更多详情，请访问我们的网站：http://seshatdatabank.info/

参考文献

Alexander, R. D. 1990. *How Did Humans Evolve? Reflections on the Uniquely Unique Species.* Museum of Zoology, University of Michigan, Ann Arbor.

Annala, C. N., and J. Winfree. 2011. "Salary distribution and team performance in Major League Baseball." *Sport Management Review* 14:167-175.

Barfield, T. 2010. *Afghanistan: A Cultural and Political History.* Princeton University Press, Princeton, NJ.

Barr, D. P. 2006. *Unconquered: The Iroquois League at War in Colonial America.* Praeger, New York.

Beliaev, D. D., D. M. Bondarenko, and A. V. Korotayev. 2001. "Origins and Evolution of Chiefdoms." *Reviews in Anthropology* 30:373-395.

Bellah, R. N. 2011. *Religion in Human Evolution: From the Paleolithic to the Axial Age.* Harvard University Press, Cambridge, MA.

Bellwood, P. 2005. *First Farmers: The Origins of Agricultural Societies.* Blackwell, Oxford.

Bishop, B. 2008. *The Big Sort: Why the Clustering of Like-Minded America Is Tearing Us Apart.* Houghton Mifflin, Boston.

Boehm, C. 2001. *Hierarchy in the Forest: The Evolution of Egalitarian*

Behavior. Harvard University Press, Harvard.

Boning, B., C. Ichniowski, and K. Shaw. 2001. "Opportunity Counts: Teams and the Effectiveness of Production Incentives." NBER Working Paper 8306.

Bowles, S. 2004. *Microeconomics: Behavior, Institutions, and Evolution.* Princeton University Press, Princeton.

Bowles, S. 2009. "Did Warfare Among Ancestral Hunter-Gatherers Affect the Evolution of Human Social Behaviors?" *Science* 324:1293-1298.

Bowles, S., J.-K. Choi, and A. Hopfensitz. 2003. "The coevolution of individual behaviors and social institutions." *Journal of Theoretical Biology* 223:135-137.

Boyd, R. 2012. "Culture: the Engine of Human Adaptation: Social Learning Leads to Our Greatest Achievements and Worst Errors." *Being Human.*

Breasted, J. H. 1919. The Oriental Institute of the University of Chicago. *American Journal of Semitic Languages and Literatures* 35:196-204.

Breasted, J. H. 1962. *Ancient Records of Egypt. Historical documents from the earliest times to the Persian conquest.* Volume III. Russel & Russell, New York.

Brown, K. S., C. W. Marean, Z. Jacobs, B. J. Schoville, S. Oestmo, E. C. Fisher, J. Bernatchez, P. Karkanas, and T. Matthews. 2012. "An early and enduring advanced technology originating 71,000 years ago in South Africa." *Nature* 491:590-593.

Bryce, R. 2002. *Pipe Dreams: Greed, Ego, and the Death of Enron.* Public Affairs, New York.

Bucciol, A., and M. Piovesan. 2012. "Pay Dispersion and Work Performance." Harvard Business School Working Paper 12-075.

Buchanan, J. M. 2000. "Group Selection and Team Sports." *Journal of Bioeconomics* 2:1-7.

Byrne, R. W., and A. Whiten. 1988. *Machiavellian Intelligence: Social Expertise and the Evolution of Intellect in Monkeys, Apes, and Humans.*

Clarendon, Oxford.

Campbell, D. T. 1983. "The two distinct routes beyond kin selection to ultrasociality: Implications for the humanities and social sciences." Pages 11-39 in D. Bridgeman, editor. *The Nature of Prosocial Development: Theories and Strategies.* Academic Press, New York.

Carey, S. 2009. *The Origin of Concepts.* Oxford University Press, New York.

Carneiro, R. L. 2000. *The Muse of History and the Science of Culture.* Kluwer Academic, New York, NY.

Chatters, J. C. 2014. "Wild-Type Colonizers and High Levels of Violence among Paleoamericans." Pages 70-96 in M. W. Allen and T. L. Jones, editors. *Violence and Warfare Among Hunter-Gatherers.* Left Coast Press, Walnut Creek.

Childe, V. G. 1950. "The Urban Revolution." *Town Planning Review* 21:3-17.

Christian, D. 1998. *A History of Russia, Central Asia, and Mongolia.* Blackwell, Oxford.

Dawkins, R. 1976. *The Selfish Gene.* Oxford University Press, New York.

Dawkins, R. 2008. *The God Delusion.* New York, Mariner Books.

Demandt, A. 1984. *Der Fall Roms: die Auflösung des römischen Reiches im Urteil der Nachwelt.* Beck, Munich.

Dhammika, S. 1994. *The Edicts of King Asoka.* A Theravada Library.

Dietrich, O., M. Heun, J. Notroff, K. Schmidt, and M. Zarnkow. 2012. "The role of cult and feasting in the emergence of Neolithic communities. New evidence from Göbekli Tepe, south-eastern Turkey." *Antiquity* 86:674-695.

Drews, R. 2004. *Early Riders: The Beginnings of Mounted Warfare in Asia and Europe.* Routledge, New York.

Dunbar, R. I. M., and S. Shultz. 2007. "Evolution in the social brain." *Science* 317:1344-1347.

Dupuy, T. N. 1987. *Understanding War: History and Theory of*

Combat. Nova, Falls Church, VA.

Eichenwald, K. 2005. *Conspiracy of Fools.* Broadway Books, New York.

Fehr, E., and S. Gächter. 2000. "Cooperation and Punishment in Public Goods Experiments." *American Economic Review* 90:980-994.

Ferguson, B. R., and N. L. Whitehead, editors. 1992. *War in the Tribal Zone.* School of American Research Press, Santa Fe, New Mexico.

Ferguson, R. B. 2013. "Pinker's List: Exaggerating Prehistoric War Mortality." Pages 112-131 in D. P. Fry, editor. *War, Peace, and Human Nature: The Convergence of Evolutionary and Cultural Views.* Oxford University Press, Oxford.

Flannery, K., and J. Marcus. 2012. *The Creation of Inequality: How Our Prehistoric Ancestors Set the Stage for Monarchy, Slavery, and Empire.* Harvard University Press, Cambridge, MA.

François, P., J. Manning, H. Whitehouse, R. Brennan, T. Currie, K. Feeney, and P. Turchin. 2016. *A Macroscope for Global History. Seshat Global History Databank: a methodological overview.* (Forthcoming).

Fraser, D. 1978. Resignation letter from the Labor-Management Group. July 17, 1978.

Fry, D. P., editor. 2013. *War, Peace, and Human Nature: The Convergence of Evolutionary and Cultural Views.* Oxford University Press, Oxford.

Fukuyama, F. 1995. *Trust: The Social Virtures and Creation of Prosperity.* Free Press, New York.

Gambetta, D. 1988. *Trust: Making and Breaking Cooperative Relations.* Basil Blackwell, Oxford.

Gat, A. 2008. *War in Human Civilization.* Oxford University Press, New York.

Gat, A. 2015. "Proving Communal Warfare Among Hunter-Gatherers: The Quasi-Rousseauan Error." *Evolutionary Anthropology* 24:111-126.

Gavrilets, S., and A. Vose. 2006. "The Dynamics of Machiavellian Intelligence." PNAS 103:16823-16828.

Gintis, H. 2000. *Game Theory Evolving: A Problem-Centered Introduction to Modeling Strategic Interaction*. Princeton University Press, Princeton.

Gintis, H., and C. van Schaik. 2013. "Zoon Politicon: The Evolutionary Roots of Human Sociopolitical Systems." Pages 25-44 in P. J. Richerson and M. H. Christiansen, editors. *Cultural Evolution: Society, Technology, Language, and Religion*. MIT Press, Cambridge, MA.

Haidt, J. 2006. *The Happiness Hypothesis: Finding Modern Truth in Ancient Wisdom*. Basiuc Books, New York.

Henrich, J. 2008. "Cooperation, Punishment, and the Evolution of Human Institutions." *Science* 312:60-61.

Henrich, J., R. Boyd, and P. J. Richerson. 2008. "Five Misunderstandings about Cultural Evolution." *Human Nature* 19:119-137.

Henrich, J., R. Boyd, and P. J. Richerson. 2012. "The puzzle of monogamous marriage." Phil. Trans. R. Soc. B 367:657-669.

Higginson, T. W. 1877. *A Book of American Explorers*. Lee and Shepard, Boston.

Holmes, R., editor. 2001. *The Oxford Companion to Military History*. Oxford University Press, Oxford.

Ishay, M. R. 2008. *The History of Human Rights: from ancient times to the globalization era*. University of California Press, Berkeley, CA.

Jaspers, K. 1953. *The Origin and Goal of History*. Routledge & Kegan Paul, New York.

Johnson, D. 2016. *God Is Watching You: How the Fear of God Makes Us Human*. Oxford University Press.

Johnson, E. M. 2009. "Survival of the Kindest." *Seed* Magazine (September 24, 2009).

Kamen, H. 2003. *Empire: How Spain Became a World Power, 1492-1763*. HarperCollins, New York.

Keely, L. H. 1997. *War Before Civilization: The Myth of the Peaceful Savage*. Oxford University Press, New York.

Kelly, R. C. 2005. "The Evolution of Lethal Intergroup Violence."

Proceedings of the National Academy of Sciences 102:15294-15298.

King, J. 1809. *The Voyages of Captain James Cook Round the World.* Volume 7, Book 5. Captain King's Journal of the Transactions on Returning to the Sandwich Islands. Richard Phillips, London.

Kirch, P. V. 2010. *How Chiefs Became Kings: Divine Kingship and the Rise of Archaic States in Ancient Hawai'i.* University of California Press, Berkeley.

Knauft, B. M. 1991. "Violence and Sociality in Human Evolution." *Current Anthropology* 32:391-409.

Laland, K. N., and G. Brown. 2011. *Sense and Nonsense: Evolutionary perspectives on human behaviour.* 2nd Edition. Oxford University Press, Oxford.

Lazear, E. P., and K. L. Shaw. 2007. "Personnel Economics: The Economist's View of Human Resources." *Journal of Economic Perspectives* 21:91-114.

Lieberman, V. 2010. "Strange Parallels: Southeast Asia in Global Context, c.800-1830." Volume II: *Mainland Mirrors, Europe, China, South Asia, and the Islands.* Cambridge University Press, Cambridge.

Lumsden, C. J., and E. O. Wilson. 1981. *Genes, Mind, and Culture: The Coevolutionary Process.* Harvard University Press, Cambridge, MA.

Mâle, E. 1972. *The Gothic Image: Religious Art in France of the Thirteenth Century.* Harper and Row, New York.

Maschner, H., and O. K. Mason. 2013. "The Bow and Arrow in Northern North America." *Evolutionary Anthropology* 22:133-138.

McCarty, N., K. T. Poole, and H. Rosenthal. 2006. *Polarized America: The Dance of Ideology and Unequal Riches.* MIT Press, Boston.

McElreath, R., and R. Boyd. 2007. *Mathematical Models of Social Evolution.* University of Chicago Press, Chicago.

Meggit, M. 1977. *Blood is Their Argument: Warfare Among the Mae Enga Tribesmen of the New Guinea Highlands.* Mayfield Publishing Co, Palo Alto, CA.

Milner, G. R. 1999. "Warfare in Prehistoric and Early Historic Eastern

North America." *Journal of Anthropological Research* 7:105-151.

Moffett, M. W. 2011. "Ants and the Art of War." *Scientific American* December: 84-89.

Moffett, M. W. 2013. "Human Identity and the Evolution of Societies." *Human Nature*.

Morris, I. 2014. *War! What is it Good For?* Profile Books, London.

Nettle, D. 1999. *Linguistic Diversity*. Oxford University Press, New York.

Nichols, J. 1992. *Linguistic Diversity in Space and Time*. University of Chicago Press, Chicago.

Norenzayan, A. 2013. *Big Gods: How Religion Transformed Cooperation and Conflict*. Princeton University Press.

Notroff, J., O. Dietrich, and K. Schmidt. 2014. "Building Monuments, Creating Communities: Early monumental Architecture and Pre-Pottery Neolithic Göbekli Tepe." Pages 83-105 in J. F. Osborne, editor. *Approaching Monumentality in Archaeology*. State University of New York Press, Stony Brook, NY.

Nriagu, J. O. 1983. *Lead and Lead Poisoning in Antiquity*. Wiley, New York.

O'Ryan, J. F. 1921. *The Story of the 27th Division*. Wynkoop Hallenbeck Crawford Co., New York.

Okasha, S. 2007. *Evolution and the Levels of Selection*. Oxford University Press, New York.

Oppenheimer, F. 1975. *The State: Its History and Development Viewed Sociologically*. Free Life Editions, New York.

Parker, G., editor. 2005. *The Cambridge History of Warfare*. Cambridge University Press, Cambridge.

Phillips, K. 2002. *Wealth and Democracy: A Political History of the American Rich*. Broadway Books, New York.

Piketty, T. 2014. *Capital in the Twenty-First Century*. Belknap Press, Cambridge, MA.

Pinker, S. 2011. *The Better Angels of Our Nature: Why Violence*

Declined. Penguin Books, New York.

Pinker, S. 2012. "The False Allure of Group Selection." *Edge.*

Pobiner, B. 2013. "Evidence for Meat-Eating by Early Humans." *Nature Education Knowledge* 4:1.

Putnam, R. D. 2000. *Bowling Alone: The Collapse and Revival of American Community.* Simon and Schuster, New York.

Reinert, H., and E. S. Reinert. 2006. "Creative Destruction in Economics: Nietzsche, Sombart, Schumpeter." Pages 55-85 in J. G. Backhaus and W. Drechsler, editors. *Friedrich Nietzsche (1844–1900). The European Heritage in Economics and the Social Sciences.* Volume 3. Springer, New York.

Richardson, L. F. 1960. *Statistics of Deadly Quarrels.* Boxwood Press, Pacific Grove, CA.

Richerson, P. J., and R. Boyd. 1978. "A dual inheritance model of the human evolutionary process I: Basic postulates and a simple model." *Journal of Social and Biological Structures* 1:127-154.

Richerson, P. J., and R. Boyd. 2005. *Not by Genes Alone: How Culture Transformed Human Evolution.* University of Chicago Press, Chicago.

Richerson, P. J., and R. Boyd. 2010a. "The Darwinian theory of human cultural evolution and gene-culture coevolution." Pages 561-588 in M. A. Bell, D. J. Futuyma, W. F. Eanes, and J. S. Levinton, editors. *Evolution Since Darwin: The First 150 Years.* Sinauer.

Richerson, P. J., and R. Boyd. 2010b. "Why possibly language evolved." Submitted for Special Issue of *Biolinguistics* on "Explaining the (in)variance of human language: Divergent views and converging evidence."

Richerson, P. J., and R. Boyd. 2013. "Rethinking Paleoanthropology: A World Queerer Than We Supposed." Pages 263-302. in G. Hatfield and H. Pittman, editors. *Evolution of Mind.* Pennsylvania Museum Conference Series, Philadelphia.

Richerson, P. J., and M. H. Christiansen, editors. 2013. *Cultural Evolution: Society, Technology, Language, and Religion* (Strüngmann Forum Reports). MIT Press.

Roach, N. T., M. Venkadesan, M. J. Rainbow, and D. E. Lieberman. 2013. "Elastic energy storage in the shoulder and the evolution of high-speed throwing in *Homo.*" *Nature* 498:483-487.

Scheidel, W. 2009. "A peculiar institution? Greco-Roman monogamy in global context." *History of the Family* 14:280-291.

Scott, J. C. 2009. *The Art of Not Being Governed: An Anarchist History of Upland Southeast Asia.* Yale University Press, New Haven, CT.

Seabright, P. 2004. *The Company of Strangers.* Princeton University Press, Princeton.

Seniviratna, A., editor. 1994. *King Aśoka and Buddhism: Historical and Literary Studies.* Buddhist Publication Society, Kandy, Sri Lanka.

Service, E. R. 1962. *Primitive Social Organization: an Evolutionary Perspective.* Random House, New York.

Shijing. 1998. *Shi Jing: The Book of Odes.* The oldest collection of Chinese poetry, more than 300 songs, odes and hymns. Translated by James Legge.

Singh, U. 2008. *A History of Ancient and Early Medieval India: From the Stone Age to the 12th Century.* Pearson Eduction, New Delhi.

Spolaore, E., and R. Wacziarg. 2013. "How deep are the roots of economic development?" *Journal of Economic Literature* 51: 1-45.

Steward, J. H. 1955. *Theory of Culture Change: the Methodology of Multilinear Evolution.* University of Illinois, Urbana.

Tallavaara, M., M. Luoto, N. Korhonen, H. Järvinen, and H. Seppä. 2015. "Human population Dynamics in Europe over the Last Glacial Maximum." Proceedings of the National Academy of Sciences.

Tertilt, M. 2005. "Polygyny, Fertility, and Savings." *Journal of Political Economy* 113:1341-1371.

Thomas, E. 1959. *The Harmless People.* Knopf, New York.

Tocqueville, A. d. 1984. *Democracy in America.* Anchor Books, Garden City, NJ.

Tomasello, M. 2008. *Origins of Human Communication.* MIT Press, Cambridge, MA.

Trigger, B. G. 2003. *Understanding Early Civilizations.* Cambridge University Press, Cambridge.

Turchin, P. 2003. *Historical Dynamics: Why States Rise and Fall.* Princeton University Press, Princeton, NJ.

Turchin, P. 2006. *War and Peace and War: The Life Cycles of Imperial Nations.* Pi Press, NY.

Turchin, P. 2008. "Arise 'cliodynamics'." *Nature* 454:34-35.

Turchin, P. 2011. "Warfare and the Evolution of Social Complexity: a Multilevel Selection Approach." *Structure and Dynamics* 4(3), Article 2:1-37.

Turchin, P. 2013. "Modeling Social Pressures Toward Political Instability." *Cliodynamics* 4:241-280.

Turchin, P., T. E. Currie, E. A. L. Turner, and S. Gavrilets. 2013. "War, Space, and the Evolution of Old World Complex Societies." PNAS, published online Sept. 23, 2013. PDF. PNAS 110:16384-16389.

Turchin, P., and A. Korotayev. 2006. "Population Dynamics and Internal Warfare: a Reconsideration." *Social Science and History* 5(2):121-158.

Turney-High, H. H. 1971. *Primitive War: Its Practice and Concepts* (2nd edition). University of South Carolina Press, Columbia, SC.

Uslaner, E. M. 2002. *The Moral Foundations of Trust.* Cambridge University Press, Cambridge.

van der Leeuw, S. E. 1981. "Information flows, flow structures, and the explanation of change in human institutions." Pages 229-329 in S. E. van der Leeuw, editor. *Archaeological Approaches to the Study of Complexity.* Cingula 6, Amsterdam.

Vogelsang, W. J. 1992. *The Rise and Organisation of the Achaemenid Empire: The Eastern Iranian Evidence.* Brill, Leiden.

Waal, F. B. M. d. 2007. *Chimpanzee Politics: Power and Sex among Apes.* Johns Hopkins University Press, Baltimore, MD.

Walker, P. L. 2001. "A Bioarchaeological Perspective on the History of Violence." *Annual Review of Anthropology* 30:573-596.

Walker, R. S., K. R. Hill, M. V. Flinn, and R. M. Ellsworth. 2011. *Evolutionary History of Hunter-Gatherer Marriage Practices.* PLOS ONE 6:e19066.

White, L. 1959. *The Evolution of Culture.* McGraw-Hill, New York.

Wiessner, P. 2006. From Spears to M-16s: "Testing the Imbalance of Power Hypothesis among the Enga." *Journal of Anthropological Research* 62:165-191.

Williams, G. C. 1966. *Adaptation and Natural Selection.* Princeton University Press, Princeton, N.J.

Williams, G. C. 1988. "Reply to comments on 'Huxley's Evolution and Ethics in Sociobiological Perspective'." *Zygon* 23:437-438.

Wilson, E. O. 2012. *The Social Conquest of Earth.* W. W. Norton, New York.

Wiseman, F., and S. Chatterjee. 2003. "Team payroll and team performance in Major League Baseball: 1985-2002." *Economics Bulletin* 1:1-10.

Wittfogel, K. A. 1957. *Oriental Despotism: a Comparative Study of Total Power.* Oxford University Press, Oxford.

Wright, R. 2001. *Nonzero: The Logic of Human Destiny.* Vintage, New York.

Yamamura, E. 2012. "Wage Disparity and Team Performance in the Process of Industry Development: Evidence From Japan's Professional Football League." *Journal of Sports Economics* 1:1-102.

Zellner, W., S. A. Forest, E. Thornton, P. Coy, H. Timmons, L. Lavelle, and D. Henry. 2001. "The Fall of Enron." *Businessweek* (December 16, 2001).

Zellner, W., C. Palmeri, M. France, J. Weber, and D. Carney. 2002. "Jeff Skilling: Enron's Missing Man." *Businessweek* (February 10, 2002).

图书在版编目（CIP）数据

超级社会／（英）彼得·图尔钦著；张守进译．——
太原：山西人民出版社，2020.5
ISBN 978-7-203-11399-7

Ⅰ.①超… Ⅱ.①彼… ②张… Ⅲ.①世界史－文化
史－研究 Ⅳ.①K103

中国版本图书馆CIP数据核字(2020)第060793号

著作权合同登记号：图字 04-2020-006

Ultrasociety
Copyright © 2016 by Peter Turchin
Published by Beresta Books, LLC
All Rights Reserved

超级社会

著　　者：（英）彼得·图尔钦
译　　者：张守进
责任编辑：李　鑫
复　　审：贺　权
终　　审：梁晋华

出 版 者：山西出版传媒集团·山西人民出版社
地　　址：太原市建设南路 21 号
邮　　编：030012
发行营销：010-62142290
　　　　　0351-4922220　4955996　4956039
　　　　　0351-4922127（传真）　4956038（邮购）
E - mail：sxskcb@163.com（发行部）
　　　　　sxskcb@163.com（总编室）
网　　址：www.sxskcb.com
经 销 者：山西出版传媒集团·山西新华书店集团有限公司
承 印 者：北京玺诚印务有限公司
开　　本：880mm×1230mm　1/32
印　　张：10.25
字　　数：215 千字
版　　次：2020 年 5 月　第 1 版
印　　次：2020 年 5 月　第 1 次印刷
书　　号：ISBN 978-7-203-11399-7
定　　价：58.00 元

如有印装质量问题请与本社联系调换